출애굽기

말씀을 따라서

출애굽기
말씀을 따라서

초판 1쇄 발행   2024년 6월 10일

지은이 | 이선규
만든이 | 이한나
펴낸이 | 이영규
펴낸곳 | 도서출판 그린아이

등록 연월일 | 2003. 12. 02.
등록 번호 | 제2-3893호
주소 | 서울특별시 은평구 녹번로 6-11, 201호
전화 | 02)355-3035
팩스 | 031)965-4679
이메일 | gmh2269@hanmail.net

ISBN 979-11-91376-33-3(03230)

출애굽기
말씀을 따라서

이선규 지음

The Book of Exodus

그린아이
기독복음

서 문

성경을 해석할 때 가장 우선시되는 것은, 성경을 기록할 당시의 사회현실을 파악하는 것과 본문 전후를 살피는 일이라고 합니다.

창세기가 구원의 대역사를 줄거리로 하고 있다면, 출애굽기는 죄인이 어떻게 하나님의 구원에 이를 수 있는가를 구체적인 구원 역사의 과정으로 보여주고 있습니다.

애굽은 세상을, 바로는 폭군인 사단을, 이스라엘은 그리스도인을 상징합니다. 그러므로 출애굽기는 '탈출'이라는 의미를 포함하고 있다고 할 수 있습니다.

하나님께서는 고난 받는 이스라엘 백성의 탄식을 들으시고 아브라함에게 하셨던 언약을 기억하셨습니다. 이 언약을 이루시기 위해서 모세를 통해 부르시고 준비케 하신 구원의 대탈출 작전이 바로 출애굽의 대장정이 실현되는 장면이라 할 수 있습니다.

야곱과 함께 애굽에 간 이스라엘 백성들이 왕성해지자 그들이 강해지는 것을 두려워한 왕의 박해가 시작됩니다. 두 살 이하 남자아이들에게 학살이 가해지던 중 모세가 태어나자, 아기 모세를 살리기 위해 갈대상자에 넣어 강물에 띄우는 것으로 하나님의 구원 섭리의 대장정이 펼쳐집니다.

본 출애굽기 강해는 어두운 죽임의 그림자가 드리운 현실을 직시하고 살림의 역사로 나아가고자 하는 의도에서 다루어 보고자 합니다.

　강물에 띄운 아기 모세를 애굽 왕 바로의 딸이 발견하여 궁궐로 데리고 간 사실이나 모세가 이스라엘을 이끌고 애굽을 탈출하여 가나안으로 향한 사실들은, 죽임의 문화 속에서 살고 있는 현대인들을 살림의 문화로 인도하는 이정표가 될 수 있습니다.

　오늘날에도 세계 곳곳에서 벌어지는 죽임의 문화, 즉 강한 민족이 약한 민족을 침략하고 독재자가 국민을 억압하는 세태 속에서 모세와 같은 지도자의 출현을 요청받고 있습니다.

　지금이야말로 출애굽기를 통해 죽임의 문화를 살림의 문화로 바꾸는 운동이 일어날 시점이라 믿으며, 이 시대의 구원의 감격을 지니고 살림의 문화를 조성해 가는 일이 급선무라는 판단하에 출애굽기를 강해했던 자료들을 정리해 보았습니다.

　아울러, 성경 말씀에 맞추어서 꼼꼼하게 교정을 보아 주신 도서출판 그린아이·기독복음의 이영규 장로님과 출판 협조 및 격려를 아끼지 않으신 이선희 권사님께 감사드립니다.

　이 책을 읽는 모든 분들에게 구원의 감격이 충만하시기를 기원합니다.

2024년 5월 **이 선 규**

차 례

【제3부】 하나님의 인도를 받으려면

【제1부】

네 발에서 신을 벗으라

산파들의 위대함

출애굽기는 이스라엘 자손이 이집트에서 생육과 번식이 창성하고 심히 강대하여 온 땅에 가득하게 되는 역사입니다.

1장 7절은 출애굽기의 고난이 이스라엘에게 임하게 된 이유를 설명함으로써 시작됩니다.

이러한 현상은 창세기 1장 28절에서 언급하고 있는 민족의 융성과 창성이 실현된 것임을 말해 줍니다.

이렇듯 백성의 숫자가 많아짐은 이집트 왕 바로에게 위협이 되었습니다. 그 결과 이스라엘 자손들은 온갖 모진 고난을 겪어야만 했습니다. 이들의 번영을 막기 위해 과중한 노역이 부과되고 무리한 노동량이 강요된 것입니다.(출 1:12-14) 그러나 여전히 이스라엘 사람들의 숫자는 늘어만 갔습니다.

이 구절만 생각하면 출애굽의 동기가 다만 고난을 당한 이스라엘인들의 호소를 하나님이 들으심으로 시작된 것이라고 이해할 수 있습니다.

그러나 출애굽의 동기는 여기에만 그치지 않습니다.

이집트의 바로왕은 이스라엘인들을 잔혹하게 괴롭힐 시책을 선포하였습니다. 그것은 남자아이 학살에 관한 것이었습니다. 인구 억제 정책으로 산파 대표들에게 히브리 여인들이 남자아이를 낳으면 죽이고 여자아이를 낳으면 살려주라는 명령이 내려집니다.

그런데 이 발상은 애초부터 빗나간 것이었습니다. 왜냐하면 인구의 증가를 억제하는 정책이었다면 당연히 여자아이를 죽여야 했기 때문입니다. 그리고 노역이 필요했다면 남자아이는 살려서 거대한 공사 계획에 동원했어야 합니다. 그러므로 여전히 이스라엘 백성은 생육이 번성하고 심히 강대할 수밖에 없었습니다.

여기에 한 아이의 영웅적인 출생이 등장합니다.

한 영웅적인 아이로 태어난 모세는 역사적으로 성경의 한 중대한 사건에서 정확한 모형으로 예시되고 있습니다.

결국 출애굽기 1장에 언급된 내용은 이스라엘인들의 고난에 대한 호소를 하나님이 들으심으로 시작된 대탈출이 아니라, 순진한 어린아이들의 피 흘린 희생으로 영웅적인 한 아이가 태어남으로 시작된 구원과 해방 사건의 모형이라고 할 수 있습니다.

1. 바로의 악한 계획(출1:15-16)

이스라엘 백성은 하나님의 섭리에 따라 평온하게 번성할 뿐, 애굽에 대하여 구체적으로 대항하는 세력이 아니었습니다.

그러나 하나님 없는 나라와 백성은 마음에 공포가 불 일 듯 일어나기 마련입니다.

이 역사적 사실에서 심오한 의미를 발견할 수 있습니다.

바로왕은 이스라엘 백성을 억제하려고 했습니다. 나일강과 홍해를 연결하는 국고성 비듬과 변방 라암셋을 연결하는 건축을 지시하면서 갖은 학대와 고역을 자행했습니다. 그러나 이스라엘은 학대를 받으면 받을수록 번성하고 창성하여 애굽인에게 위협적인 세력이 되었습니다. 그리하여 산파를 통해 남자아이를 학살하라는 명령이 내려진 것입니다.

동서고금을 막론하고 목적달성을 위하여 수단과 방법을 가리지 않는 자는 폭군이요 악마의 하수인들입니다.

악마의 계획은 일시적으로는 성공한 듯 보이지만, 역사를 주관하시는 하나님은 오히려 악한 자들의 악을 통하여 하나님의 선한 계획을 이루어 가십니다.

이 역사적 사실에서 신령한 의미를 찾아봅시다.

이스라엘의 애굽에서의 삶은 죄와 사단의 세력에 얽매인 생활을 상징하는 것으로 볼 수 있습니다.

어느 누구든 죄를 짓고 싶어 짓는 사람은 없습니다. 이스라엘이 애굽에 있을 때 어쩔 수 없이 노예생활을 했던 것처럼 사단의 권세 아래 있는 사람은 어쩔 수 없이 죄를 짓고 사단의 종노릇을 하게 되는 것입니다.

이스라엘 백성들에게 혹독한 노예 상태에서의 구출이 반드시 필요한 것처럼 하나님을 떠나 죄의 권세 아래 있는 모든 죄인들도 죄의 지배에서 벗어나 하나님의 품으로 돌아와야 합니다.

2. 이스라엘의 노예 근성

히브리 산파들은 목숨을 걸고 왕의 명령을 어겼습니다. 그들은 하나님을 경외함으로 눈에 보이는 애굽 왕의 명령보다 눈에 보이지 않는 하나님을 두려워했기 때문입니다.

출애굽기 6장 9절에 보면, 모세가 하나님의 명령에 따라 이스라엘 백성에게 너희 조상의 하나님이 우리를 기억하시고 우리를 구원하신다고 전할 때 "그들이 마음의 상함과 역사의 혹독함을 인하여 모세의 말을 듣지 아니하였더라"라고 했습니다.

이것이 바로 이스라엘의 노예 근성입니다.

하나님께서 능력으로 해방시켜 주시리라는 소식은 얼마나 기쁜 소식입니까? 그러나 그들은 산파가 어린아이를 죽이지 않고 살린 것 때문에 이 기쁜 소식을 반갑게 받아들이지 않았습니다.

3. 은혜를 베푸신 하나님(출1:18-22)

하나님은 아브라함과 이삭과 야곱에게 약속한 큰 민족을 이루게 하는 역사를 행하시는 과정에서, 이스라엘 민족과 특히 세상 죄악의 노예 근성을 벗어난 산파에게 은혜를 베푸셨습니다.

우리는 본문에서 가정이 왕성해지는 비결과 자녀들이 융성해지는 방법은 세상적인 잔꾀에 있지 않고, 창조주 하나님을 경외하고 두려워함으로 하나님이 우리와 함께하심을 믿어야 한다는 사실을 알 수 있습니다.

큰 역사적인 사건에서만 단번에 공을 세우려 하지 말고, 비록 남이 알아주지 않아도 주어진 상황에서 최선을 다할 때 하나님께서 축복해 주신다는 사실을 기억하시기 바랍니다.

당시 왕의 명령을 거역하는 것은 죽음을 각오하지 않으면 안 되는 일이었습니다. 그러나 히브리 산파들은 보이는 왕보다 보이지 않는 하나님을 더 두려워했습니다.

신앙이 있는 사람은 누구나 하나님을 두려워할 줄 알아야 합니다. 그러므로 우리도 히브리 산파들의 생사를 건 용기 있는 믿음을 배워 생명을 살리는 데 앞장서 나아가야 할 것입니다.

여리고성의 기생 라합은 이스라엘 정탐꾼을 목숨을 걸고 살려주었습니다. 그 결과 라합과 그의 자손들은 구원을 받게 되었고 예수님의 족보에까지 등장하는 여인이 되었습니다.

지금 우리 사회에서는 인간의 가치가 무너져 내리고 있습니다. 이러한 때 우리 그리스도인들은 죽임의 문화를 살림의 문화로 바꾸는 일에 앞장서야 합니다.

히브리 산파들은 칭찬 들을 수 있기에 이웃 사랑을 행한 것이 아닙니다. 그들의 사랑은 애굽 왕의 명령을 어기면 죽어야 되는 절박한 상황에서 행한 사랑이었기에 더욱 위대한 것입니다.

우연의 일치인가?

1919년 일제치하에서 이루어진 3·1독립만세운동은 비록 실패로 끝났지만, 그것은 우리나라의 해방을 위한 전주곡이었습니다. 그러므로 3·1운동이 없는 1945년 8월 15일 광복은 생각할 수조차 없습니다.

3·1운동은 민족운동이었습니다. 2,000만 명의 백의민족이 스스로 일어나 참여한 독립운동이던 것입니다. 일제의 군대와 경찰에 의해 희생된 사람들 대부분은 약하고 이름 없는 풀뿌리들이었습니다. 이러한 민중의 참여가 있었기에 이 독립운동은 식민주의자들의 간담을 서늘하게 하였으며 세계인의 관심과 지원을 유도할 수 있었던 것입니다.

우리나라의 3·1운동은 출애굽기의 본보기 역사와 같습니다.

이스라엘 백성이 애굽의 노예로 있을 때 모세는 그들을 구원하려 하였으나 그의 독립운동은 처참한 실패로 끝나고 맙니다. 이후 그는 광야로 망명하게 되고, 40년의 세월을 그곳에서 보내게 됩니다. 그리고 40년 후, 하나님은 모세를 부르시고 그를 통하여 이스라엘 백성들에게 해방의 기쁨을 맛보게 하십니다. 우리는 이러한 모세의 행적을 통하여 다음과 같은 사실을 깨닫게 됩니다.

'출애굽기' 하면 제일 먼저 떠오르는 인물이 바로 모세입니다.

그렇다면 모세가 출애굽기의 주인공일까요? 출애굽기 2장에 나오는 모세의 출생과 성장과정에서 그의 영웅적 모습을 찾아볼 수 있을까요? 아니면 그의 희생적 모습이나 의로운 모습이라도 찾아볼 수 있을까요?

그렇지 않습니다. 모세의 모세 됨은 모세로 말미암은 것이 아니라는 뜻입니다.

출애굽기 2장은, "레위 가족 중 한 사람이 가서 레위 여자에게 장가들어 그 여자가 임신하여 아들을 낳으니"로 시작되는 지극히 평범한 이야기입니다.

모세는 평범하게 태어난 사람일 뿐입니다.

출애굽기 2장 2절에서, "그 여자가 임신하여 아들을 낳으니 그가 잘생기었다"는 것이 놀라운 일인가요? 전혀 놀랍거나 신기한 일이 아닙니다.

더구나 "그가 잘생긴 것을 보고 석 달 동안 그를 숨겼으나"라고 되어 있습니다. 엄마가 아들을 낳아 그가 잘생긴 것을 보고 숨겼다는 것입니다. 엄마가 아들을 보는데 당연히 잘생긴 것으로 보이지 못생긴 것으로 보일 까닭이 없습니다.

모세의 모습은 중요하지 않음에도 본문은 왜 모세에게 잘생겼다는 표현을 했을까요?

사도행전 7장에도 모세의 이야기가 나오는데, 20절을 보면 "그

때에 모세가 났는데 하나님이 보시기에 아름다운지라"고 기록되어 있습니다.

흔히 사람들은 누구에게 선택받았다면, 그 사람에게 선택받을 만한 이유가 있을 것이라고 생각합니다.

그러나 성경에서 '선택받았다'는 의미는 인간에게 원인이 있는 것을 말하는 것이 아니라 하나님께 선택의 의지가 있었다는 의미입니다. 즉, 모세가 '모세' 될 수 있었던 것은 그의 타고난 자질 때문이 아니라 하나님의 일하심의 결과인 것입니다.

우리는 모세의 이야기를 통하여 다음과 같은 사실을 깨닫게 됩니다.

첫째, 모든 일은 하나님의 때에 이루어진다는 것입니다

전도서 기자가 말한 대로 모든 일에는 때가 있고, 그 때와 기한은 하나님이 정하십니다. 그러므로 하나님의 때를 헤아리며 기다릴 줄 아는 지혜가 필요합니다.

둘째, 모든 일은 하나님이 이루십니다

이스라엘 민족의 독립은 하나님이 이루신 것입니다. 그 일을 위해서 하나님은 어린 모세를 기적과 같이 구원하시고 그를 바로의 딸인 공주의 아들로 자라게 하십니다. 이것은 후일 하나님의 역사를 이루시기 위한 준비작업이었습니다.

출애굽기 2장에는 모세의 운명에서 모세 자신이나 모세의 부모보다 결정적 역할을 한 사람이 나타납니다. 그가 애굽 왕 바로의 딸입니다. 5~6절을 보면, "바로의 딸이 목욕하러 나일강으로 내려오고 시녀들은 나일강가를 거닐 때에 그가 갈대 사이의 상자를 보고 시녀를 보내어 가져다가 열고 그 아이를 보니 아이가 우는지라 그가 그를 불쌍히 여겨 가로되 이는 히브리 사람의 아이로다"라고 기록되어 있습니다. 모세의 부모가 아이를 버리는 장면과 바로의 딸이 갈대상자를 발견하는 사건은 기가 막힌 운명의 일치가 아닙니다.

7~8절에는 "그 누이가 바로의 딸에게 이르되 내가 가서 당신을 위하여 히브리 여인 중에서 유모를 불러다가 이 아이에게 젖을 먹이게 하리이까 바로의 딸이 그에게 이르되 가라 하매 그 소녀가 가서 아이의 어머니를 불러오니"라고 되어 있습니다.

바로의 딸은 그 여자아이가 모세의 가족인 것도, 그리고 그 여자아이가 소개한 유모가 모세를 낳은 어머니인 것도 다 알고 있었습니다.

셋째, 하나님은 자신의 일을 사람을 통해서 이루십니다

이스라엘의 해방은 다른 사람이 아닌 바로 그 모세를 택하여 훈련시키신 결과입니다.

하나님은 오늘도 우리를 통하여 일하시기를 기뻐하십니다. 내게 닥친 역경은 보다 큰 축복을 동반하며 하나님의 능력과 은총을 명백하게 드러낼 것입니다. 그러므로 나를 하나님께 향하고 "잠깐만, 잠깐만!"(one moment, just moment!) 하고 외쳐보십시오. 앞날이 캄캄하면 캄캄할수록 더 큰 소리로 외치십시다. 하고 싶지 않더라도 잠깐만 기다리며 견뎌내시기 바랍니다. 하나님께서 여러분과 함께 걸어가실 것입니다.

『그리스도를 본받아』의 저자 토마스 아 켐피스는, "때때로 고통을 당하는 것은 좋다. 그 고통이 우리가 하나님을 떠나 있음을 상기시켜 주기 때문이다"라고 했습니다.

고난은 파멸의 불이 아니라, 경건한 성도가 되게 하는 연단의 불일 뿐입니다. 고난은 새로운 삶을 창조하기 위한 사랑인 것입니다. 고난을 당하게 되면 나타나는 세 가지 양상은 포기, 원망 그리고 다시 길을 찾는 경우입니다.

그리스도인은 다시 길을 찾는 삶을 살아야 합니다. 일본의 신학자 우치무라 간조의 말입니다. 왜냐하면 그것이 그리스도인다운 참 그리스도인이기 때문입니다.

하나님의 선택된 그 사람 모세와 같이 한 알의 썩어지는 밀알이 되기를 원하시기 바랍니다.

바로는 태어나는 모든 사내아이를 죽이면 예언자가 말한 그 아이도 죽일 수 있을 것으로 판단하였습니다. 그러나 그 아이는 궁전에서 가장 안전하게 양육을 받았습니다.

우리의 경제적 번영은 우리를 어느 날 갑자기 교만하게 만들기도 합니다. 그래서 사도 베드로는 겸손하기를 권면합니다.(벧전 5:6-10)

오늘 우리가 할 수 있는 일은 스스로 겸손하게 사는 일입니다. 또한 하나님께서 다시 일으켜 주실 것을 기다리며 깨어 있어야 합니다.

참으로 겸손한 사람은 자기를 돌아보며 자기를 비우는 사람입니다. 자기를 비운 그 자리에서 모든 권세와 존귀와 영광의 하나님이 다스려 주시기 때문입니다.

하나님의 계획은 추호도 차질이 없습니다. 우리가 겪는 모든 일들이 하나님의 섭리와 경륜 속에 이루어지는 것을 믿으시기 바랍니다.

우리가 만나는 아픔과 고난과 실패의 때에도 하나님은 당신의 뜻을 이루어 가고 계십니다. 모든 일이 하나님의 섭리와 경륜임을 알고 하나님께 맡기는 삶을 사시기 바랍니다.

네 발에서 신을 벗으라

어떤 일이든지 성급하게 이루려다 보면 실패를 하기 쉽습니다.

모세가 40세에 애굽의 관원을 죽인 사건은 단순한 감정적인 문제 이상의 의미가 있습니다. 그 사건은 모세가 스스로의 힘으로 무엇인가를 하려다가 일어난 것입니다.

모세는 하나님의 뜻을 분명히 알았습니다. 하나님이 자신을 애굽의 왕궁에 두신 것도, 자신을 통해 이스라엘 백성들을 구원하시려는 계획도 알았습니다. 문제는 하나님의 때와 방법을 알지 못한 것입니다. 그런 면에서 모세는 준비되지 못한 자입니다. 모세는 스스로 이스라엘 백성의 구원자가 되려는 어리석은 행동을 했습니다. 그 결과 도망자가 되었습니다. 애굽의 왕자로 살다가 광야에서 양을 치는 양치기가 된 것입니다.

이 얼마나 급격한 변화입니까? 애굽 궁전에서의 생활과 미디안 광야에서의 목자 생활을 비교하여 상상해 보십시오. 모세는 광야에서 양을 치다 죽을 것이라고 생각했을지도 모릅니다.

우리도 마찬가지입니다. 돌아보면 원하지 않은 삶도 있었을 것입니다. 그 시간이 바로 하나님이 우리를 준비시키는 광야일 수 있습니다. 하나님이 우리를 연단시키고 하나님의 사람으로 준비시키시는 과정이라는 것입니다.

모세는 80세 되는 날에도 여느 때와 다름없이 미디안 광야에서 양을 치고 있었습니다. 그때 하나님이 모세를 찾아오십니다. 모세의 눈앞에 이상한 광경이 펼쳐집니다. 여호와의 천사가 떨기나무 가운데 타는 불꽃 속에서 모세에게 나타난 것입니다.

떨기나무는 가시덤불입니다. 아주 낮은 관목류로 광야에서 흔히 볼 수 있는 검불에 불과합니다.

하나님께서는 모세에게 불이 붙었으나 타지 않는 떨기나무를 보여주시며 그를 부르셨습니다.

여기 불이 붙었으나 타지 않는 떨기나무의 상징적인 메시지가 있습니다.

첫째, 하나님의 영광을 나타냅니다

성경에는 하나님의 임재를 불로 표현하는 경우가 많습니다.

하나님은 이스라엘 백성을 인도하는 구름기둥 가운데 불로서 임재하셨습니다. 불은 하나님의 임재를 상징합니다.

하나님은 스스로 존재하는 분이십니다. 그 누구의 도움도 필요로 하지 않으십니다. 그러므로 모세에게 하나님의 영광을 보여주신 것입니다. 모세가 하나님의 부름을 받기 전에 하나님이 얼마나 영광스런 분인지를 알아야 했기 때문입니다.

둘째, 하나님의 복음과 하나님의 심판을 상징하기도 합니다

성경에 보면, 하나님은 소멸하는 분이십니다. 죄에 대한 거룩한 심판을 행하는 분이십니다.

떨기나무는 저주의 나무입니다. 죄로 말미암아 저주받아 마땅한 인류를 의미합니다.

마땅히 저주받아야 할 인류에게 심판의 불이 임했으나 인류는 소멸되지 않고 존재하고 있습니다. 이것이 바로 복음이고 은혜입니다.

왜 이런 현상이 일어났습니까? 예수 그리스도 때문입니다. 저주를 담당하신 그분의 임재하심으로 저주받아 마땅한 인류는 심판을 면하게 되었습니다. 이 사실을 믿는 자에게 심판의 불을 면하게 해주십니다.

셋째, 하나님의 백성을 보여줍니다

떨기나무는 백향목과 같은 고급스러운 나무가 아닙니다. 쓸모 있는 나무가 아니라는 것입니다. 누구도 거들떠보지 않는 버려진 나무입니다.

당시 이스라엘 백성들은 애굽에서 버려진 민족이었습니다. 이스라엘 백성들은 애굽에서 불 같은 시련을 받았지만 하나님이 보존해 주셨습니다.

넷째, 타지 않는 사역자 즉 소진되지 않는 사역자를 의미합니다

하나님의 임재 가운데 부르심을 받은 사역자들은 타지 않는 나무와 같습니다.

모세가 자신의 열정과 비전으로 무엇인가를 해 보려고 했을 때는 금방 타고 소멸되는 나무였습니다. 애굽에서의 40년 세월은 타서 없어졌습니다. 광야로 도망갈 수밖에 없었습니다.

그러나 하나님의 임재를 경험했을 때 모세는 더 이상 타서 소멸되는 나무가 아니었습니다.

하나님의 임재 가운데 있는 사역자는 절대 소멸되지 않습니다. 모세는 120세까지 쓰임을 받았습니다. 그는 120세가 되어도 눈이 흐리지 않았다고 합니다. 하나님이 친히 주인이 되시기를 원하셨기 때문입니다.

주님을 우리 인생의 주인으로 모십시다. 그러면 내 인생을 생명의 길로 인도하여 주십니다. 부르심 가운데 있는 사람은 절대로 타서 없어지지 않습니다. 결코 죽을 때까지 소멸되지 않습니다.

모세는 타지 않는 떨기나무 가운데서 하나님의 음성을 들었습니다. 모세에게 나타나신 하나님은 인간이 가까이하지 못할 거룩하신 분입니다. 그분이 "네 발에서 신을 벗으라"고 하셨습니다.

하나님은 왜 모세에게 신을 벗으라고 하셨을까요?

고대 중동에서 종은 주인 앞에서 신발을 신지 않았습니다. 그러므로 신을 벗으라고 하신 의미는 다음과 같습니다.

첫째, 하나님이 주인 되고자 하신 것입니다

지금껏 겪어왔던 너희 삶의 모습을 벗어 던지라는 명령입니다. 모세 스스로 경영해온 삶의 방식에 종지부를 찍으라는 말입니다. 그리고 하나님이 주인이 되어 이끄시는 새로운 삶에 자신을 온전히 맡기라는 뜻입니다. 그러면 실패를 성공으로, 저주를 축복으로 바꾸어 주겠다고 하십니다.

둘째, 하나님을 위해 사는 하나님의 종이 되라는 뜻입니다

하나님이 모세를 부르신 목적은, 민족을 구원하시려는 하나님의 목적을 위해 살고 민족을 위해 죽는 종과 주인의 특별한 관계를 만들기 위해서입니다. 자신을 위해서 살던 삶의 방식에 종지부를 찍고 종으로의 인생길을 가라는 뜻입니다. 그래야 가치 있는 인생이 된다는 것입니다.

모세에게 찾아오신 하나님이 오늘 우리를 향해서도 "네 발에서 신을 벗으라"고 말씀하고 계십니다.(출 3:5)

결론입니다.

당시에 상전은 신을 신었으나 노예는 신을 신지 못했습니다. 이것은 과거를 청산하고 하나님의 종으로서의 삶을 살라는 의미이며 하나님의 말씀에 복종하여 살라는 것입니다. 그리스도께서도

하나님께 죽기까지 복종하셨습니다.(빌 2:8)

모세는 불타는 떨기나무 가운데서 사명을 받게 됩니다.

"너는 애굽에 내려가서 내 백성을 인도하여 내라"고 하셨습니다.(출 3:10)

아름답고 광대한 가나안에 들어가게 되리라는 것입니다.

그리하면 내가 너와 함께한다고 하십니다.(출 3:12)

내가 너에게 사명을 감당할 힘을 주신다고 하십니다.

내가 너를 통하여 내 뜻을 이루겠다고 하십니다.

너는 약하다고 변명하지 말라고 하십니다.

불이 붙었으나 타지 않는 여러분들 되시기 바랍니다.

왜 여호와인가?

사람이 살다 보면 남에게 오해를 살 때도 있고 본인이 오해를 할 때도 있습니다.

무전여행을 떠난 대학생이 어느 산골을 지나다가 밤을 맞게 되었습니다. 인가가 드문 곳이라 걱정을 하고 있는데 멀지 않은 곳에서 희미한 불빛이 보였습니다. 그는 너무나 반가워서 단숨에 그곳으로 달려갔습니다.

집 앞에 도착한 대학생이 대문을 두드리려는 순간, 집 안에서 모자간에 주고받는 걱정스런 말소리가 들려왔습니다.

"어휴, 먹을 게 없으니 당장 어쩌나."

"할 수 없죠. 똥이라도 드셔야지. 먹을 게 없다고 굶을 수는 없잖아요?"

"정말 그렇구나. 할 수 없이 똥이라도 먹어야겠다."

아니, 도대체 얼마나 가난하면 똥을 먹는단 말입니까.

문 밖에서 이 소리를 듣고 있던 대학생은 주인을 부르며 방문을 벌컥 열어 보았습니다.

그랬더니 이게 웬일입니까?

글쎄 방안에서 모자간에 화투판이 벌어지고 있었던 것입니다.

사람은 완전하지 못한 존재이므로 이렇듯 종종 오해를 할 때가 있습니다. 그리고 자신이 오해를 받는 당사자가 되면 가슴이 답답해지기도 합니다.

이처럼 우리가 믿는 하나님을 바로 알지 못하고 오해라도 하는 일이 벌어진다면 어떻게 하나님을 바로 섬길 수가 있으며, 어떻게 올바른 신앙생활을 할 수가 있겠습니까?

그러므로 "하나님은 누구신가?" 하는 질문은 유사 이래로 계속되어온 인류의 가장 빈번한 질문 중의 하나입니다.

인간은 그 누구도 이 질문에 대해 명쾌한 답을 내놓지 못했습니다. 그리스의 철학자 플라톤조차도 "무엇이 하나님인지 알지 못한다. 그러나 무엇이 하나님이 아닌지는 안다"라는 지극히 피상적인 정의를 내렸습니다.

그러나 믿음을 가진 우리는 성경 속에서 하나님이 누구신지, 그리고 하나님은 어떠한 분이신지 확실히 알 수 있습니다. 하나님께서 당신이 누구신지 성경 속에 분명하게 밝히셨기 때문입니다. 하나님이 누구신지 묻는 모세의 질문에 하나님께서 답하셨습니다.

우리가 믿는 하나님은 알파와 오메가이신 분으로, 전에도 계시고 이제도 계시고 장래에도 영원까지 계신 분이십니다.

하나님은 인간의 철학적 산물도 아니요, 도덕적 대리자도 아니며, 오직 영원히 살아계신 하나님이심을 믿으시기 바랍니다.

이 세상에는 수많은 종교가 있습니다. 이러한 종교의 기원을 보면 대부분 인간에게 내재되어 있는 두려움을 내쫓기 위해 생겨났습니다.

액운을 없애 보려고 어떤 것을 신앙의 대상으로 삼은 것이 무속 신앙이며, 인간의 마음을 바르게 이끌어 사회의 질서를 잡아보려는 데서 생긴 것이 수양 종교입니다. 이러한 종교들은 인위적 종교, 즉 사람이 만들어낸 종교입니다.

그러나 기독교 신앙은 계시 종교입니다. 이는 스스로 자신을 알려주시고, 인간의 몸을 입으시고 이 땅에 오셔서 우리를 만나주시고, 십자가에 달려 돌아가시고, 부활 승천하신 후에 성령으로 오셔서 지금도 우리와 동행해 주시는 전능하시며 영원하신 하나님만을 믿는 신앙입니다.

1. 하나님은 여호와이십니다

하나님께서는 자신을 여호와라고 하셨습니다. 이 이름은 영원한 자존자, 즉 스스로 계신 분이라는 뜻입니다.

하나님께서는 호렙산 가시덤불 불꽃 가운데서, 광야에서 양을 치고 있던 모세를 부르셨습니다. 그리고 그에게 이스라엘을 바로 왕의 수중에서 해방시키라는 명령을 내리십니다.

이때 모세가 "그러면 바로가 내게 묻기를, 네가 누구의 부르심을 받고 왔느냐고 하면 무어라고 말하리이까?"라고 물었습니다.

그러자 하나님께서는 "나는 스스로 있는 자라 나는 너희 조상의 하나님 아브라함의 하나님 이삭의 하나님 야곱의 하나님 여호와라"고 말씀하셨습니다.

아브라함과 이삭과 야곱에게 세운 언약을 기억하셨다(출 2:24)는 것은, 곧 언약을 어기지 않으시는 하나님이심을 나타낸 것입니다.

성경은 하나님께서 세우신 모든 언약을 영원히 불변하다는 의미로 소금 언약(민 18:19), 즉 맹세의 언약이라 기록하고 있습니다.

그러므로 아브라함의 하나님이 우리의 하나님이시며, 이삭과 야곱의 하나님이 우리의 하나님이심을 믿을 때에 우리는 큰 위로를 받을 수 있습니다. 왜냐하면 하나님께서는 아브라함에게 언약하신 것을 이루신 것처럼 우리와 맺은 언약도 성취하실 것이기 때문입니다. 아브라함은 믿음으로 의인이 되어 믿는 모든 자의 조상(롬 4:11)이라는 일컬음을 받았습니다.

2. 하나님은 구원자이십니다

'여호와'라는 이름은 히브리어로 '야훼'라고 하는데, 『킹 제임스 성경』에는 '주님'으로 나타나 있습니다. 이는 '하나님은 구원하시는 분'이시라는 의미이기도 합니다.

"주 여호와는 나의 힘이시며 나의 노래시며 나의 구원이심이라" (사 12:2).

그분이 창조주이시며 구원자이시라면, 우리는 하나님의 말씀으로 인도함 받아 가나안의 젖과 꿀을 맛보고 참 안식을 누리고 있는지 생각해 보아야 할 것입니다.

가서 하나님께 희생을 드리라고 하신 이유는 애굽과 완전한 분리를 원하시는 하나님의 바람이기도 합니다. 그러므로 우리는 세상 근처에서 주님을 섬기고 있지는 않은지 스스로를 돌아보아야 합니다.

하나님께서는 당신의 백성들이 압제당하고 고난 받는 것을 바라만 보고 계시는 분이 아니십니다. 그 증거가 십자가에 있습니다. 독생자를 희생시켜서라도 우리의 모든 죄를 품어 주시는 분이십니다. 아들을 주신 분이 주시지 못할 것이 무엇이며, 그 하나님께서 우리 인생의 어느 짐인들 내려놓게 하지 못하시겠습니까?

"수고하고 무거운 짐 진 자들아 다 내게로 오라 내가 너희를 쉬게 하리라"(마 11:28)

애굽 왕에게 혹독히 압제당하는 처참한 상황에서 하나님께서 당신의 이름을 여호와로 소개하심은 언약의 백성을 구하시는 구원자로서 거룩한 성호를 밝히신 것입니다.

변치 않으시는 하나님께서 바로 이러한 구원자이시기에 오늘날 우리들이 주님을 통해 용기와 위로를 받을 수 있습니다.

이름은 그 사람의 성품과 인격을 나타내기도 합니다. 그러기에 여호와라는 주님의 이름은 하나님의 속성과 본질을 의미하기도 합니다. 따라서 하나님의 이름을 모독하는 것은 하나님의 존재를 무시하는 것이며, 하나님의 거룩한 품성을 훼손하는 행위와 다를 바 없습니다. 그러므로 하나님의 이름을 헛되이 사용해서는 안 됩니다.

"이름이 거룩히 여김을 받으시오며(마 6:9)"라고 우리에게 가르쳐 주신 주기도문의 첫 구절과 같이 하나님께 영광을 돌려야 합니다. 우리를 통해 하나님의 영광이 세상에 드러나게 하여야 합니다.

그랜드 주석에 보면, 위의 말씀은 온 세상에 가득 차 있는 하나님의 영광을 인간들이 스스로 차지하려 하거나 헛된 우상에게 돌리려 하므로 구원받은 하나님의 백성들은 하나님께 온전히 영광을 돌릴 수 있게 해 달라는 기도라고 기록되어 있습니다.

여러분은 구원받은 성도들로서 하나님의 영광을 스스로 차지하려 하거나 헛된 우상에게 돌리려는 악한 세상 속에서 헤매지 말고 하나님께 온전히 영광을 돌릴 수 있기를 바랍니다.

3. 그 이름을 알라

"그가 나를 사랑한즉 내가 그를 건지리라 그가 내 이름을 안즉 내가 그를 높이리라"(시 91:14)

여기서 '사랑하다'는 히브리어로 '하사크'라고 하며 '달라붙다'라는 뜻이기도 합니다. 이는 하나님께 대한 전적인 의뢰를 의미합니다. 우리가 하나님의 도움을 받기 위해서는 그분을 절대적으로 신뢰해야 한다는 말씀입니다.

포도나무 가지가 붙어 있어야 열매를 맺을 수 있듯이 하나님과 연합되어 있는 자만이 그분의 긍휼을 입을 수 있습니다.

4. 그 이름을 존중히 여기라(말 3:16)

자녀들이 부모의 이름을 존중히 여기는 것과 같이 성도들은 하나님 아버지의 이름을 존중히 여겨야 합니다. 높이어 중하게 여기고 경외하여야 합니다.

5. 그 이름을 천하에 선포하라(출 9:16)

우리가 하나님을 안다는 것은 그의 이름이 무엇을 의미하는지를 배우고 그 이름을 가진 하나님을 경배하는 동시에 그 이름이 온 세상의 높임을 받도록 선포하는 것을 뜻합니다.

해 뜨는 곳에서부터 해 지는 곳까지의 이방 종족 중에서 그의 이름이 크게 되기를 널리 선포해야 합니다.(말 1:11)

"내가 주를 기뻐하고 즐거워하며 지존하신 주의 이름을 찬송하리니"(시 9:2)

"내가 노래로 하나님의 이름을 찬송하며 감사함으로 하나님을 위대하시다 하리니"(시 69:30)

"홀로 기이한 일들을 행하시는 여호와 하나님 곧 이스라엘의 하나님을 찬송하며 그 영화로운 이름을 영원히 찬송할지어다 온 땅에 그의 영광이 충만할지어다"(시 72:18-19)

네 손에 있는 것이 무엇이냐?

출 4:1-9

"여호와께서 그에게 이르시되 네 손에 있는 것이 무엇이냐 그가 이르되 지팡이니이다"(출 4:2)

이것은 하나님께서 모세를 택하시어 애굽에서 신음하고 있는 자기 백성을 구원해 내라는 위대한 사명을 맡기고자 하신 말씀입니다.

하나님께서는 모세를 바로왕 앞에 보내실 때 그에게 아무것도 주지 않으셨습니다. 단지 "네 손에 있는 것이 무엇이냐"고 물으셨습니다.

목동이었던 모세에게는 손에 쥔 지팡이 하나가 유일한 무기였습니다. 그리고 내가 너와 함께하리라고 하신 하나님의 말씀이 있었습니다.

모세를 부르시고 그를 통하여 큰 뜻을 이루신 하나님께서는, 오늘날 우리를 부르고 계시며 우리를 통하여 하나님의 뜻을 이루어 가시고자 하십니다.

그렇다면 하나님 앞에서 모세와 같이 쓰임 받는 일꾼이 되기 위해서는 어떻게 해야 할까요?

1. 지금 나에게 있는 것이 무엇인가를 알아야 합니다

하나님께서는 내게 없는 것으로 일하지 아니하십니다.

하나님께서는 모세에게 가지고 있던 지팡이를 던지라고 하셨습니다. 모세가 하나님의 말씀대로 지팡이를 땅에 던지니 그 지팡이는 무서운 뱀으로 변했습니다.

모세는 뱀을 보고 놀라 피했습니다. 이때 하나님께서 모세에게 "네 손을 내밀어서 그 뱀의 꼬리를 잡으라"고 하셨습니다.

모세가 뱀의 꼬리를 잡자 뱀은 곧 모세의 지팡이로 변했습니다.

왜 여호와 하나님께서는 모세에게 지팡이를 땅에 던지라고 하셨을까요?

목자인 모세의 손에 들려 있는 지팡이는 모세의 지식과 경험, 힘, 명예, 자존심을 상징합니다. 하나님께서는 이러한 상황을 통하여 모세가 의지하고 있던 것들이 때로는 남을 해치는 무서운 뱀이 될 수도 있음을 보여주신 것입니다.

40년 전, 모세의 엄청난 힘이 혈기로 작용했을 때 그는 애굽인을 쳐죽인 일이 있었습니다. 그러므로 하나님께서는 모세의 손에 들려진 지팡이, 곧 그의 재능이 하나님의 손이 아닌 자신의 욕심과 정욕과 혈기로 사용되면 뱀으로 변하여 다른 사람을 해칠 수 있다는 사실을 경고하신 것입니다.

이것은 모세에게 한정된 이야기가 아닙니다. 하나님께서 우리에게 주신 것들을 오로지 자신의 유익을 위해 사용한다면 모세의 지팡이가 뱀이 되었던 것처럼 우리의 귀한 것도 남을 해치는 뱀이 될 수 있다는 사실을 알아야 합니다.

우리는 자신이 갖고 있는 것으로 다른 사람을 괴롭히는 일들을 종종 볼 수 있습니다. 지식이 있다 하여 그 지식이 교만과 짝하면 배우지 못한 사람을 멸시하게 됩니다. 돈이 있다 하여 그 돈이 욕심과 결부되어 사리사욕을 위해 쓰여진다면 많은 사람에게 해를 끼치게 됩니다.

모세가 뱀의 꼬리를 잡자 그 뱀이 다시 그의 지팡이로 변했다고 했습니다.

하나님께서 모세에게 민족 해방의 큰 사명을 맡기고 모세를 애굽 왕 바로의 앞으로 보내실 때, 하나님께서는 모세의 지팡이를 여호와의 지팡이가 되게 하셨습니다.(출 4:20) 모세의 지팡이를 능력의 지팡이, 즉 기적을 일으키는 위대한 지팡이가 되게 하여 민족 구원의 대역사를 이루게 하셨습니다.

모세가 바로왕 앞에 나아가 이 지팡이를 던지니 지팡이가 뱀으로 변하여 애굽의 모든 뱀들을 집어삼켰습니다.

이 지팡이로 나일강을 쳤을 때는 나일강의 물이 새빨간 피가 되었습니다. 홍해를 쳤을 때는 홍해가 갈라져 육지가 되니 이스라엘 백성을 애굽 왕 바로의 손에서 구원할 수 있었습니다.

광야에서 물을 얻지 못해 목이 말라 이스라엘 백성이 죽게 되었을 때 이 지팡이로 반석을 치자 생수가 터져 나와 이스라엘 백성을 살렸습니다.

이러한 위대한 지팡이도 지팡이 자체에 힘이 있는 것이 아닙니다. 하나님의 손에 붙잡혀 여호와의 지팡이가 되었기 때문에 그처럼 위대한 역사를 일으킬 수 있었던 것입니다.

무엇을 가지고 있느냐는 중요하지 않습니다

예수님께서 광야에서 하나님의 말씀을 전하실 때 유대 각지에서 수많은 사람들이 몰려와 예수님의 가르침을 들었고, 예수님께서는 많은 병자들을 고쳐 주셨습니다.

"내가 무리를 불쌍히 여기노라 그들이 나와 함께 있은 지 이미 사흘이 지났으나 먹을 것이 없도다"(막 8:2)

이때에 예수님께서 제자들에게 "너희들에게 먹을 것이 있느냐?"고 물으셨습니다.

제자들이 어린 소년이 갖고 있던 떡 다섯 개와 물고기 두 마리를 내어놓자 축사하신 후 5천 명을 먹이셨다고 기록되었습니다.

이를 통해 하나님께서 위대한 역사를 일으키실 때 그 사람이 지금 가지고 있는 것으로 일으키신다는 사실을 알 수 있습니다.

목동 다윗이 거인 골리앗을 물리칠 때도 손에 들고 있던 물맷돌을 이용하여 골리앗을 쓰러트렸습니다.

또한 하나님의 사람 엘리야를 3년 6개월 동안의 굶주림에서 구원코자 하실 때 하나님께서는 엘리야를 사렙다 과부에게 보내어 그녀가 가지고 있었던 마지막 밀가루와 기름으로 구원받게 하셨습니다.

많은 사람들은 지금 자기의 손에 쥐어져 있는 것만 가지고는 하나님의 일을 할 수 없다고 생각합니다.

그러나 하나님께서는 어떤 경우에서든지 그 무언가를 쥐어주고 일하라 하시지 않습니다. 지금 자신에게 있는 것을 가지고 하나님의 일을 하라고 불러주신다는 사실을 믿으시기 바랍니다.

예수님께서 열두 제자를 부르사 둘씩 짝을 지어 보내실 때 그들에게 당부하신 말씀입니다.

"여행을 위하여 지팡이 외에는 양식이나 배낭이나 전대의 돈이나 아무것도 가지지 말며 신만 신고 두 벌 옷도 입지 말라"(막 6:8-9)

전도의 사명을 감당하기 위해 길을 나설 때 양식과 돈과 의복을 준비하여 간다면 얼마나 좋겠습니까?

하지만 예수님께서는 그런 것들을 가지고 가지 말라고 명령하셨습니다.

왜 그리하셨겠습니까?

하나님께서 맡겨주신 일을 하기 위해서는 일꾼이 전적으로 하나님만을 의지해야 함을 의미하는 것입니다.

우리는 주님의 일을 하고자 할 때 '나는 돈이 없습니다. 나는 가진 것이 없습니다'라고 생각하기 쉽습니다.

그러나 하나님께서는 세상적인 것에 의지하고자 하는 사람은 쓰시지 않습니다.

하나님께서는 오직 주님만을 믿고 의지하며 가진 것을 잘 활용하는 사람에게 귀한 사명을 맡겨주십니다.

"나는 주님의 일을 하고 싶으나 가진 것이 없습니다."

"지금 내가 가지고 있는 것은 너무나 작은 것입니다. 보잘것 없는 것입니다"라고 생각하는 분이 계십니까?

주님께서는 지난날 지팡이 하나를 들고 있던 모세를 부르셨습니다.

2. 내 손으로 할 수 있는 것을 찾아야 합니다

우리는 스스로 할 수 있는 일을 찾고, 그 일을 행함에 있어서 최선을 다해야 합니다.

하나님께서는 작은 일에도 충성하는 자에게 큰일을 맡기시는 분이십니다.

다윗이 그러했습니다. 그는 자기가 할 수 있는 일을 찾았고, 오직 하나님만을 의지하며 믿음을 가지고 전능하신 여호와의 이름으로 물맷돌을 골리앗에게 던졌습니다. 그 결과 그를 쓰러트릴 수 있었던 것입니다.

우리는 가끔 다른 사람이 가진 것들을 부러워하며 상대적으로 자신을 초라하다고 느낄 때가 있습니다. 그러나 그것은 어리석은 인간의 생각일 뿐 하나님께서는 우리가 가진 것이 크든 작든 중요하게 생각지 않으십니다.

무엇이든 주어진 일에 믿음을 가지고 최선을 다할 때, 우리는 한 줄의 바이올린으로도 훌륭한 연주를 하듯 최고의 성과를 얻어 낼 수 있을 것입니다.

3. 가지고 있는 것을 주님께 맡겨야 합니다

모세에게는 지팡이가 유일한 재산이었습니다. 게다가 그것은 값비싼 지팡이가 아닌, 단지 양치는 막대기에 불과했습니다.

그러나 그 지팡이는 하나님의 손에 들려졌을 때 능력의 지팡이가 되었습니다. 여기서 막대기는 바로 모세 자신을 나타냅니다.

우리 또한 모세와 같고 그의 손에 들린 지팡이와 같습니다. 우리는 아무것도 할 수 없는 존재들입니다.

그러나 우리의 손을 주님 앞에 내밀 때, 주님께서는 우리의 손을 통하여 놀라운 일을 행하실 것입니다. 왜냐하면 우리 속의 착한 일을 시작하신 이가 예수님이시니 그리스도 예수의 날까지 그의 일을 이루실 것이기 때문입니다.

손에 쥐고 있는 모든 것을 내가 의지하고 있는 주님께 맡기시기 바랍니다. 나의 삶 자체를 주님께 드리시기 바랍니다. 그리고 믿음으로 사십시오. 그리하면 하나님께서 여러분을 통해 이루시는 놀라운 축복을 내려주실 것입니다.

3일 길을 가야 하는 이유

출 5:1-9

모세와 아론은 하나님의 명령을 받고 애굽 땅으로 들어가 바로에게 하나님의 말씀을 증거하였습니다.

모세는 바로에게 이스라엘의 하나님을 소개하였고, 이스라엘 백성을 보내어 광야에서 절기를 지키게 하라는 하나님의 말씀을 전하였습니다.

여기서 우리는 영적인 교훈을 찾을 수 있습니다.

바로는 세상 임금인 사탄의 모형이며, 이스라엘 백성은 오늘날 바쁘게 살아가면서 아무 의심 없이 그들 무덤의 벽돌을 만드는 죄인들의 모습입니다. 끝까지 하나님의 말씀을 거스르며 제 고집대로 살아가고 있는 인간 본성의 모형이기도 합니다.

완악한 바로의 행동을 통해 우리는 멸망받을 자의 특징을 알 수 있습니다.

바로는 이스라엘 백성을 보내라는 하나님의 명령을 전하는 모세의 말에 "네가 말하는 여호와가 누구이기에 내가 그의 목소리를 듣고 이스라엘을 보내겠느냐?"고 물었습니다.(출 5:2)

이것은 다분히 만왕의 왕이신 하나님의 권위를 무시하고 그분의 명예를 손상시키려는 교만한 태도입니다.

하나님께 멸망받을 자의 태도가 바로 이와 같습니다.

자신의 힘과 가진 무기만을 내세우며 하나님께서 함께하시는 다윗을 비웃던 블레셋의 장수 골리앗에게서도 멸망받을 자의 특징을 찾아볼 수 있습니다.(삼상 17:41-49)

예수님을 십자가에 처형했던 빌라도의 "진리가 무엇이냐?"(요 18:38)라는 비소적인 물음 속에서도 하나님을 부인하고 자신만을 의지하려는 교만과 어리석음이 숨겨져 있음을 발견하게 됩니다. 그는 하나님의 말씀을 유념치 않고 눈앞의 현실에만 급급하였습니다.

모세는 재차 바로에게 이스라엘 백성들을 보내줄 것을 요청했습니다.(출 5:3) 하지만 완고한 바로는 핏발 서린 말로 거절합니다. 바로는 모세가 전한 하나님의 명령에 귀를 기울이기보다 자신의 정치적 이권에만 몰두하고 있었음을 알 수 있습니다.

그들은 마치 대홍수 직전에 노아의 경계를 듣고도 현실적 쾌락에만 몰두하던 사람들처럼, 소돔성에 거하던 롯의 사위가 하나님의 경고를 농담으로 여겼던 것처럼, 네 소유를 버리고 따르라고 하신 예수님 말씀이 아니라 재물을 택했던 부자 청년처럼 현실 문제에 온 신경을 기울임으로써 하나님의 말씀을 등한시하는 우를 범하고 말았습니다.

그들의 종말은 어떠했습니까?

그들은 하나님의 공의로운 심판에 의해 모두 멸망하고 말았습니다.

이렇듯 멸망받을 자는 하나님의 말씀에 귀를 기울이지 않습니다.(사 5:24-25) 오히려 그분의 말씀을 비웃고 귀를 닫은 채 현실적인 문제에만 집착합니다.

혹시 여러분 중에 이러한 사람은 없습니까? 말로는 하나님을 사랑하노라 하면서도 실은 하나님의 말씀과는 무관하게 생활하고 있지는 않습니까?

바로는 모세의 말을 무시했을 뿐만 아니라 이스라엘 백성에게 전보다 더 무거운 노역을 시켰습니다.(출 5:9) 그는 하나님을 대적하는 하나의 방법으로서 그분의 백성 이스라엘을 더욱 모질게 핍박하였던 것입니다.

그러나 하나님의 권위에 도전하는 악인들이 핍박을 하면 할수록 성도는 더욱더 강해집니다.

하나님께서는 이러한 바로의 핍박을 통해 더욱 강해진 이스라엘 백성으로 하여금 애굽을 떠날 준비를 하게 하셨습니다. 바로가 곧장 이스라엘을 보냈더라면 그들은 바로왕이 허락하여 우리가 애굽에서 나올 수 있었다고 생각했을 것입니다.

그러므로 아무리 핍박을 많이 받을지라도 결코 낙망하지 마시기 바랍니다.

오히려 악인에 대한 하나님의 심판과 성도에 대한 그분의 구원이 가까웠음을 알고 기뻐하시기 바랍니다.

모세는 또한 바로에게 "우리가 광야로 사흘길쯤 가서 우리 하나님 여호와에게 제사를 드리려 하오니 가도록 허락하소서"(출 5:3)라고 하였습니다.

그러나 바로는 그 3일에 대한 의미를 알지 못했기에 모세의 제의를 한마디로 거절하였고, 이스라엘 백성들에게 전보다 더 심한 박해를 가하였습니다.

우리가 하나님께 바른 예배를 드리기 위해서는 3일 여정을 걸어야 합니다. 그것은 하나님께서 요구하시는 명령입니다.

성경에도 3일에 대한 기사가 여러 번 나옵니다.

"제3일에 아브라함이 눈을 들어 그곳을 멀리 바라볼지라"(창 22:4)

아브라함은 사랑하는 독자 이삭을 모리아산에 제물로 드리기 위해 3일 길을 간 최초의 사람입니다.

아브라함은 3일 길의 신앙을 통해 독자 이삭보다 하나님을 더 사랑하는 자로 인정받았습니다.

아브라함은 이 3일 길 신앙을 통하여 복의 근원이 되고, 3대 종교(유대교, 이슬람교, 기독교)의 신앙의 조상이 되었습니다.

이외에도 야곱의 3일(창 31:21-22), 요셉의 3일(창 42:17-18), 요나의 3일(욘 1:17), 호세아의 3일(호 6:2), 예수님의 3일 예언(마 17:23)에 대한 말씀이 성경에 기록되어 있습니다.

"인자가 장차 사람들의 손에 넘겨져 죽임을 당하고 제삼일에 살아나리라"(마 17:22-23)

그렇다면 우리가 3일 길을 가야 하는 이유는 무엇일까요?

1. 하나님의 강력한 손길을 보이기 위함입니다

우리는 하나님께 경배를 드리되 인간의 자율적인 행위에 의해 드리는 것이 아니라 반드시 하나님께서 명령하신 규범에 의해 드려야 참된 경배가 된다는 사실을 알아야 합니다.

"순종이 제사보다 낫고 듣는 것이 숫양의 기름보다 나으니"(삼상 15:22)

2. 바른 경배를 드리기 위함입니다

3일 여정을 가서 하나님께 희생 드리기를 원하는 것은 하나님의 명령에 순종하게 하려 하심입니다.

이와 같은 3일 여정을 통해 세 종류의 경배자들이 있음을 알 수 있습니다.

(1) 하루 길을 간 사람입니다.

이 사람들은 떠나기는 했지만 홍해를 건너지 못했기 때문에 애굽 경내에 머물러 있는 사람들입니다. 이는 곧 성령으로 거듭나지 못한 자의 모형입니다.

애굽 경내의 경배는 바로왕이 원하는 경배입니다. 바로는 "너희의 하나님 여호와께 광야에서 제사를 드릴 것이나 너무 멀리 가지는 말라"(출 8:28)고 하였습니다.

예수님께서는 제자들에게 많은 고기와 수확을 얻기 위하여 깊은 데로 가서 그물을 내리라고 하셨습니다. 큰 고기는 물이 깊은 곳에서 살기 때문입니다

많은 고기를 잡기 위해서는 물이 깊은 곳으로 가야 하듯 하나님께 드리는 참된 경배에도 깊은 감사, 깊은 말씀, 깊은 기도, 깊은 찬양이 수반되어야 합니다.

(2) 이틀 길을 간 사람입니다.

이 사람들은 홍해를 건너기는 했지만 광야 초기에 원망과 불평을 일삼고 애굽을 동경하며 과거에 머문 사람들입니다.

이들은 나중에 우상숭배와 간음죄 등의 범죄로 인해 경배에 실패하여 약속의 땅에 들어가지 못하고 광야에서 모두 멸망하고 말았습니다.

그들은 우리 앞에 어려움과 고통이 닥칠 때마다 불신앙의 본보기가 된다고 하였습니다.(고전 10:7-11)

(3) 3일 길을 간 사람입니다.

3일 여정을 마친 후에 경배드린 자들은 신령과 진리로 경배를 드린 자의 모형입니다. 그러므로 3일 길은 피곤하고 고난이 많다 하더라도 하나님께 바른 경배를 드리기 위해서는 반드시 가야 할 성도의 좁은 길입니다.

"하나님은 영이시니 예배하는 자가 영과 진리로 예배할지니라"

(요 4:24)

3일 길을 가기 위해서는 바로왕의 4대 술책을 거부해야 합니다. 이는 하나님께 바른 경배를 하지 못하게 하려는 사탄의 술책이기 때문입니다. 이 사탄의 술책을 이겨낸 자만이 애굽을 탈출하여 3일 여정을 갈 수 있는 자격을 얻게 됩니다.

오늘날에도 바로와 같이 하나님을 조롱하고 성도를 업신여기는 사람들이 있습니다. 그들은 머지않아 피할 수 없는 하나님의 징계를 경험하게 될 것입니다.

그러므로 우리는 그들을 위하여 기도해야 합니다. 불쌍한 그들의 영혼을 위하여 기도하고, 어떤 조롱과 멸시를 받더라도 견딜 수 있는 믿음을 달라고 기도하시기 바랍니다.

그리고 3일 길을 묵묵히 걸어가 가나안 축복의 주인공들이 되시기 바랍니다.

가나안 여정의 의미

가나안은 이스라엘 백성들이 꿈에도 소원하던 하나님의 약속의 땅입니다. 하나님께서 아브라함과 이삭과 야곱에게 허락하신 축복의 땅이 있었음에도 불구하고, 이스라엘 백성들은 오랫동안 생각만 해도 지긋지긋한 고난과 역경의 노예생활을 하며 인간으로서 기본적인 대접조차 받지 못한 채 애굽에서 종살이를 하고 있었습니다. 그들의 삶 속에는 '어떻게 하면 이 고통의 삶에서 벗어날 수 있을까?' 하는 염원이 깔려 있었습니다.

그러한 그들에게 드디어 꿈을 실현할 수 있는 기회가 왔습니다.

하나님의 명령을 받은 모세를 통해 애굽을 떠나 가나안으로의 여정을 시작한 것입니다.

가나안은 하나님을 믿는 자들에게 주실 천국의 모형입니다. 예수님을 믿는 사람은 천국의 백성이요 하늘나라의 시민입니다.

1. 이스라엘 백성에게 가나안을 허락하신 이유

그렇다면 하나님께서는 왜 이스라엘에게 가나안을 허락하신 걸까요?

첫째, 주시기로 약속하셨기 때문입니다.(출 6:4)
하나님께서는 이스라엘을 선민으로 택하시고 구원하시겠다는, 아브라함 이후부터 계속되어 온 그 언약을(창 15:13-14) 기억하고 계셨습니다.
여호와란 이름으로 언약을 맹세하신 것은 이스라엘을 속박으로부터 구원해 주시겠다는 것과 이스라엘을 하나님 백성으로 삼아 주시겠다는 약속을 반드시 지키고자 하심입니다.

둘째, 저들의 부르짖음을 들으셨기 때문입니다.
하나님께서는 이스라엘의 부르짖음을 듣고 계셨습니다.
오늘날 우리의 부르짖음도 들으시는 하나님이십니다.

셋째, 그들에게 씌워진 노예의 멍에를 벗겨 주기 위해서입니다.
출애굽기 6장 6절을 보면 "내가 애굽 사람의 무거운 짐 밑에서 너희를 빼내며"라고 하였습니다.
하나님께서는 주의 백성이 애굽의 노예로 생활하는 것을 절대로 원치 않으십니다.
복음은 노예의 삶에서 벗어나 자유의 삶을 누리게 합니다. 하나님께서는 진리로 자유케 되기를 기뻐하십니다. 죄악의 멍에에서 벗어나기를 원하시며 질병과 고통에서 벗어나기를 기뻐하시는 하나님이십니다.

넷째, 우리를 거룩하게 성별해 주시기 위해서입니다.

"가나안 땅 곧 그들이 거류하는 땅을 그들에게 주기로 그들과 언약하였더니"(출 6:4)

하나님께서는 '여호와'란 이름으로 이스라엘 백성에게 세 가지 언약을 맹세하셨습니다.

이스라엘을 애굽의 속박으로부터 구속하시겠다는 것과(출 6:6), 이스라엘을 하나님의 백성으로 삼으시겠다는 것과(출 6:7), 이스라엘 백성을 그의 조상들에게 약속한 땅으로 인도하시겠다는 것입니다.(출 6:8)

다섯째, 하나님만 섬기게 하기 위해서입니다.(출 8:1)

하나님께서는 인간에게 종교성을 주셨는데, 인간들은 하나님을 바로 찾지 못하고 쓸데없는 우상과 악령에 사로잡혀 영도 육도 불행에 빠지고 맙니다.

그러므로 오늘 우리는 전능하신 하나님을 믿게 된 것을 감사해야 합니다.

2. 하나님의 구속 활동

우리는 땅에 발을 붙이고 살아도 주의 백성이요, 생명이 세상을 떠날 때에도 하나님의 백성입니다. 하나님의 백성은 하나님께서 다스리시는 나라의 시민들입니다.

출애굽기 6장 2절부터 13절을 보면 이스라엘 자손의 신분이 다음과 같이 바뀌는 것을 알 수 있습니다.

그들은 본래 이스라엘 자손, 즉 야곱의 자손이었습니다.(출 6:3) 그들은 야곱의 열두 아들로 별볼일 없는 신분임을 창세기를 통해 알 수 있습니다.

그들은 이제 애굽 사람의 종이 되었습니다.(출 6:5) 이스라엘은 노예에 불과합니다. 그런 그들을 구속하여 하나님의 백성 삼아 주시겠다고 하신 것입니다.

하나님께서는 "애굽 사람의 무거운 짐 밑에서 너희를 빼내며 그들의 노역에서 너희를 건지며 편 팔과 여러 큰 심판들로써 너희를 속량하며 너희를 내 백성으로 삼고 나는 너희의 하나님이 되리니"(출 6:6-7)라고 하셨습니다. 바로의 종이었던 신분이 하나님의 백성으로 바뀌게 된 것입니다.

"너희를 하나님의 백성 삼아 주시겠다"는 것에 출애굽의 목적이 있으며, 구속사역을 이루시려는 하나님의 경륜을 알 수 있습니다.

"무거운 짐 밑에서 너희를 빼내며"(출 6:6)라는 말씀은 마치 대적으로부터 탈취하여 물건을 빼내듯이 애굽의 학정과 고역으로부터 이스라엘을 빼앗아 낸다는 의미입니다.

이같은 하나님의 구속 활동은 곧 우리 영혼을 죄와 사망의 굴레에서 탈취해 내어 영광과 기쁨을 얻게 하시려는 하나님의 은총이라고 할 수 있습니다.

3. 구원의 복된 소식

"편 팔과 여러 큰 심판들로써 너희를 속량하여"(출 6:6)

노예에게는 자유가 없습니다. 그러나 하나님께서는 유월절 양의 피를 통해 이스라엘을 애굽의 속박에서 자유케 하셨습니다.

신약시대에 와서는 하나님의 어린양 예수 그리스도의 보혈을 통하여 죄와 사탄의 속박 아래 있던 우리를 자유롭게 하십니다.

"누구든지 주의 이름을 부르는 자는 구원을 받으리라"(행 2:21)

가까운 친척이 대가를 치르고 다른 사람에게 넘어갈 위험에 처해 있는 자를 노예의 위험에서 벗어나게 해줌과 같이 하나님께서는 이스라엘의 가장 가까운 혈족이 되어 그들을 애굽의 고역에서 벗어나게 해주셨습니다.

하나님께서는 이스라엘 백성을 향하여 애굽으로부터의 해방과 가나안 땅에 대한 약속의 복된 말씀을 주셨습니다.

이러한 복된 소식을 이스라엘 자손에게만 주신 것은 아닙니다.

오늘날 우리에게도 이러한 복된 소식이 선포되고 있습니다. 낙망한 자에게, 희망을 잃고 불안에 떠는 자에게, 안식 없이 억눌린 자에게 자유를 주시는 복된 소식, 곧 복음의 복된 소식은 오늘날에도 죄와 사망의 멍에를 메고 신음하는 우리들에게 선포되고 있습니다.

죄와 죽음의 문제를 완전히 해결하신 예수 그리스도의 구원의 메시지보다 더 복된 소식이 또 어디에 있겠습니까? 그러나 무지한 인간들은 이 복된 소식에 귀를 기울이지 않습니다.

"그들이 마음의 상함과 가혹한 노역으로 말미암아 모세의 말을 듣지 아니하였더라"(출 6:9)

여기서 이스라엘 백성이 듣기를 거부한 것은 단순히 인간 모세의 말이 아니라 모세에게 말씀하시고 그를 보내신 하나님입니다.

"여러 부분과 여러 모양으로 우리 조상들에게 말씀하신 하나님이 모든 마지막에는 아들을 통하여 우리에게 말씀하셨으니"(히 1:1-2).

모든 우상 종교의 신은 눈이 있어도 보지 못하고 귀가 있어도 듣지 못하고 입이 있어도 말하지 못하는 사신死神입니다. 그러므로 사신은 우상이요, 죽은 신이라고 할 수 있습니다.

그러나 우리가 믿고 섬기는 하나님께서는 친구와 같이 다정하시며, 아버지와 같이 자애로운 마음으로 우리를 품으시며, 낙심에 빠졌던 엘리야를 어루만져 주셨듯 자비와 긍휼을 베푸시는 아버지 하나님이십니다.

요한계시록 19장 10절에는 "예수의 증언은 예언의 영이라"고 말씀하고 있습니다.

모세가 대언해야 할 대상은, 첫째는 이스라엘 백성들이요, 둘째는 바로입니다.

하지만 모세가 이와 같이 이스라엘 백성에게 전하니 그들은 마음의 상함과 역사의 혹독함을 인하여 모세의 말을 듣지 않았습니다.

그들은 인간에게 구원과 생명을 주시기 위해 하늘 영광을 버리시고 친히 인간의 몸을 입으시고 말씀으로서 이 땅에 오신 그리스도를 영접하기는커녕 십자가에 못 박기까지 했습니다.

물질문명이 급속도로 발전하여 살기가 편해진 오늘날의 우리에게서는 조금만 힘들어도 아우성을 치며 하나님을 잊어버리는 어리석음을 쉽게 발견할 수 있습니다.

우리는 복음을 거부한 이스라엘 백성이나 바로처럼 되지 말고 육욕을 극복하여 영광된 미래 가나안을 소망 삼아 앞으로 나아가는 성도들이 되어야 합니다.

이스라엘 백성들과 같이 거역하는 영을 따르지 말고 순종하는 영을 좇아 하나님께서 예수를 믿는 자들에게 허락하신 가나안의 축복의 주인공들이 되시기 바랍니다.

왜 바로의 마음을 완악하게 하셨나?

하나님께서는 바로의 마음을 완악하게 하셨습니다.

'완악하다'라는 말은 '강퍅하다'라고도 하며, 히브리어로는 '아케쉐'라고 합니다. 이는 목이 곧아 오직 자신의 주장만을 절대적인 것으로 아는 안하무인격인 모습을 뜻합니다.

그렇다면 영적으로 '강퍅하다'는 말은 무슨 의미일까요? 하나님의 역사를 가로막는 사탄의 역사가 그 마음에 가득 차 있는 것을 뜻합니다. 하나님의 역사에 일보의 양보도 할 수 없는 심령의 상태인 것입니다.

인간이 하나님의 심판을 받아 멸망하는 이유 중 하나가 바로 이것에서 비롯됩니다. 하나님 앞에서 죄를 범했음에도 그 마음을 버리지 않고 회개치 않음으로 멸망당하는 것입니다.

하나님께서는 범죄한 인간을 구원하시기 위해 독생자 예수님을 이 세상에 보내시기까지 우리를 사랑하셨습니다. 또한 다양한 방법으로 우리에게 말씀하시며, 우리가 회개하고 돌아오기를 원하십니다.

그럼에도 불구하고 회개를 마다함으로써 하나님의 준엄한 심판을 받은 자들이 성경에 기록되어 있습니다.

그 대표적인 인물 중 하나가 바로입니다.

출애굽기 7장 4절부터 5절에는 하나님께서 회개치 않은 바로와 그 백성들에게 무서운 재앙을 내리시기로 작정한 사실이 나와 있습니다.

그럼에도 불구하고 하나님께서 바로를 점점 더 강퍅하게 하시는 까닭은 다음과 같습니다.

1. 믿는 이들로 신이 되게 하시려 함입니다

하나님께서는 또다시 바로 앞으로 가는 모세에게 "볼지어다 내가 너를 바로에게 신같이 되게 하였은즉"(출 7:1)이라고 말씀하셨습니다.

여기서 신은 전능하신 하나님을 가리키는 말로서, 바로에 대한 모세의 우월성을 한마디로 압축해 놓은 것입니다.

바로가 아무리 강퍅해져서 서슬이 시퍼렇게 역사하는 것 같아도 결국 사탄의 역사는 하나님의 능력 앞에 무릎을 꿇을 수밖에 없습니다. 그러므로 바로 앞에 신이 되게 하시겠다는 말의 의미는 모세에게 하늘에 속한 권능을 주시겠다는 것입니다.

당시 애굽 사람들은 사자같이 용맹스러웠고, 그 나라의 왕인 바로는 자신을 신으로 여겼으며, 신하와 백성들은 바로왕을 신처럼 받들었습니다. 그렇기 때문에 모세가 하나님을 소개하자 이를 받아들이지 않았던 것입니다.

바로의 마음을 강퍅케 하였다는 말씀을 문자 그대로 받아들이면 사랑과 공의의 하나님께서 독재자 하나님으로 전락하고 맙니다. 그러므로 우리는 이 말씀의 영적인 의미를 알아야 합니다.

만약 하나님께서 사랑과 공의로 다스리지 않으셨다면 처음부터 바로의 왕자를 죽이고 애굽 백성의 장자와 짐승들의 첫 새끼를 죽였을 것이요, 그렇게 하였더라면 바로왕은 즉시 이스라엘 자손을 보냈을 것입니다.

그러나 하나님께서는 사랑과 공의로 다스리는 분이시므로 두려워서 억지로 복종하는 것이 아니라 마음의 문을 열고 순종하기를 원하십니다. 그러므로 단계적으로 역사하시면서 깨우침을 주시고 당신을 발견할 수 있도록 인도하시는 것입니다.

그런데 애굽의 바로는 강퍅한 마음을 끝까지 버리지 않고 계속하여 악을 행함으로써 결국 멸망당하고 말았습니다.

바로는 열 가지 재앙을 당하고 나서야 비로소 무서움과 두려움 속에서 살아계신 하나님을 인정하고 이스라엘 자손을 출애굽 시켰습니다.

하지만 또다시 이스라엘 백성을 뒤쫓아갔습니다.

그러자 하나님께서도 더 이상 용서하지 않으시고 홍해에 수장시켜 죽게 하신 것입니다.

하나님께서는 당신의 말씀에 귀 기울이지 않는 자에게는 관계하지 않으십니다. 그리고 멸망에 이를 때까지 악한 성품 그대로 내버려두십니다.

그 예로 헤스본왕 시온을 멸하시기로 작정하시고 그의 영혼을 방임하셨습니다. 결국 그는 강퍅해져서 이스라엘을 대적하다가 멸망하고 말았습니다.

우리도 원래 바로왕처럼 완악한 존재였습니다. 그러나 긍휼이 풍성하신 하나님께서 우리를 그 본래대로 버려두지 않으시고 크신 은혜로 붙들어 주심으로 강퍅하여 멸망에 이르지 않게 하셨던 것입니다.(엡 2:1-10)

우리는 이러한 하나님의 사랑에 늘 감사하며 우리의 악한 본성을 십자가에 못 박고 날마다 온전하신 품성에 이르도록 힘써야 할 것입니다.

2. 우리로 기도하게 하시기 위해서입니다

강퍅해진 마음이 교육을 통해서 부드러워질 수 있겠습니까?

교육받은 사람이 많으면 의인도 저절로 많아질까요?

아닙니다. 믿음의 성도들은 모세와 같이 기도해야 합니다. 기도하면 하나님께서 강퍅한 마음에서 구하시고 승리의 복을 주실 것입니다.

모세는 기도의 사람이었습니다. 그는 이스라엘을 위하여 결사적으로 기도하였습니다. 아말렉 군사와 싸움을 할 때는 피곤함을 무릅쓰고 해가 지도록 손을 들고 이스라엘의 승리를 위해 기도했

습니다.(출 17:11-12)

미리암이 모세를 비방하다가 문둥병에 걸렸을 때에도 모세는 기도하여 그를 낫게 하였습니다.(민 12:4-16)

이처럼 모세의 위대한 영도력과 지도력은 모두 믿음과 기도의 힘이었습니다.

하나님께서 바로의 마음을 강퍅하게 하신 것은 이스라엘 백성으로 하여금 기도하여 당신을 더욱 찾게 하시기 위함이었습니다.

그러므로 우리도 항상 기도에 힘쓰고 감사함으로 깨어 있는 성도가 되어야 합니다.

3. 구원의 역사를 이루시기 위해서입니다

구원은 우리를 향하신 하나님 사랑의 영원한 주제입니다.

하나님의 최대 관심은 죽은 심령이 영생을 얻는 구원의 역사에 있습니다.

"내 군대 내 백성 이스라엘 자손을 그 땅에서 인도하여 낼지라"
(출 7:4)

군대는 싸워야 할 자들이라는 뜻입니다.

그렇다면 무엇을 위한 싸움입니까?

하나님이 누구이신가를 만민에게 알리는 싸움입니다. 곧 하나님의 이름과 영예를 위한 것입니다. 신약적인 의미에서 말하면 그 나라와 의를 위한 선한 싸움인 것입니다.

우리는 하나님의 백성임과 동시에 하나님의 군대임을 명심해야 합니다. 하나님의 군대는 여호와의 명을 좇아 진행하고, 모세를 통하여 전하신 여호와의 명을 따라 주어진 직분을 지켜야 할 자들입니다.

그러므로 불순종의 종이 되지 말고 "모세와 아론이 여호와께서 자기들에게 명령하신 대로 행하였더라"(출 7:6)고 하신 말씀처럼 순종하는 여호와의 군대가 되어 가나안의 주인공이 되고 영적 승리자들이 되시기 바랍니다.

애굽과 타협하지 말라

바로가 이스라엘 백성을 보내라는 하나님의 명령을 거부하자 하나님께서는 개구리를 하수에서 올라오게 하여 애굽의 온 땅을 개구리로 덮이게 하는 재앙을 내리심으로써 그 권능을 나타내셨습니다.

바로가 이스라엘 백성을 보내겠다고 약속하자 하나님께서는 개구리 떼를 물러나게 하셨습니다.

그러나 바로의 마음을 강퍅케 하시어 다시 이스라엘 백성을 보내지 않게 하셨습니다.

하나님께서 모세를 통해 보이신 첫 번째 기적, 곧 지팡이로 하여금 뱀이 되게 하신 것은 애굽의 모든 신들의 뿌리가 사탄임을 암시하는 것입니다.

이러한 기적을 나일강에서 시작하신 까닭은 애굽 사람들이 나일강을 신으로 섬기고 있었기 때문입니다. 그들의 신이 오히려 사망을 가져다 주는 것임을 알려 주시려 하신 것입니다.

애굽의 술사들은 하나님의 기적을 모방하였는데 이는 지팡이가 뱀이 되게 하는 것, 강물이 피가 되게 하는 것, 개구리 떼를 올라오게 하는 것이었습니다.

애굽의 술사들도 그러한 기적을 행하긴 하였지만, 그러한 재앙을 그치게 할 수는 없었습니다. 온 세상에 개구리 떼 같은 재앙을 퍼뜨릴 수는 있어도 문제를 해결해 주지는 못함을 만천하에 드러낸 것입니다.

오늘날에도 애굽의 술사 같은 종교인들이 주님의 이름으로 선지자 노릇을 하고, 주님의 이름으로 귀신을 쫓아내고, 주님의 이름으로 많은 권능을 행하기도 합니다.(마 7:22)

그러나 그들이 하는 일은 사탄을 기쁘게 하고 사탄을 추종하는 것으로, 결국 가증스럽고 더러운 저주의 심판만 가져오게 할 뿐입니다. 그들이 섬겼던 모든 신들은 복을 주기는커녕 저주를 가져왔습니다.

우리도 육신이나 세속을 좇아가면 그들과 같이 멸망의 길로 갈 뿐입니다. 심은 대로 거두게 되기 때문입니다.(갈 6:7)

개구리 떼로 인하여 고통을 당하게 되자 바로는 더 이상 견디지 못하고 이스라엘 백성으로 하여금 광야에 나아가 희생을 드리도록 하겠다고 약속하였습니다. 그러자 하나님께서는 개구리 떼를 죽게 함으로써 개구리 떼의 재앙이 우연히 일어난 것이 아닌 하나님의 역사였음을 증명하셨습니다.

개구리 떼가 제거되어 숨통이 트이자 바로는 다시 완악하게 되어 "이스라엘 백성을 보내라"는 하나님의 명령을 거역합니다.

이와 같이 어리석은 자는 고통 속에 빠지면 정신을 차리는 듯 보이지만, 그 고통이 물러가면 다시 교만해져서 멸망을 자초하는 죄악을 범하게 됩니다.

애굽의 바로왕은 두 번째 타협으로 광야에 나아가 하나님께 희생을 드리되 "너무 멀리는 가지 말라"고 하였습니다. 가기는 가는데 애굽 경내를 벗어나지 말라는 뜻입니다.

왜 애굽만은 벗어나지 말라고 하였을까요?

이 말은 세속주의를 끊지 말라는 사탄의 유혹과 같습니다.

애굽은 사망의 그늘진 땅이요, 우상의 도시입니다. 그곳에는 빛이 없고 생명이 없습니다. 말씀이 없고 안식일이나 경배의 장소나 성전이 없습니다. 사탄의 지배 아래 있는 곳입니다. 이러한 곳에서는 하나님께 경배를 드릴 수 없습니다. 그러므로 이스라엘은 그 땅을 속히 멀리 떠나야 하는 것입니다.

하나님께 바른 경배를 드리고 하나님을 바로 섬기기를 원하는 사람들은 모두 애굽을 탈출한 사람들입니다.

애굽은 중생하지 못한 땅, 곧 사탄의 지배 아래 있는 땅입니다. 우리는 그곳에서 멀리 탈출해야 합니다.

하나님께서는 홍해를 경계로 이스라엘 민족과 애굽인을 구별하셨습니다. 그리고 홍해를 건너는 것을 세례의 모형이라고 하셨습니다.(고전 10:1-2)

세례받기 전에 우리는 모두 이방인이었으며 애굽인이었습니다. 누구든지 물과 성령으로 거듭나기 전에는 하나님을 사랑하는 열심이 없는 사람들과 다를 바 없습니다.

바로가 이스라엘 백성들이 자기 곁에서 멀리 떠나기를 원치 않았던 것같이 사탄은 성도들이 자기 곁에서 멀리 떠나 하나님께 가까이 가는 것을 원치 않습니다.

"멀리 가지 말라"는 사탄의 미혹을 물리치고, 하나님께 가까이 가는 여러분이 되시기를 바랍니다.

모세는 이스라엘 백성을 거느리고 홍해를 건넌 후 그들에게 "너희가 오늘 본 애굽 사람을 영원히 다시 보지 아니하리라"(출 14:13)고 하였습니다.

홍해를 건넌 후 앞을 향하여 3일 길을 간 사람은 가나안 약속의 땅이 더 가까이 다가오지만, 애굽에서 멀리 떠나지 아니한 사람은 고난이 닥쳐오면 애굽으로 되돌아갈 가능성이 많습니다. 너무 멀리 가지 말라는 사탄의 미혹에서 벗어나지 못했기 때문입니다.

우리는 애굽을 조금 떠나는 것으로 만족하지 말고 애굽을 단절하고 열심을 내어 더욱 주님을 사랑해야 합니다.

말세에 라오디게아 교회처럼 차지도 않고 덥지도 않은 미온적 상태의 배교자가 나타나는 까닭은 사탄의 세속주의 유혹을 견디지 못했기 때문임을 잊지 말아야 할 것입니다.

바로는 모세와 아론을 불러 "너희는 이 땅에서 너희 하나님께 제사를 드리라"고 하였습니다. 다급해지자 타협안을 제시한 것입니다.

하나님께서 아브라함과 이삭과 야곱에게 세워 주신 언약은 무엇이었습니까?

"구원자 메시아를 보내리라."

"땅(가나안)을 주리라."

"자손으로 말미암아 천하 만민이 복(구원)을 얻으리라."

이 세 가지로 요약할 수 있습니다.

바로, 즉 사탄은 아브라함의 자손으로 그리스도를 보내사 천하 만민을 구원하시려는 계획을 이루시기 위해 이스라엘을 그리스도가 태어나실 가나안 땅으로 인도하려는 하나님의 뜻을 방해하려 하였습니다. 그러므로 이스라엘을 악착같이 애굽에 붙잡아 두려고 발악했던 것입니다. 이에 모세는 한마디로 "그리함은 부당하니이다"(출 8:26)고 거부합니다.

그렇습니다. 애굽에 머물면서 바로와 하나님을 주로 섬기는 것은 불가능한 일입니다. 애굽은 이 세상의 모형이고 이스라엘 민족은 그리스도인들의 모형입니다. 수많은 그리스도인들은 말로는 출애굽한다고 하면서 마음은 데마처럼 세상에 속해 있습니다.

우리는 애굽을 떠나 3일 길을 걸어야 합니다.(출 8:27)

3일 길을 걷는다는 것은 예수 그리스도와 함께 죽고 예수님 안에서 믿음으로 부활한 후 주님을 섬기는 삶을 의미합니다.

애굽을 떠나 하나님의 구별된 백성으로 하나님을 바로 섬기고 주님의 음성에 귀를 기울이며 주님의 명령을 따라 약속의 땅 가나안에 들어가는 여러분들이 되시기 바랍니다.

하나님의 방법대로

하나님은 모세와 아론을 통해 바로에게 이스라엘 백성들을 보내주라고 여러 번 말씀하셨지만 바로는 계속 이를 거부했습니다.

모세와 아론을 바로에게 보내실 때마다 하나님은 확실한 표적을 그들에게 보여주셨습니다.

이 표적들은 그들이 전하는 말이 그들의 것이 아니라 전능하신 히브리 사람들의 하나님의 것임을 증명하는 것이었습니다.

우리는 여기에서 하나님의 백성들이 오랜 세월 동안 종살이를 해왔다는 사실을 잊어서는 안 됩니다. 그들은 하나님이 어디 계시냐며 의심했을지 모릅니다. 또한 자신의 조상들이 자주 이야기했던 시대는 이미 지나갔다고 생각했을지 모릅니다.

그러자 하나님은 새로운 방법으로 이스라엘 백성에게 나타나셨습니다. 그리고 그 땅에서 행사하신 이적들을 통해 하나님이 누구신지 드러내시고 그들을 버리지 않으셨음을 보여주셨습니다.

하나님은 다시 모세에게 바로에게 가서 이스라엘 백성들이 하나님을 경배할 수 있도록 그들을 보내줄 것을 요구하라고 하십니다. 만약 그들을 보내지 않으면 그 나라의 가축들에게 재앙을 내리실 것이라고 하셨습니다. 그리하면 바로의 신하와 애굽 백성들이 하나님 같은 분이 없음을 알게 될 것이라고 하셨습니다.(출 9:24)

그런데 여기 발전된 계시가 있습니다. 그것은 하나님께서 바로를 향하여 "내가 너를 세웠다"(출 9:16)고 말씀하고 있다는 점입니다. 바로를 세우신 의도는 "나의 능력을 네게 보이고 내 이름이 온 천하에 전파되게 하려 하였음이니라" 하십니다.

본 장의 중심점이 여기에 있습니다. 이를 두 단원으로 나누어 상고해 보겠습니다.

첫 번째 단원, 바로의 마음을 강퍅케 하심

"여호와께서 모세에게 이르시되 바로에게 들어가서 그에게 이르라 히브리 사람의 하나님 여호와께서 말씀하시기를 내 백성을 보내라 그들이 나를 섬길 것이니라."(출 9:1)

그러나 하나님께서는 바로의 마음을 강퍅케 하셨으므로 그들이 듣지 아니하였습니다.(출 9:12)

우리는 여기서 상식적으로는 이해하기 어려운 말씀을 대하게 됩니다. 생각해 보십시오. 내 백성을 보내라 하면서 동시에 바로의 마음을 강퍅케 하셨다는 말씀은 이해하기가 어렵습니다.

그런데 여기에는 하나님의 중요한 의도가 있습니다. 하나님의 계획하심이 이것이 전부가 아니기 때문입니다.

하나님은 유월절 어린양의 피로 구별하여 약속의 땅 가나안으로 인도하시려는 계획을 갖고 계신 것입니다.

그렇습니다. 성도들에게 지옥 형벌만을 면한 것이 아닙니다. 영원한 천국으로 인도하시려는 것입니다.

하나님께서는 바로에게 "내가 너를 세웠음은 나의 능력을 네게 보이고 내 이름이 온 천하에 전파되게 하려 하심이라"(출 9:16)고 하셨습니다. 사도 바울도 이 말씀을 인용하여(롬 9:17) 하나님의 절대주권을 증거하였습니다.

하나님이 여러 차례 기적을 보이시는 목적은 "내 이름이 온 천하에 전파되게 하려 함"이라는 것입니다. 이 목적을 위해서 하나님은 바로의 마음을 강퍅케 하셨고 지금까지 살려 두셨다는 것입니다.

그렇다면 바로에게 보이려는 그 능력이란 무엇을 가리키는 것일까요? 모든 재앙을 가리킬 수가 있습니다.

출애굽기 10장 1-2절에 보면, 하나님께서 바로의 마음을 강퍅케 하신 의도를 좀 더 자세히 밝히고 있습니다.

1. 내가 그의 마음과 그 신하들의 마음을 완강하게 함은 나의 표징을 그들(바로) 중에 보이기 위함이며,

2. 내가 그 가운데 행한 표징을 네(이스라엘) 아들과 네 자손의 귀에 전하게 하려 함이라 하십니다.

즉, 바로뿐만 아니라 이스라엘 자손들에게 표징을 보여 대대로 전하게 하기 위해서라는 것입니다.

그렇다면 그토록 보이시고 전하기를 원하시고 온 천하에 전파

되게 하시려는 표징은 도대체 무엇일까요?

그것은 9가지 재앙이 아니라, 마지막 재앙 때 등장하는 유월절 어린양입니다.

바로 입장에서는 모든 장자가 죽는 재앙이요, 이스라엘 입장에서는 그 피로 말미암아 구원을 얻게 되는 표징이었던 것입니다.

하나님이 보여주시고 전하기를 원하시는 것은 열 가지 재앙이 아니라 한 가지 재앙입니다. 하나님은 처음부터 이를 계획하시고 이에 초점을 맞추어 추진해 나가셨던 것입니다.

두 번째 단원, 그리스도의 마음으로 돌이키라

바로가 확인하고 싶었던 것은 히브리인들이 말한 대로 이루어지는가, 입니다.

여호와가 정한 대로, 정한 시점에, 정한 방식대로, 정하신 대로 이루어졌지만 바로는 변화되지 않았습니다.

회개라는 말씀은 변화한다는 의미입니다. 진정한 변화는 마음의 변화, 생각의 변화, 삶의 변화가 있어야 하는데 이 세 가지가 다 변해야 진정한 회개입니다.

에스겔서 14장 6절에 "너희는 마음을 돌이켜 우상을 떠나 얼굴을 돌이켜 모든 가증한 것을 떠나라"라고 하십니다. 마태복음 3장 8절에는 회개에 합당한 열매를 맺으라고 말씀합니다.

바로는 일시적으로 회개하는 척했으나 진정한 회개는 아니었습니다.

참된 회개는 사탄의 지배에서 하나님의 지배로 돌아서는 것이며 죄로부터 거룩으로, 세상으로부터 그리스도의 마음으로 돌이키는 것입니다.

회개한 마음은 화평한 마음(잠 14:3), 즐거운 마음(잠 15:15), 청결한 마음(마 5:8), 성실한 마음(엡 6:5), 하나님의 영광만을 구하는 마음입니다.

우리의 마음이 그리스도의 마음으로 바꾸어지는 것이 회개한 자의 자세입니다. 그러므로 한 가지 재앙이 임하기까지는 바로의 마음이 강팍한 대로 내버려두셨던 것입니다.

하나님께서는 이 표징을 통하여 "내 이름이 온 천하에 전파하기"를 원하고 계십니다.

영적 논리로 말하면 온 천하에 전파하기를 원하신 그 이름은 모든 이름 위에 뛰어난 이름을 주신 바(엡 1:21) 우리 주 예수 그리스도의 이름이었던 것입니다.

우리 모두 육적 출애굽을 통하여 영적 출애굽이 어떻게 해서 가능하게 되었는지를 증거하는 일에 힘쓰게 되시기 바랍니다.

재앙은 계속되고

일곱 번의 재앙을 당하고도 바로는 이스라엘 백성을 보내라는 하나님의 명령을 듣지 않았습니다.

이에 하나님께서는 모세를 통하여 메뚜기 떼가 온 애굽 땅에 가득하여 우박에 상하지 않은 모든 채소와 나무를 먹게 하셨습니다.

이에 바로는 용서를 구했으나, 재앙이 지나가자 다시 마음이 완악하게 되었습니다.

하나님께서는 큰 권능으로 뜻을 이루시는 절대주권자이십니다. 그러므로 이러한 하나님께로부터 구원의 약속을 받은 이스라엘 백성은 출애굽하는 데 염려할 필요가 없었습니다.

그런데 하나님께서 바로의 마음을 완악케 하심으로 이스라엘 백성은 쉽게 애굽을 떠날 수 없었습니다.

하나님께서는 왜 바로의 마음을 완악케 하셨을까요?

첫째는 바로왕이 이스라엘을 해방시키는 것을 지연시키기 위함이며, 둘째는 하나님의 하나님 됨을 알리기 위함이었습니다. 즉 주님의 권능을 나타내시고자 함입니다.

하나님께서는 "내가 그의 마음과 그의 신하들의 마음을 완악하게 함은 나의 표징을 그들 중에 보이기 위함이며"(출 10:1)라고 말씀하셨습니다.

이와 같이 하나님께서는 당신의 권능을 알게 하시며, 인간이 하나님의 말씀을 거역해도 결국은 하나님의 말씀과 같이 되게 하시는 전능하신 하나님이십니다.

"바로의 마음이 강퍅하여 그들의 말을 듣지 아니하니 여호와의 말씀과 같더라"(출 7:13)

하나님께서는 이방인들에게 권능을 드러내 보이시고 영광 받으시기를 원하십니다.

하나님께서 권능을 보이시는 데에는 두 가지 방법이 있습니다. 하나는 하나님께서 직접 기적을 행하시는 것이고, 다른 하나는 하나님의 백성을 도구로 사용하여 권능을 보이시는 것입니다.

하나님께서 모세와 아론을 애굽에 파송한 것은 애굽에서 이스라엘을 인도해내기 위함이었습니다. 그러므로 바로가 이스라엘을 보내지 않은 것은 곧 하나님의 권위에 도전하는 행위가 됩니다.

바로왕은 메뚜기 떼들로 인한 엄청난 재앙을 당하고도 계속 하나님께 불순종합니다.

메뚜기 떼들은 애굽 사람의 영혼을 황폐케 하는 악령의 모형이며 그림자에 불과합니다. 메뚜기 떼들은 인본주의 신앙이나 비성경적인 모든 학문과 사상을 의미합니다.

"그가 우리를 흑암의 권세에서 건져내사 그의 사랑의 아들의 나라로 옮기셨으니 그 아들 안에서 우리가 속량 곧 죄 사함을 얻었

도다"(골 1:13-14)

흑암이 온 애굽을 덮은 일은 구원받지 못한 영혼들의 캄캄하고 어두운 상태를 보여주는 것입니다. 흑암은 지옥의 또 다른 명칭입니다. 중세 시대를 흑암의 시대라고 부르는 것은 영적으로 캄캄한 어두움의 시대였음을 뜻합니다. 캄캄한 어두움 속에서 진리는 왜곡되고, 말씀을 떠난 심령은 어두움 속에서 헤어나오지 못합니다.

그러므로 예수님께서는 다음과 같이 말씀하셨습니다.

"아직 잠시 동안 빛이 너희 중에 있으니 빛이 있을 동안에 다녀 어둠에 붙잡히지 않게 하라 어둠에 다니는 자는 그 가는 곳을 알지 못하느니라"(요 12:35)

하나님께서 애굽의 온 땅에 흑암의 재앙을 내리신 까닭은 태양이 신이 아니라는 것을 보여주심과 동시에 사탄이 잠시 어두움의 깊은 곳인 무저갱에 갇힐 것을 암시하시기 위해서였습니다.

그러나 이스라엘 백성이 거주하는 곳에는 빛이 있었습니다.(출 10:23) 그들 중에 계시는 하나님은 빛이시며 거룩한 영광입니다.

모세가 지었던 지성소에는 거룩한 하나님의 빛이 있었습니다. 그 빛이신 하나님께서 세상에 참 빛으로 오셨습니다.

말씀이 살아 있는 교회는 하나님의 진리가 빛이 되시기 때문에 결코 성도들에게 어두움이 틈탈 수 없으며 실족당하지 않게 됩니다. 거듭난 성도들은 빛의 자녀들입니다.

바로왕은 마지막 타협안으로 양과 소는 머물게 두고 떠나라고 합니다. 여기서 양과 소는 누구를 의미하는 것입니까? 그 희생 제

물은 다름 아닌 예수 그리스도이십니다. 예수님을 상징하는 희생
제물 없이 어떻게 속죄를 위한 희생을 드릴 수 있겠습니까?

결국 사탄의 음모는 그들의 삶에서 예수님을 제외시키려는 것
이었습니다. 그 희생이 없이는 하나님께 나아갈 수 없을 뿐만 아
니라 출애굽할 수도 없기 때문입니다.

거듭난 그리스도인은 어린양이신 예수 그리스도의 피흘림을 통
하여 출애굽하였으며, 그의 희생과 동행하고 있는 것입니다.

바로의 제의에 모세는 "한 마리도 남길 수 없다"(출 10:26)고 답합
니다. 이것이 모세의 신앙입니다.

모든 것이 하나님의 것이기 때문에 모두 하나님의 영광을 위하
여 사용되어야 하고 바쳐져야 합니다. 이스라엘은 하나님의 소유
이고 그들이 소유한 가축도 하나님의 것이기 때문에 한 마리도 애
굽에 남겨 둘 수 없는 것입니다.

"이는 삼림의 짐승들과 뭇 산의 가축이 다 내 것이며 산의 모든
새들도 내가 아는 것이며 들의 짐승도 내 것임이로다"(시 50:10-11)

이 세계는 다 하나님의 것입니다. 여러분이 가진 모든 것은 다
주께로부터 온 것임을 아시기 바랍니다.

"값으로 산 것이 되었으니 그런즉 너희 몸으로 하나님께 영광을
돌리라"(고전 6:20)

"한 마리도 남길 수 없다."

이 얼마나 은혜스러운 말이며, 확고부동한 신앙의 용기입니까?

바로가 제시한 네 가지 타협안은 다음과 같습니다.

첫째, 이 땅에서 너희 하나님께 제사를 드리라.(출 8:25)

둘째, 너무 멀리 가지는 말라.(출 8:28)

셋째, 너희 장정만 가서 여호와를 섬기라.(출 10:11)

넷째, 너희의 양과 소는 머물러 두고 너희 어린 것들은 너희와
　　　함께 갈지니라.(출 10:24)

우리는 이 타협안에 대해 모세가 한 것처럼 단호히 거부할 수 있을까요?

믿음으로 장성한 모세는 바로의 공주의 아들이라 칭함 받기를 거절하고 도리어 하나님의 백성과 고난 받기를 잠시 죄악의 낙을 누리는 것보다 더 좋아했다고 하였습니다.(히 11:24-25)

모세가 어리석어서 그리하였겠습니까? 철이 없어서 그리하였겠습니까? 그는 애굽의 모든 호화로운 문물을 몸에 익힌 장자의 권위를 가진 자였습니다. 그럼에도 불구하고 오직 하나님을 섬김에 바로의 제안을 단호하게 뿌리칠 수 있었습니다.

하나님을 섬기는 성도는 사탄과 타협할 필요가 없습니다. 단지 하나님의 말씀대로 순종하고 행하면 하나님께서 불기둥과 구름기둥으로 인도하실 것입니다. 하나님의 뜻대로 부르심을 입은 성도에게는 모든 것이 합력하여 선을 이루어 주실 것입니다.

세상과 죄악의 유혹이 손짓하고 사탄이 타협하자고 할지라도 모두 단호하게 물리치시기 바랍니다.

어려움이나 고통이 닥쳐도, 내 힘으로 감당할 수 없는 부조리한 현실의 문제가 생길지라도 낙심하지 말고 포기하지 마시기 바랍

니다. 시작하신 하나님께서 그리스도의 날까지 이루실 것을 믿고 말씀에 의지하며 살아가시기 바랍니다.

결국 하나님께서 원하시는 방향으로 모든 것이 진행되며, 하나님의 뜻대로 이루어지며, 하나님의 사랑과 공의가 실현되며, 하나님의 나라가 실현될 것임을 믿으시기 바랍니다. 시작하신 분은 하나님이시니 끝도 하나님께서 맺게 해 주실 것입니다.

"그런즉 너희는 하나님께 복종할지어다 마귀를 대적하라 그리하면 너희를 피하리라"(약 4:7)

하나님께서는 우주 만물의 통치자이십니다. 하나님께서는 자연과 우주를 지배하고 계십니다.

급속한 과학의 발달로 인해 자연은 물론 인간의 두뇌까지 점령당해 가고 있는 것이 오늘날의 현실입니다. 그러나 이는 하나님의 지배력과는 다른 것입니다. 하나님의 지배력은 스스로 존재하는 것이며 영원불변의 원천적 힘이지만, 인간이 세운 공은 하나님께 부여받은 힘으로 인한 것에 불과합니다.

그러므로 우리는 하나님의 역사와 권위에 맞서는 것이 얼마나 어리석은 일인가를 깨달아야 합니다.

하나님을 대적하는 어리석은 자가 되지 말고, 하나님의 뜻에 순종하며 그 뜻대로 살아가는 여러분들이 다 되시기를 축원합니다.

【제2부】

마라의 길목에서

구원의 감격을 회복하자!

바로는 캄캄한 흑암의 재앙을 당하고도 이스라엘 백성들을 보내지 않았습니다.

오히려 바로는 모세에게 나를 떠나 스스로 삼가라고 하였습니다. 다시 자신의 얼굴을 보는 날에는 죽으리라고 경고까지 하였습니다.

이에 모세는 바로왕에게 바로의 장자로부터 여종의 장자 그리고 애굽 땅의 모든 짐승의 첫 태생은 모두 죽을 것이라는 최후의 말씀을 전했습니다.

하나님께서 바로왕의 마음을 계속 강퍅하게 하신 것은 그 과정을 통하여 하나님의 권능을 보여주시려는 계획이 있었기 때문입니다.

이스라엘 백성들은 출애굽할 때 하나님께 드릴 번제, 화목제, 속죄제, 속건제에 필요한 가축을 반드시 가지고 가야 했습니다. 하나님께서 광야에서 계속 희생제를 요구하셨기 때문입니다.

이스라엘 민족이 광야에서 하나님을 섬기는 것은 희생제를 통해서만 가능했습니다. 그러므로 애굽에서 기르던 가축은 이스라엘 백성들에게 중요한 제물이었습니다.

출애굽하기 전날 이스라엘 민족은 하나님께 최초의 희생 제물을 드렸는데 그것은 바로 어린양이었습니다.

오늘날 많은 그리스도인들은 구원받은 이후에 예수님의 피를 잊어버리고 유월절을 망각하며 살고 있습니다.

예수님께서는 사람들이 유월절의 피를 통한 죄 사함을 잊어버릴 것을 아시고 성만찬을 통하여 어린양 되신 예수님을 기념하게 하셨습니다.(눅 22:19-20)

구원 얻을 때의 그 감격, 그 기쁨, 그 놀라움들은 모두 사라지고 영적 잠을 깊게 자고 있는 사람들이 많다는 것은 참으로 슬픈 일입니다. 그러므로 우리는 구원 받은 첫사랑(계 2:4)을 잊어서는 안 됩니다.

하나님께서는 애굽을 향한 최후의 재앙을 예비하셨습니다.

지금까지 하나님의 질서가 존재하고 진행되고 있는 까닭은 이 땅에 구원 받은 하나님의 백성들이 살고 있기 때문입니다.

그러나 어느 날, 하나님께서 당신의 백성들을 세상으로부터 이끌어 내실 때 세상은 온통 재앙의 땅으로 변해버릴 것입니다.

애굽 땅에는 요셉이 있었기 때문에 그로 말미암아 애굽이 큰 복을 받았고, 오벧에돔의 집에 법궤가 있었기 때문에 하나님의 축복이 임한 것과 같이(삼하 6:11) 이 세상은 예수님과 그분의 성도들 때문에 하늘의 복을 받고 있는 것입니다.

바로는 캄캄한 흑암의 재앙을 당하고도 이스라엘 백성들을 보내지 않았습니다. 오히려 모세에게 다시 자신의 얼굴을 보는 날에는 죽으리라고 경고까지 하였습니다.

하나님께서 이렇듯 강퍅한 바로의 마음을 방치하신 결과 출애굽의 시기가 모세의 호렙산의 소명 이후 약 6개월간 지연되었습니다.

우리는 여기서 한 가지 질문을 던질 수 있습니다. 전지전능하신 하나님께서 왜 당장 이스라엘 백성들을 출애굽시켜 주지 않으시고 그토록 많은 이적과 기사를 베푸신 이후에 출애굽시키셨을까? 하는 것입니다.

그 질문에 대한 답은 다음과 같이 생각해 볼 수 있습니다.

첫째는 4백 년간 침체되었던 하나님께 대한 사랑과 경외를 이스라엘 백성에게 고취시키기 위함이요, 둘째는 그들의 후손에게 하나님의 구원 사역을 전하기 위함이요, 셋째는 열방들에게 두려운 여호와의 이름을 널리 전하고 참 신은 오직 하나님 한 분뿐임을 선포하기 위함이며, 마지막으로 이스라엘 백성들에게 출애굽하기 위한 만반의 준비를 시키기 위함입니다.

하나님께서 하시는 일에는 절대로 실수가 없습니다.

오늘 여러분에게 하나님의 대리자가 충고하고 있지는 않습니까? 여러분은 그 충고를 무시하고 자신의 고집만 내세움으로써 하나님께서 주시는 은혜의 기회를 스스로 가로막고 있지는 않습니까? 다른 사람의 충고를 받아들이십시오. 그리고 거기서 깨달은 바를 즉시 시행하십시오.

모세는 애굽에서 바로의 신하와 백성들에게 심히 크게 보였더라고 하였습니다. 이는 모세가 큰 사람이어서가 아니라 크신 하나님께서 모세와 함께하심으로 그가 큰 사람으로 보인 것입니다. 모세의 능력에 의해서가 아니라 하나님의 능력이 그를 크게 만든 것입니다.

우리 또한 결코 큰 사람이 아닙니다. 인간이 크게 되고 작게 됨은 하나님의 장중에 있는 것입니다.

어느 날 독일의 프리드리히 대왕이 시골 학교를 방문했는데, 마침 아이들이 지리를 배우고 있었습니다.

프리드리히 대왕은 한 아이에게 고향이 어디냐고 물었습니다. 그러자 아이는 프러시아라고 대답했습니다.

프리드리히 대왕이 프러시아가 어디에 있느냐고 묻자, 아이는 독일에 있다고 대답했습니다.

프리드리히 대왕이 독일은 어디에 있느냐고 묻자, 아이는 유럽에 있다고 대답했습니다.

프리드리히 대왕이 유럽은 어디에 있느냐고 묻자, 아이는 이 세상에 있다고 대답했습니다.

마지막으로 프리드리히 대왕이 이 세상은 어디에 있느냐고 묻자, 아이는 잠깐 멈칫하더니 곧 하나님의 손 안에 있다고 대답했습니다.

그렇습니다. 이 세상 모든 사람들은 하나님의 장중에서 살고 있습니다. 우리 모두에게도 독일 학생의 마지막 대답이 고백되어져야 합니다.

우리를 앞서 가시는 하나님께서는 온전하신 분이십니다.

"사람으로 하나님을 혹 더듬어 찾아 발견하게 하려 하심이로되 그는 우리 각 사람에게서 멀리 계시지 아니하도다 우리가 그를 힘입어 기동하며 존재하느니라"(행 17:27-28)

하나님의 궁극적인 관심과 목적은 사람들에게 하나님이 하나님 되심을 알게 하여 하나님의 구원 속으로 들어오게 하는 데에 있습니다.

여러분의 입술에서, 손에서, 눈빛에서 하나님이 참 하나님 되심을 보여주시기 바랍니다.

하나님께서는 행하시는 표징을 통해 주의 이름이 온 천하에 전파되기를 원하고 계십니다.(출 9:16) 전파되기 원하시는 그 이름은 모든 이름 위에 뛰어난 이름 우리 주 예수 그리스도이십니다.(빌 2:9)

그렇다면 누가 이 소식을 온 천하에 전파하며 아들과 자손의 귀에 전하여 그들로 하여금 여호와를 알게 하는 것일까요?

철학자는 고상한 삶의 지혜를 말하고, 종교가는 까다로운 교리를 말하며, 정치가는 풍요로운 삶을 제시하고, 과학자는 편리한 생활을 제공합니다.

그러나 세상의 그 누구도, 그 무엇도 우리의 죄를 속하고 의롭게 하며 하나님 나라에 들어가게 해 주지는 못합니다.

오직 예수 그리스도의 보배로운 피만이 우리를 정결케 하고 의롭게 하며 하나님 나라의 백성이 되게 하는 것입니다.

이스라엘의 구원은 어린양의 피를 바른 집만이 재앙을 면하는 것이었습니다. 그 구원은 어린양의 피를 흘리는 희생의 결과였으며 완전했습니다. 생축까지 구원되었고 이스라엘의 두 손에는 은금 패물이 넘쳐났음을 보여주고 있습니다.

우리의 구원도 마찬가지입니다. 하나님께서 우리에게 구원을 주심은 우리에게 새로운 삶, 즉 순례자의 삶을 요구하시는 것입니다. 주님께서는 우리에게 결코 이 땅을 최종 목적지로 삼을 수 없는 철저한 이방인의 삶을 요구하십니다.

"우리를 사랑하사 그의 피로 우리 죄에서 우리를 해방하시고 그의 아버지 하나님을 위하여 우리를 나라와 제사장으로 삼으신 그에게 영광과 능력이 세세토록 있기를 원하노라"(계 1:5-6)

우리는 구원받은 무리입니다. 그러므로 우리를 구원해 주신 주님께 늘 감사해야 합니다. 그리고 구원받은 자로서 이 세상에 대한 기대와 집착을 버리고 하늘 가나안을 향하여 순례자의 행진을 계속해 나가야 합니다.

결코 세상과 벗하지 않는 삶, 하늘을 바라보며 주님의 뜻을 따라 사는 삶만이 우리를 구원하신 하나님의 은혜에 보답하는 삶인 것입니다.

이러한 고백과 찬송이 여러분 모두에게 있기를 주 예수 그리스도의 이름으로 축원드립니다.

왜 양을 준비하라 하셨나? 출 12:1-14

구약성경에서 가장 의미 있는 사건은 출애굽 사건일 것입니다. 출애굽 사건은 이스라엘 백성들이 민족적인 행보를 시작한 움직임이기 때문입니다.

또한 예수님의 대속의 죽음을 잘 설명해 주는 사건이며, 이 땅의 교회와 성도들이 어떻게 살아가야 하는가를 잘 알려주는 사건이기 때문입니다.

출애굽기 12장 말씀은 이스라엘 백성들이 출애굽을 위해 무엇을 어떻게 준비해야 할 것인지에 대한 구체적인 행동지침이라고 할 수 있습니다. 그 내용과 의미에 대해 살펴보도록 하겠습니다.

1, 출애굽하는 달을 그 해 정월로 삼으라

이스라엘 자손들은 애굽에 들어온 이후 430여 년 동안 애굽 사람들이 사용하던 태양력을 그대로 사용하였습니다. 그런데 그 달력을 버리고 새로운 달력을 사용하라는 것입니다.

하나님께서는 왜 이런 명령을 내리셨을까요? 그 달에 이루어질 일이 너무나 중요했기 때문입니다. 하나님의 특별한 은총을 받은 이스라엘 백성이 애굽에서 떠나 진정한 하나님의 백성이 되는 달이기에 그 의미를 기념하라는 뜻입니다. 그만큼 하나님께서는 출애굽 사건에 큰 의미를 부여하셨습니다.

오늘날에도 중생의 경험은 하나님을 중심으로 새로운 삶을 시작하는 출발이라고 볼 수 있습니다.

유월절은 예수 그리스도의 구속을 상징하고 있습니다. 구속받은 성도들은 새로운 삶을 시작해야 합니다.

중생은 죽음에서 영생으로 옮겨진 것입니다.

"내가 진실로 진실로 너희에게 이르노니 내 말을 듣고 또 나 보내신 이를 믿는 자는 영생을 얻었고 심판에 이르지 아니하나니 사망에서 생명으로 옮겼느니라"(요 5:24)

"그런즉 누구든지 그리스도 안에 있으면 새로운 피조물이라 이전 것은 지나갔으니 보라 새 것이 되었도다"(고후 5:17)

예수님께서는 삭개오의 가정에 가셔서 오늘 구원이 이 집에 이르렀다고 선포하심으로 삭개오의 삶을 새 삶의 시작으로 바꾸어 주셨습니다.(눅 19:9)

예수 그리스도를 나의 구주로 영접하고 주의 피로 죄 씻음 받아 하나님의 자녀가 된 것은 나에게 출애굽의 날입니다. 이날로 나 개인의 달력이 시작되는 것입니다. 이때부터 나의 가나안을 향한 순례의 길이 시작되는 것입니다. 이는 동시에 세상과는 분리되는 날입니다. 애굽을 잊어야 합니다. 포기해야 합니다. 그리고 하나님과 동행하는 삶을 살아야 합니다.

우리가 계획하고 행하는 일들이 세상적인 것으로 기록되는 세상의 달력이 아니라 하나님의 영광을 위해서, 교회를 위해서, 성도를 온전케 하기 위해서, 하나님 나라의 확장을 위해서, 나의 인격이 그리스도의 장성한 분량에 이르기 위해서 기록되는 신앙의 달력이 되어야 합니다.

유월절은 이스라엘 백성의 새로운 역사의 시작이었습니다. 또한 사망에서 생명으로, 그리고 지옥에서 천국으로 옮겨진 기념절기입니다. 이와 같이 우리가 거듭난 그날은 영혼의 유월절이며, 예수 그리스도 안에서 새로운 피조물이 되어 새로운 역사가 시작되고 천국으로 향하게 됩니다.

"주의 말씀 받은 그날 참 기쁘고 복되도다. 기쁜 날 기쁜 날 주 나의 죄 다 씻은 날."

이 찬송은 오직 마음속의 죄로부터 출애굽한 유월절이 있는 사람만이 부를 수 있는 찬송입니다.

2. 예수 그리스도의 표적을 보아라

출애굽기 12장 13절에 보면 "애굽 땅을 칠 때에 그 피가 너희가 사는 집에 있어서 너희를 위하여 표적이 될지라 내가 피를 볼 때에 너희를 넘어가리니 재앙이 너희에게 내려 멸하지 아니하리라"고 기록되어 있습니다.

하나님의 시선은 집을 향해 있지 않습니다. 집이 큰지 작은지, 단독 주택인지 고급 아파트인지에는 관심이 없으십니다. 오직 피가 없으면 심판이 있고, 피가 있으면 넘어가는 것입니다.

그렇습니다. 안전한 피난처, 사망에서 생명으로 옮길 수 있는 것은 오직 예수 그리스도의 피밖에 없습니다. 이것이 여러분의 표적이 되어야 합니다.

성경에는 표가 찍혀 구원에 이른 자들이 나옵니다.

백성들이 양을 잡아 그 피를 문설주에 바르니(출 12:7) 그 피가 바로 표적이 되어 그 피 있는 집을 넘어가 멸하지 않고(출 12:13) 구원하시겠다고 하셨습니다.

피의 표적이 있는 이스라엘은 자기네들의 공로가 아닌 하나님의 은혜로 표가 찍힘으로 구원받았습니다.

요한계시록 7장 1절부터 8절에 나오는 그 이마에 인 치심을 받은 14만 4천 명은 땅에서 구속함을 받은 사람들인데 그들도 역시 자기 공로가 아닌 하나님의 은혜로 인 치심을 받아 구원받은 자들입니다.

에스겔 8장 5절부터 18절에서는 당시 예루살렘의 죄상을 말해 줍니다. 그런데 그 죄상에 가담하지 않고, 그들의 죄상 때문에 탄식하며 우는 자들이 있었습니다.

하나님께서는 그들의 이마에 표를 찍으시고 예루살렘을 멸하시는 가운데서 그들을 구해내셨습니다.(겔 9:4-6)

우리는 출애굽 당시의 이스라엘 백성들처럼 하나님의 은혜로 인 치심을 받아 구원받은 자들입니다.

구원받았다고 해서 내 멋대로 생활해도 괜찮은 걸까요? 아닙니다. 은혜로 인 치심을 받아 구원에 이른 우리들은 하나님께 다시 받은 삶이 부끄럽지 않도록 생활해야 합니다.

3. 양을 준비하라

어린양은 무엇입니까?

이사야 53장 7절을 보면 메시아에 대한 예언을 하면서 마치 도살장으로 끌려가는 어린양과 같다고 기록하고 있습니다. 세례 요한은 세상 죄를 지고 가는 어린양이라고 했습니다. 예수 그리스도는 우리의 죄, 세상의 죄를 위하여 준비되신 어린양인 것입니다.

어린양은 한 양a lamb입니다. 출애굽기 12장 5절에는 어린양 the lamb이라고 정관사를 붙여 말씀하고 있습니다. 또한 너희 양 your lamb이란 예수 그리스도를 나 개인의 구주로 소유한다는 의미입니다.

예수 그리스도를 나의 양my lamb으로 삼기 바랍니다. 예수님의 십자가 희생은 나를 위한 죽음이셨고 부활이었음을 고백하기 바랍니다. 나를 사랑하사 나를 위하여 자기 몸을 버리신 예수 그리스도라고 바울처럼 고백하기 바랍니다.

출애굽기에서는 단 한 번도 '양들'이라는 복수를 사용하지 않았습니다. 오직 한 양, 갈보리의 어린양, 그 양이 길이요 진리요 생명이 되시는 분이시기 때문입니다. 그 양, 갈보리의 그 양이 너희

양이 되게 하라고 하셨습니다. 우리 양이 아닙니다. 너희 양이 나의 양이 되어야 합니다. 그 양을 불 때어 구워 먹으라고 하셨습니다. 여기서 먹는다는 것은 자기 것으로 삼는다는 의미입니다.

주님은 생명의 떡이시며 생명의 양식입니다.

"내 살을 먹고 내 피를 마시는 자는 내 안에 거하고 나도 그의 안에 거하나니 살아계신 아버지께서 나를 보내시매 내가 아버지로 말미암아 사는 것같이 나를 먹는 그 사람도 나로 말미암아 살리라."(요 6:56-57)

특별히 하나님께서는 이 달 열흘에 어린양을 취하였다가 14일(유월절) 저녁에 잡으라고 하셨습니다. 어린양을 보면서 하나님께서 말씀하신 14일을 준비하라는 뜻입니다. 그리고 남은 날 동안 애굽 땅에서 쓸데없는 일에 분요를 일으키지 말라는 뜻입니다.

오늘날 우리 역시 그 4일간의 삶을 살고 있습니다.

단지 4일 동안 살기 위해서 애굽이나 땅이나 집이나 큰 물건을 사시겠습니까? 곧 하나님 앞에 가게 될 것과 곧 주님께서 재림하실 것을 믿는다면 이 짧은 세상에서 어리석은 일을 추구하지 말아야 합니다. 하나님의 약속이 내가 바라는 것처럼 빨리 이루어지지 않는다고 할지라도 결코 실망해서는 안 됩니다. 때가 이르면 반드시 그분의 의도대로 이루어지게 될 것을 믿으시기 바랍니다.

지금의 상황이 비록 힘들고 어려울지라도 인내하면서 그날을 바라며 살아가는 여러분이 되시길 축원합니다.

하나님의 강한 손을 소유하라 출 13:1-16

출애굽한 이스라엘 백성은 하나님의 명령을 받아 홍해를 건너 광야 길로 행군을 시작하였습니다.

이스라엘 백성들이 행군하는 동안 하나님께서는 낮에는 구름기둥으로 인도하시고 밤에는 불기둥으로 비추어 주셨습니다. 하나님께서 친히 이스라엘 백성과 함께하시고 보호하심을 보여주신 것입니다.

이스라엘이 광야 40년 동안 무사히 지낼 수 있었던 것은 이와 같은 하나님의 보호하심이 있었기 때문입니다. 이처럼 하나님께서는 한번 택하신 백성은 결코 버리지 않으시고 구원을 이룰 때까지 함께하시는 분이십니다.

그러므로 출애굽기에는 여호와의 능하신 손과 그 권능에 대한 표현이 자주 등장합니다. 애굽의 압제로부터 그의 백성을 구속해 내신 하나님의 강한 손에 대해 강조하고 있는 것입니다.

하나님의 손은 자비와 사랑의 손으로 이해되기 마련이지만 여기에서는 이스라엘 백성을 바로의 절대 권력으로부터 구원하신 권능의 손으로 설명되고 있습니다. 하나님의 손이 미치는 곳에는 언제 어디서나 모든 것이 새로운 변화를 일으킨다는 사실을 나타낸 것입니다. 우리는 하나님께서 내미는 손을 통해 그 능력이 얼마나 크신지 알 수 있습니다.

1. 낮은 곳까지 미치는 손

하나님께서는 우리가 처해 있는 가장 낮고 미천한 자리까지 그 권능을 펼치십니다. 만약 일정한 어느 수준까지는 이스라엘 백성들이 스스로 해결하고 그 나머지만 하나님께서 행하셨다면 하나님의 권능의 손에 대해 이해하기 어려웠을 것입니다.

그러나 이스라엘 백성은 그들이 오직 웅덩이 바닥에 누워 신음할 수밖에 없을 정도로 깨어져 있었습니다. 스스로 일어서거나 출발할 수 있는 아무런 힘이 없었습니다. 바로 그곳에 하나님의 강한 손이 걸쳐졌습니다.

하나님께서는 가장 낮은 곳에 있는 우리를 잡으시고 만지시기 위해 그 손을 뻗어 내리십니다. 우리가 헛되이 모든 힘을 소진하여 영혼이 쇠하여졌을 때 하나님께서는 우리의 자리로 오십니다.

하나님께서는 이스라엘 백성들을 애굽에서 건져내신 후, 몇 달이면 충분히 갈 수 있는 약속의 땅 가나안을 향한 여정을 일부러 모래투성이인 사막으로 깊숙이 인도하셨습니다.

여행길에서 블레셋과의 전쟁을 겪을 때 다시 애굽으로 돌아갈 위험이 있었기 때문이기도 하지만, 그보다 더 큰 이유는 400년간 애굽에 물들어 있었던 이스라엘 백성들을 40년간 광야에서 새롭게 하시려는 하나님의 뜻이 계셨기 때문입니다. 이는 종국적으로 그들에게 유익한 길이 되었습니다.

이스라엘 백성들은 전쟁을 무서워하는 연약하고 미약한 민족이었습니다. 그렇기 때문에 하나님께서는 당장은 멀고 험해도 그 길을 통해 전열을 가다듬고 많은 경험을 쌓게 하여 가나안의 전쟁에서 그들을 승리자로 만들고자 하신 것입니다.

2. 원수의 손보다 강한 손

연약한 인간은 누구의 손을 붙잡고 나가느냐에 따라 그 인생의 방향과 자세와 결과에 큰 차이가 있습니다.

세상을 살다 보면 고난과 역경이 앞을 가로막을 때가 있습니다. 그러나 우리는 낙심하지 말고 하나님을 바라보아야 합니다. 하나님께서 나를 연단하신 후에는 정금같이 되리라는 말씀을 믿고 따라가야 합니다.

인생은 광야를 통과해야 하는 긴 여정입니다. 이런 여정에서 올바른 길을 지시해 주는 참된 인도자는 오직 예수 그리스도뿐이십니다. 그에게 우리의 삶을 내어맡길 때 하나님께서는 우리를 불기둥과 구름기둥으로 인도해 주십니다.

바로는 지상에서 가장 강력한 힘을 가진 사람이었습니다. 그는 마치 어린아이가 주먹에 나방을 꽉 쥐고 있듯 그의 백성들을 손

안에 붙잡고 있었습니다.

하지만 어른의 손이 어린아이의 손과는 비교할 수 없는 큰 힘을 가지고 있는 것처럼, 하나님의 손은 어린아이 같은 바로의 손과는 비교할 수 없는 강한 힘을 가지고 계십니다.

그러므로 사탄이 수많은 시간 우리를 속박 가운데 잡고 있을 수 있다고 생각하며 두려워해서는 안 됩니다. 하나님의 그 능하고 강력하신 손을 바라보며 기도하시기 바랍니다. 우리가 그를 부를 때 그분의 강한 손이 우리를 돕지 못할 까닭이 무엇이겠습니까?

3. 강한 손을 소유한 자

이스라엘 백성들이 애굽으로부터 해방될 수 있었던 이유는 그들이 하나님의 강한 손을 소유하고 있었기 때문입니다.

하나님의 손은 마치 기관차가 객차들 앞에 있어 이를 끌고 가듯이 믿는 자들을 이끌어 가고 계십니다. 객차들이 기관차와 철저한 이음새로 이어져 있기에 이끌림을 받을 수 있듯 하나님과 우리의 관계에 있어 이음새는 하나님의 손을 붙잡고 있는 우리의 믿음입니다. 하나님의 능하신 손을 믿음으로 꼭 붙잡고 있어야만 모든 위험과 시험에서 벗어날 수 있습니다. 그러므로 우리는 항상 주님의 강하심을 바라고 그분을 의지해야 합니다.

우리의 죄악조차 하나님의 강력한 힘의 역사하심을 방해하거나 가로막을 수는 없습니다. 나를 어두운 그늘로 끌고 가는 원치 않는 손길이 나타날지라도 그 손길을 파멸시킬 수 있는 하나님의 능하신 손을 의지하시기 바랍니다.

하나님께서는 나를 위해 시간과 장소를 가리지 않고 강한 손을 펼쳐 주십니다. 따라서 어떠한 경우에도 부정적으로 생각하거나 판단해서는 안 됩니다. 하나님께서 우리의 생을 인도하시므로 경과야 어떠하든 그 결과는 좋을 것입니다. 그 모든 것이 결국 나에게 유익이 되고 축복이 될 것입니다. 사랑하는 아들까지 주신 하나님께서 우리를 위해 무엇인들 아끼시겠습니까?

"여호와께서 그 손의 권능으로 우리를 애굽에서 인도하여 내셨음이니라"(출 13:16)

우리는 허물과 죄로 죽었던 이들이었고, 약속 밖에 있었던 자들이었으며, 소망도 없던 자들이었습니다. 그러한 우리를 주님께서 피 흘려 구원해 주셨으니 날마다 그 구원의 은혜를 찬송하며 감사의 찬양을 드리는 성도들이 되시기 바랍니다.

"이때에 모세와 이스라엘 자손이 이 노래로 여호와께 노래하니"(출 15:1)

살다 보면 우리의 슬픔과 기쁨 사이에 홍해가 흐르는 경우가 생기기도 합니다. 그럴 때마다 낙심치 말고 주님의 강한 손을 의지하시기 바랍니다.

"그의 노염은 잠깐이요 그의 은총은 평생이로다 저녁에는 울음이 깃들일지라도 아침에는 기쁨이 오리로다"(시 30:5)

길이 막혔을 때

출 14:1-16

이 시대를 가리켜 '총체적인 위기의 시대'라고 말합니다.

사회가 돌아가는 상황을 살펴보십시오.

경제가 어느 정도 풍요로워지니 여기저기서 먹자판, 놀자판이 벌어지기 일쑤입니다. 정치적으로도 불안하며 도덕적 타락 또한 팽배해져 있습니다.

학교에서는 소위 불량배라 불리는 아이들이 모여서 만든 서클이 수백 개나 되고, 중·고등학생뿐 아니라 초등학생들까지 폭력을 행사하는 바람에 골머리를 앓고 있습니다.

종교계에서도 여러 가지 이유로 인해 교회 신자의 수가 감소하는 형편이라고 합니다. 이것이 바로 교회와 그리스도인들이 사회의 신뢰를 잃어가고 있다는 증표가 아니겠습니까?

그러나 우리는 '위기는 곧 기회'라는 말을 기억해야 합니다.

위기의 상황에도 길(기회)은 있습니다.

바다에 길을 내신 하나님을 믿는 우리들도 이 길을 찾아보아야 합니다.

이스라엘은 비하히롯 근처 바알스본 맞은편 바닷가에서 막다른 길에 부딪혔습니다. 앞으로 나아갈 수도 없고 뒤로 후퇴할 수도 없는 진퇴양난에 처하게 된 것입니다.

이스라엘이 목표로 하는 가나안 땅은 어떤 곳입니까?

하나님께서 아브라함과 이삭과 야곱에게 약속하신 땅입니다. 이곳은 젖과 꿀이 흐르는 땅이라고 하였습니다. 젖과 꿀이 흐른다는 것은 넉넉하고 풍성하고 여유가 있다는 의미입니다.

하지만 '호사다마'라는 말처럼 좋은 일에는 시샘하듯 안 좋은 일이 따르기도 합니다. 이 말은 어떤 일을 실현하기 위해서는 많은 풍파를 겪어야 한다는 것을 비유하기도 합니다.

출애굽하는 과정에서 이스라엘 백성에게 핍박과 방해 공작이 있었듯이 천국 가나안을 향하는 우리의 앞길에도 원치 않는 고난과 시련이 있을 수 있습니다.

그들은 출애굽을 했지만 어디로 가야 할지 알 수 없는 처지에 놓여 있었습니다. 이때에 하나님께서는 낮에는 구름기둥으로, 밤에는 불기둥으로 그들을 인도해 주셨습니다.

그럼에도 불구하고 이스라엘은 또다시 진퇴양난에 빠졌습니다. 좌우에는 높은 산, 앞에는 홍해로 가로 막힌 상황에 이르게 된 것입니다.

우리의 하늘나라 순례길도 이와 같이 원치 않는 장애물에 가로막히는 경우가 많이 있습니다.

때로는 결혼 문제가 우리 믿음의 길을 방해하기도 하고, 부모님의 장례식이 문제가 되기도 하며, 가정 문제, 질병이나 사업 문제

등도 장애가 될 수 있습니다.

그러할 때 우리는 어떤 자세를 취해야 합니까?

주님께서는 축복과 보상을 받을 때 핍박을 겸하여 받는다고 하셨습니다.

"현세에 있어 집과 형제와 자매와 어머니와 자식과 전토를 백 배나 받되 박해를 겸하여 받고 내세에 영생을 받지 못할 자가 없느니라"(막 10:30)

그리스도 안에서 바르게 살고자 하는 자는 핍박을 받게 되어 있습니다.

"무릇 그리스도 예수 안에서 경건하게 살고자 하는 자는 박해를 받으리라"(딤후 3:12)

예수 안에 있는 그리스도인들은 영혼 안에 광명이 있는 자들이며, 예수 밖에 있는 자들은 영혼 안에 어두움이 있는 자들입니다. 육체를 따라 사는 자는 성령을 따라 난 자를 핍박합니다.

"그러나 그때에 육체를 따라 난 자가 성령을 따라 난 자를 박해한 것같이 이제도 그러하도다"(갈 4:29)

우리는 구원받은 후에 모든 것이 변했다고 생각하지만 육신과 정욕을 좇는 성품은 여전히 남아 있습니다. 그렇기 때문에 육신의 탄식이 나오게 되고, 때로는 하나님께서 우리 중에 계신가, 계시지 않는가를 의심하기도 합니다.

이렇듯 육신은 우리를 추격하여 가나안의 안식을 누리지 못하게 하지만, 홍해로 인도하신 하나님의 뜻을 알고 나면 마음의 안식을 누릴 수 있습니다.

홍해는 육신을 장례 치르는 세례를 의미합니다. 예수님의 피로 구원받은 성도들은 예수님과 함께 죽었다는 의미로 세례를 받습니다.

"누구든지 그리스도와 합하기 위하여 세례를 받는 자는 그리스도로 옷 입었느니라"(갈 3:27)

그러므로 구원받은 이후에 육체를 쳐서 복종시키는 영적 싸움이 시작되는 것입니다.(롬 8:13)

예수 안에 있다 할지라도 사탄 마귀가 우는 사자같이 삼킬 자를 찾는다고 했습니다. 대적들에 둘러싸이고 쫓기어 돌파구를 찾지 못해 방황할 때도 있습니다.

그러나 홍해가 가로막고 있을지라도 하나님께서 우리를 위해 새로운 길을 마련해 놓고 계신다는 사실을 믿으시기 바랍니다.

하나님께서는 방황하는 이스라엘 백성에게 모세를 통해 다음과 같은 말씀을 들려주셨습니다.

1. 두려워하지 말라

"이스라엘 자손이 눈을 들어 본즉 애굽 사람들이 자기들 뒤에 이른지라 이스라엘 자손이 심히 두려워하여 여호와께 부르짖고"(출 14:10)

우리의 눈은 믿음의 주요 온전케 하시는 이신 예수 그리스도를 바라보아야 합니다. 그분을 등진 채 세상을 바라본다면 두려움이 생깁니다.

주님께서 제자들에게 말씀하셨습니다.

"너희는 마음에 근심하지 말라 하나님을 믿으니 또 나를 믿으라"(요 14:1)

여기서 '믿으라'는 말씀은 현재 진행형입니다. 지금 계속 믿으십시오. 이것이 두려움을 쫓는 가장 좋은 해결책입니다. 인생에서 제일 큰 적은 두려움이요, 끝내 용기를 잃게 하는 것입니다. 그러므로 하나님께서는 두려워 말라고 하셨습니다.

우리는 홍해를 가르시는 하나님께서 함께하시면 능히 이길 수 있으리라는 믿음을 가져야 합니다.

"믿음으로 그들은 홍해를 육지같이 건넜으나 애굽 사람들은 이것을 시험하다가 빠져 죽었으며"(히 11:29)

하나님께서는 이스라엘에게 홍해를 만나게 하시어 멸망시킨 것이 아니라 오히려 그들을 쫓던 애굽 군사를 자멸시켜 주셨습니다. 애굽 군대가 볼 때는 이스라엘이 독안에 든 쥐와 같이 막힌 장소에 몰려 있는 것처럼 보였을지 몰라도 결국 이스라엘의 주인이신 하나님께서 감시하시고 지키시는 곳이었습니다.

"너희는 두려워하지 말고 가만히 서서 여호와께서 오늘 너희를 위하여 행하시는 구원을 보라"(출 14:13)

하나님께서는 위기에 처한 우리들에게 방향을 제시해 주고 계십니다.

2. 가만히 서 있으라

길이 막혔을 때 무작정 덤비고 서두른다고 한들 일은 해결되지 않습니다. 가만히 서서 하나님께 맡길 줄 알아야 합니다. 여호와께서 우리를 위하여 싸우시리니 결코 가만히 계시지 않을 것이기 때문입니다.

하나님께서는 선민을 홍해에 매장하기 위해 출애굽시킨 것이 아닙니다. 그러므로 그들이 왜 우리를 이끌어 내어 죽게 하느냐고 원망한 것은 길이 열리는 데 아무런 도움이 되지 않습니다. 우리를 축복하기 위하여 출애굽시키신다고 생각하고 하나님께 더욱 매달려 기도해야 했습니다.

하나님께서는 어려움에 처했을 때 모든 것을 믿음으로 해결하고자 하는 사람에게 길을 열어 주십니다.

우리가 염려하고 불안해하고 원망한다고 해서 문제가 해결됩니까? 우리의 머리털 하나라도 검게 하거나 키를 한 자라도 크게 할 수 있습니까?

"가만히 서 있으라"는 말씀은 조용히 서 있기만 하라는 뜻이 아닙니다. 하나님 말씀을 기억하고 새기라는 의미입니다.

지금까지 지나온 것은 모두 누구의 은혜입니까? 누가 바로의 손에서 구원해 냈으며, 누가 강한 팔로 이적을 행하였는지 가만히 서서 생각해 보아야 합니다.

"공회 중에 앉은 사람들이 다 스데반을 주목하여 보니 그 얼굴

이 천사의 얼굴과 같더라"(행 6:15)

고난 중에 나타나는 얼굴이 더욱 아름다운 법입니다.

그러므로 그리스도인들에게 당면한 문제와 시련들은 다름 아닌 하나님의 영광을 나타내는 기회라고 할 수 있습니다. 하나님을 바로 알고 전적으로 신뢰할 때 이겨낼 수 있습니다.

3. 행동을 보여라

여러분은 하나님을 아버지로 믿으십니까? 그분께서 우리와 함께 계심을 믿으십니까? 그렇다면 홍해가 앞에 있다 하더라도 염려하거나 두려워하지 말고 바다에서도 길을 만들어 주실 수 있다는 사실 또한 믿으시기 바랍니다. 그리고 그분께 기도의 손을 내미십시오.

인간의 소망이 다 끝났다고 말하며, 그래서 길이 없다고 말하는 바로 그때가 하나님께서 시작하는 때입니다. 하나님의 가능성은 인간이 자기 노력을 멈출 때 비로소 시작되는 것입니다.

손을 들었다는 것은 복종을 의미하지만, 기도한다는 의미도 있습니다. 기도의 손을 들 때 생각지 못한 기적이 따라오게 됩니다. 그러므로 우리는 기도의 손을 높이 들어야 합니다. 또한 믿음의 행진을 계속해야 합니다.

신령한 눈을 떠서 우리를 지키시고 우리를 위하여 싸워 주시는 하나님의 손길을 바라보시기 바랍니다. 비록 위기의 상황에 놓여 있다 할지라도 홍해를 갈라 구원하시는 위대하신 하나님의 손길을 바라보시기 바랍니다.

사도 바울은 이렇게 간증합니다.

"우리가 사방으로 우겨쌈을 당하여도 싸이지 아니하며"(고후 4:8)

답답한 일을 당하여도 낙심하지 마십시오. 하나님께서는 때론 우리로 하여금 답답한 일을 당하게도 하시지만, 이것이 하나님께서 나에게 주시는 새로운 기회라고 믿고 영적 싸움에서 승리하시기 바랍니다. 이김을 주시는 하나님께 감사하노라고 승리의 개선가를 부를 수 있으시길 바랍니다.

강한 손과 펴신 팔로 인도하여 내신 이에게 감사하라. 그 인자하심이 영원함이로다.

홍해를 가르신 이에게 감사하라. 그 인자하심이 영원함이로다.

이스라엘을 그 가운데로 통과하게 하신 이에게 감사하라. 그 인자하심이 영원함이로다.

바로와 그 군대를 홍해에 엎드리게 하신 이에게 감사하라. 그 인자하심이 영원함이로다.

마라의 길목에서   출 15:22-27

언젠가 처음으로 교회에 나온 초신자 가정에 심방을 가게 되었습니다. 예배를 마친 후, 한 교우가 이런 말을 했습니다.

"예수 믿기로 작정하고 교회에 나갔더니 가정에 우환이 오고 시련 또한 오는데 안 믿어도 좋을 것을 괜히 믿은 것 같아요."

예수님을 믿기 시작했더라도 어려움이 올 수 있다는 얘기를 하면서 시험이 닥쳐 오더라도 참고 기도하며 끝까지 신앙생활을 잘하라는 당부의 말을 했던 기억이 떠오릅니다.

가정에 우환이 생기고 생활 또한 순조롭지 못하다면 신앙까지 타격을 입는 경우가 종종 있습니다. 그래서 하나님의 사랑을 의심하고 하나님을 원망하기도 합니다.

이러할 때 우리는 어떻게 대처해 나가야 하는지, 성경 말씀을 통해 교훈을 얻으며 함께 은혜를 나누고자 합니다.

1. 살다 보면 마라의 쓴 물과 같은 곳을 만날 수도 있습니다

우리가 살아가는 이 세상은 광야와도 같습니다. 광야와 같은 세상에 살 동안 언제나 달콤하고 형통한 날만 있는 것은 아닙니다. 때로는 슬픈 일, 괴로운 일도 만날 수 있습니다.

전도서 7장 14절에 보면 하나님께서는 우리가 살 동안 형통한 날과 곤고한 날을 병행시키셨다고 하였습니다. 이 모든 때를 주장하시는 분은 오직 하나님이시라고 하였습니다.

쓴 고통은 우리로 하여금 하나님의 위로와 은총을 체험케 하려 하시는 하나님의 역사인 것입니다.

사람은 누구나 이 세상에 태어날 때 울면서 태어납니다.

왜 울면서 태어나는 걸까요?

어떤 철학자는 죽음과 함께 태어나는 인생이기에 그 울음소리는 축복의 소리가 아니라 어둠과 비탄에 찬 소리라고 말했습니다.

이스라엘 백성들은 홍해를 육지같이 건넌 감격이 채 가시기도 전에 물 없는 사막을 지나가게 됩니다.

그들은 물 없는 곳을 헤매다가 웅덩이를 만났지만 안타깝게도 그 물은 쓴물이었습니다. 사흘 길을 행하였으나 물을 발견하지 못하였고, 그나마 물을 발견했을 때에는 써서 먹지 못하였으니 그 괴로움이 얼마나 컸겠습니까?

사람이 살아가는 데 가장 기본적으로 필요한 것이 바로 물입니다. 하지만 세상은 그 기본적인 것조차 제공하여 주지 못하고, 또 준다고 하여도 그것은 쓰디쓴 괴로움뿐이라는 것을 비유하고 있습니다.

이처럼 우리가 바라고 소원하고 찾는 것이 만족을 주고 기쁨을 줄 것이라고 생각하지만 막상 얻고 보면 실망하는 경우도 종종 있습니다.

사람이 사는 곳에는 어디든지 마라의 쓴 괴로움이 있습니다. 그리고 영육 간의 진정한 행복은 하나님께 있습니다.

2. 신앙인은 쓴물을 만났을 때 어떠한 자세를 취해야 합니까?

이스라엘 백성들은 어려운 일을 만났을 때 원망으로 시작하여 원망으로 마치다가 결국 광야에서 죽고 말았습니다.

하나님을 찬양하던 그들은 이제 모세를 향하여 원망을 쏟아냈습니다.

그들은 왜 원망을 쏟아냈을까요?

첫째는 하나님의 은혜를 잊어버렸기 때문이고, 둘째는 현실만 보면서 조급하게 생각했기 때문입니다.

하나님께서는 앞으로 하나님만 의지하고 살게 하기 위하여 훈련과 교육을 시키려고 그들을 마라로 인도하셨습니다. 하나님께서 하시는 일을 조금만 기다려 보면 그 뜻을 알 수 있는데 그들은 원망부터 한 것입니다.

디모데후서 3장 1절에서 4절 말씀에 보면, 말세에 고통하는 때가 이르리니 사람들의 마음이 조급하여진다고 했습니다. 절제하지 못하고 사나우며 원통함을 가진다고 했습니다.

조급하게 한다고 일이 이루어지는 것이 아닙니다. 어떤 처지에 놓이더라도 내가 하려 하지 말고 하나님께 맡기는 자세를 가져야 합니다.

"너의 행사를 여호와께 맡기라"(잠 16:3)

마라의 쓴물로 인하여 백성들이 원망하자 모세는 하나님께 부르짖었습니다. 한 나뭇가지를 물에 던지라는 하나님의 말씀에 모세가 그대로 하였더니 쓴물은 단물이 되었습니다.(출 15:25)

쓴물이 단물로 바뀌는 일은 인간의 지혜나 힘으로 하는 것이 아니라 오직 하나님의 권능으로 이루어지는 것입니다.

주님과 함께 걷는 삶은 언제나 쉽습니다. 나의 힘으로가 아니라 주님의 힘으로 살기 때문입니다.

출애굽기를 읽다 보면, 왜 하나님께서 인도하시는 길이 이처럼 어렵고 힘든 길일까 하는 의심을 할 수도 있습니다.

그러나 하나님께서 말씀하시기를, 이 길이 지름길이라고 하셨습니다.

광야에서 먹을 것이 다 떨어졌을 때에도, 물을 찾지 못했을 때에도 하나님께서는 해결의 길을 마련해 놓고 계셨습니다. 하나님께서 인도하신 길이라면 어떠한 경우라도 하나님께서 해결해 주신다는 사실을 믿으시기 바랍니다.

마라는 곧 고통과 고난을 상징합니다. 예레미야 선지자도 쑥과 담즙 같은 쓴 고난을 체험하였습니다. 우리는 마라의 쓴 경험을 기도로써 극복해야 합니다.

원망은 문제를 얽히게 하는 요소이지만, 기도는 문제를 푸는 열

쇠입니다. 원망은 저주와 징계의 조건이 되지만, 기도는 용서와 축복의 요소가 됩니다.

우리가 당하는 고난이 너무 심할 때, 그야말로 해결할 엄두도 못 내고 속수무책일 때 기도밖에는 아무것도 할 것이 없습니다.

모세는 하나님이 지시하신 나무를 던졌습니다. 아무 나무나 던진다고 해서 물이 고쳐지는 것은 아닙니다. 하나님께서 지시하신 나무를 던졌기 때문에 고쳐진 것입니다.

성경학자들은 이것이 장차 그리스도의 나무를 상징한다고 말합니다.

고침 받고 단물처럼 맛있는 삶을 살기 원한다면 십자가를 던져야 합니다. 십자가 외에 다른 묘수는 없습니다.

하나님께서 지시하신 십자가는 우리의 죄와 고난과 질병까지 고치는 능력이 있는 것입니다.

3. 마라를 극복한 후에는 엘림의 축복이 기다립니다

이스라엘 백성들 앞에 항상 마라만 있는 것은 아니었습니다.

그들은 마라에서 쓴물을 단물로 고쳐 마신 후 100㎞를 행진하였습니다. 그리고 엘림이란 곳에 진을 쳤습니다. 그곳에는 종려나무가 70그루나 우거져 있었습니다. 시원하게 솟아나는 샘도 열두 개나 있었습니다. 사막에서 샘이 솟아나고 있었던 것입니다. 그야말로 하나님께서 준비하여 두신 축복의 샘이었습니다. 거기서 물을 실컷 마시고 짐승까지 마시게 했습니다.

그들은 물 곁에다 장막을 쳤습니다. 그들은 거기서 하나님의 사랑과 행복을 만끽하였습니다.

이런 일을 가리켜 고진감래라고 합니다. 곤고가 있다고 해서 언제까지 계속되는 것은 아닙니다. 다시 말해 마라가 있다고 언제까지나 마라만 있는 것은 아닙니다. 다음에는 반드시 단물이 솟구쳐 나오는 엘림이 있기 마련입니다.

지금 마라와 같은 쓴물과 고난과 역경 중에 신음하는 분이 있습니까? 믿음으로 견뎌내시기 바랍니다. 조금만 참고 가면 엘림이 기다리고 있을 것입니다.

엘림에 종려나무 70그루가 있었다는 것은 번성의 상징이요, 승리의 상징이요, 거룩을 나타냅니다.

우리가 걷는 인생길에는 마라와 같은 고통이 있습니다. 쓴맛 같은 인생이 있고 결핍과 빈곤도 있을 수 있습니다. 고통과 근심과 절망의 때도 있을 것입니다. 질병도, 죽음도, 슬픔도 있습니다. 그러나 이스라엘 백성들처럼 원망은 하지 마십시다.

마라의 고통을 겪는 사람일수록 엘림의 축복이 더 크고 값지다는 것을 알고 감사하시기 바랍니다.

힘들고 어려운 마라의 고통의 사건이 있을지라도 더욱 인내하고 엘림을 향하여 전진해 나가는 여러분이 되시기를 기원합니다.

만나의 현대적 의미

우리가 흔히 듣는 말 중에 "금강산도 식후경"이라는 말이 있습니다. 아무리 좋다 해도 먹은 후에 하자는 의미입니다.

먹음으로써 만족하고 힘을 얻고 생명을 유지할 수 있으니 사람들은 먹는 일에 큰 관심을 두기 마련입니다.

하나님께서는 오늘도 우리의 영육 간에 먹을 것을 주고 계십니다. 그러므로 무엇을 먹을까 무엇을 입을까 염려하지 말고 자기할 일만 열심히 하면 됩니다.

이스라엘 백성에게 40년간 만나를 내려주신 것은 하나님의 특별한 은혜요, 사랑이며 큰 기적입니다. 그리고 또 한 가지 은혜는 예수 그리스도를 이 땅 위에 보내주신 것입니다.

1. 육의 양식 대신 영의 양식을 구해야 합니다

그들이 먹었던 떡은 육신의 욕망을 의미합니다. 이스라엘 백성들은 애굽 땅에서 고기와 떡, 부추, 마늘 등 자극적이고 육신적인 음식을 먹었으나 애굽을 떠나고 나서는 그런 음식을 먹을 수가 없

없습니다. 그것들은 육신의 욕망은 채워 주었지만 영혼은 채우지 못하는 것들이었습니다.

오늘날 세속적인 교회에서는 애굽의 음식들로 가득 채우는 설교를 하고 있습니다. 근본적인 죄사함의 문제를 제시하는 것이 아니라 잘만 믿으면, 헌금을 많이 내면 건강하고 모든 근심이 사라질 거라는 육신만을 위한 인간의 말들이 난무하고 있습니다.

출애굽한 이스라엘 백성들은 광야에 들어와서 하나님의 말씀을 기다리지 않고 육신적인 양식부터 찾았고, 그것을 찾지 못하자 원망하기에 이르게 되었습니다.

이러한 이스라엘 백성들은 전형적인 불신 세상의 표본입니다.

세상에 빈손으로 왔다가 빈손으로 갈 영혼들이 하나님의 크신 선물인 천국을 보장받는 엄청난 축복을 받았지만 여전히 육신의 욕망은 그칠 줄 모르고 있습니다.

이스라엘은 70여 일 동안 애굽에서 가지고 온 양식을 다 먹어 버렸습니다. 그 무렵엔 농사도 지을 수 없었고 초목도 구경할 수 없었으며, 식량을 파는 자도 없는 무인지경이었습니다. 그들은 허허벌판 메마른 사막에서 굶주려 죽게 되었다고 아우성치다가 모세와 아론을 원망하기 시작하였습니다. 그때 하나님께서 하늘에서 만나를 내려주시어 배부르게 먹게 하셨습니다.

현대를 사는 모든 인류는 삶의 굶주림에 배고파하고 있습니다.

살고 싶은데 살지 못하고, 죽기 싫은데 안 죽을 수 없는 이 현상은 무엇을 뜻하고 있습니까? 영원한 삶을 소유하지 못함에 굶주려 있다는 것입니다. 주님께서는 이런 사람을 가리켜 목자 없는 양이라고 하셨습니다.

예수님 설교의 절반이 부의 소유에 대한 것이었습니다. 그만큼 사람에게 있어 재물(빵, 돈 등)은 필요불가결한 것임을 입증해 주신 것입니다.

재물에 대하여 결정적인 영향력을 끼치는 것은 두 가지인데, 바로 물질주의와 성경입니다.

물질주의는 사람들에게 돈을 좋아하라고 가르칩니다. 돈을 벌기 위해서는 수단 방법을 가리지 말라고 부추깁니다.

그러나 성경은 "돈에 미혹되지 말아라. 돈은 정당한 방법으로 취득하여라. 그리고 내가 가진 것은 하나님의 축복이다"라고 가르칩니다.

하지만 사람들은 성경의 가르침보다 물질주의에 매료되어 있습니다. 그래서 '돈은 일만 악의 뿌리'라는 악명을 남기게 됩니다.

"이분이야말로 세상을 구원하시려 오신 참 메시아이시다."

오병이어의 기사이적을 목도한 사람들이 이구동성으로 남긴 말입니다.

예수님께서는 "너희 재물을 땅에다 쌓아 두지 말아라. 땅에서는 좀이 먹고 녹이 슬어서 망가지며 도둑들이 뚫고 들어와서 훔쳐 가게 될 것이다. 그러므로 너희 재물을 하늘에 쌓아 두라"고 하셨습니다.

있다가도 없어지는 허무하고 믿지 못할 재물이 아니라 때에 따라 필요한 양식을 얻는 길을 가르쳐 주셨습니다.

재물은 값지고 귀한 것이기는 하지만, 어떤 경우에는 남편을 높은 자리에서 곤두박질치게 하고 포박당하게 하는 올무이기도 합니다. 또한 재물은 필요한 양식을 마련해 주기도 하지만, 어떤 때에는 생명을 좀먹고 녹슬게 하여 도적이 들어와도 지키지 못하게 하기도 합니다.

만나는 광야 40년의 양식이요, 세상에 오신 그리스도는 세계 인류의 영원한 양식입니다.

2. 감미로운 말씀을 주십니다

만나는 "깟(식물의 일종)씨같이 희고 맛은 꿀 섞은 과자 같았더라"(출 16:31)고 했습니다. 만나는 맷돌에 갈기도 하고 절구에 찧기도 하며 가마에 삶기도 하여 과자로 만들었는데 기름 섞은 과자 맛 같았더라고 했습니다.(민 11:8)

생명의 떡으로 오신 예수님께서는 우리의 삶에 있어 최고의 맛을 주시는 분이십니다.

"기쁨이 충만하게 하리라. 생명을 풍성하게 하리라. 권능을 주리라"고 하셨습니다.

또 당신의 백성들을 보호해 주시고 형통케 하며, 친구가 되어 주시고 목자가 되리라고 하셨습니다. 뿐만 아니라 우리의 생을 복되고 감미롭게 하는 말씀을 주신다고 하셨습니다.

"주의 말씀의 맛이 내게 어찌 그리 단지요. 내 입에 꿀보다 더 다나이다"(시편 119:103)

그러므로 이 말씀을 바로 대하는 성도는 모두 "주의 말씀이 나의 즐거움입니다"라고 고백하게 됩니다.

이렇게 좋은 것을 주시는 주님을 우리 마음과 생활과 가정에 모신다면 그 모든 좋은 것이 우리의 것이 될 것입니다.

바울이 평소에 자랑하던 육의 것을 버리고 그리스도를 모신 것이나 세관원이 좋은 직을 버리고 그리스도를 영접한 것이나, 베드로가 그물을 버려두고 예수님을 따라나선 것은 예수님께 더 좋은 보배가 있었기 때문입니다.

예수님께서 성령에 이끌리어 광야에서 시험을 받으실 때 사탄이 말하기를, "당신이 하나님의 아들이거든 이 돌들로 떡이 되게 하라"고 하였습니다.

예수님께서는 "사람이 떡으로만 살 것이 아니요 하나님의 말씀으로 살 것이니라"고 하시며 사탄의 시험을 물리치셨습니다.

한국교회의 1900년대 신앙, 1960년대 신앙, 2000년대 신앙을 비교해 보면 어느 때가 가장 신앙이 높았습니까?

1900년대에는 소수의 그리스도인이 있었습니다. 그들은 민족을 이끌었습니다. 교회는 민족의 희망이었습니다. 대표적인 예가 3·1독립만세운동입니다.

2000년대의 교회는 세속의 영향을 받아 세상 사람과 기독교인의 차이를 찾아보기 힘들어졌습니다. 이러한 현실은 차라리 애굽의 고기 가마로 돌아가자고 부르짖는 자들의 모습과 다르지 않습니다.

우리 속담에 "잘 되면 자기 탓이고 못 되면 조상 탓"이라는 말이 있습니다. 이스라엘 백성들은 자신들의 배고픔이 모세와 아론 때문이라고 생각하며 그들에게 불평과 원망을 토해냈습니다.

"비록 종의 팔자였지만 배는 곯지 않았던 애굽에서의 삶이 지금보다 나았지 뭐야."

"괜히 가나안에 데리고 간다고 꼬드겨 우리를 여기서 굶어 죽일 작정 아니야? 아이고, 내가 미쳤지 미쳤어. 모세와 아론을 믿은 게 어리석은 짓이었지."

이스라엘은 배고픈 자유인이 되기보다는 배부른 노예가 되고 싶다고 한탄하였습니다. 이것이 그들의 입에서 나올 말입니까?

하나님의 크신 능력으로 출애굽했고 홍해를 육지같이 건넜으며 마라의 기적을 체험했음에도 불구하고 작은 어려움에 부딪히자 불평이 나오고, 하나님의 구원을 조롱하며 옛 노예생활을 그리워하는 이스라엘 백성들의 모습은 얄밉고 괘씸한 것을 넘어 가증스럽기까지 합니다.

그러나 이러한 모습이 바로 지금 우리들의 모습은 아닐까요?

성경은 죄로부터 돌이켜 나온 자가 다시 타락하는 것을 "개가 그 토하였던 것에 돌아가고"(벧후 2:22)라며 격렬한 어조로 비판하고 있습니다.

이처럼 그리스도 예수 안에 들어와 있는 사람에게 가장 큰 유혹은 바로 과거에 대한 향수입니다. 새로운 세계에 들어와 있음에도 여전히 과거에 대한 동경과 향수에 젖어 있는 것은 하나님 앞에 무서운 죄를 범하고 있는 것과 같습니다.

그럼에도 불구하고 하나님께서는 우리를 사랑하십니다. 하나님 인 줄 알게 하기 위해서입니다.

3. 스스로 거두어야 합니다

"각 사람은 먹을 만큼만 거두었고"(출 16:21)

만나는 하늘에서 비같이 내렸습니다. 이스라엘 백성들은 안식 일 외에는 매일같이 아침 일찍 나아가 그날분의 만나를 거두어 와 서 먹었고, 안식일 전날은 2일분을 담아 와야 했습니다.

만나가 내려도 거두어 먹지 아니하면 그 혜택을 보지 못하는 것 처럼 영생하는 양식도 마찬가지입니다. 예수께서 세상에 오셨으 나 믿음으로 영접하지 아니하는 자에게는 영원한 생명이 없습니 다. 예수님은 온 세상 인류에게 필요한 개개인의 양식입니다. 그 분을 영접하는 자는 영원히 살게 될 것입니다.

만나는 하나님께서 허락하시는 때에만 얻을 수 있습니다. 마찬 가지로 은혜 역시 하나님께서 허락하시는 때를 놓치면 얻고자 해 도 얻을 수 없습니다. 그러므로 우리는 하나님께서 당신의 은혜를 풍성히 내리는 이때에 은혜 받기 위해 최선을 다해야 합니다.

"보라 지금은 은혜 받을 만한 때요 보라 지금은 구원의 날이로

다"(고후 6:2)

지금 우리가 살고 있는 광야 같은 세상에는 우리의 눈을 제대로 뜰 수 없게 하는 모진 바람이 불어닥치고 있습니다.

이 세상의 지폐에는 숫자가 표기되어 그만큼의 물질적 가치로 사람들을 현혹하고 있지만, 하나님께서는 "수고하고 무거운 짐 진 자들아 다 내게로 오라 내가 너희를 쉬게 하리라"(마 11:28)는 생명의 말씀으로 빛나는 가치를 스스로 증명하고 계십니다.

흙으로 빚은 육신의 생명은 땅에서 나는 것을 먹고 지속할 수 있지만, 천성을 향하여 가는 성도의 영은 하늘에서 내려오는 생명의 양식을 먹어야만 살아갈 수 있습니다.

중생한 영혼들은 하늘 양식을 먹어야 생명을 얻고 성장하며 천성을 향하여 순례의 길을 힘차게 갈 수 있는 것입니다.

모세는 아론에게 일러 항아리 속에 만나 한 오멜을 담아 여호와 앞에 두어 대대로 간수하라고 하였습니다.(출 16:32) 그것은 하나님께 감사함을 전하기 위한 목적과 자녀들을 위한 교육 목적으로 행한 일입니다.

우리도 하나님께 은혜 받은 영혼으로서 주님께 감사드리고, 자녀에게 교육하여 대대로 그 은혜를 잊지 않도록 해야 합니다. 만나와 같은 하나님의 은혜가 대대손손 충만하기를 기원합니다.

영적 전쟁의 승리 비결

이스라엘 백성은 출애굽해서 행군하던 중, 르비딤에서 아말렉 족속들과 전투를 하게 됩니다.

마귀가 성도들의 약함을 틈타서 공격하듯이 아말렉 족속도 이스라엘을 괴롭힙니다. 그래서 하나님께서는 "아말렉과 더불어 대대로 싸우리라"(출 17:16)고 말씀하셨습니다.

마찬가지로 우리가 사는 이 세상은 전쟁의 연속입니다.

"모세가 여호수아에게 이르되 우리를 위하여 사람들을 택하여 나가서 아말렉과 싸우라 내일 내가 하나님의 지팡이를 손에 잡고 산꼭대기에 서리라"(출 17:9)

이 싸움에서 모세는 최첨단의 무기가 아닌 지팡이 하나를 가지고 산꼭대기로 올라갔습니다. 하지만 하나님께서 함께하심으로 남들이 보기엔 아무것도 아닌 것 같은 막대기가 나만의 지팡이가 되고, 그 지팡이를 통해 전쟁에서 승리할 수 있었던 것입니다.

주변의 모든 나라들은 여호수아의 군대를 두려워하였습니다. 그러나 이스라엘을 두려워하지 않은 백성들이 딱 하나 있었습니다. 그들이 바로 아말렉 사람들입니다. 그 아말렉이 이스라엘 사람들을 공격한 것입니다.

하나님께서 인도하시는 대로 따라갔는데 왜 이스라엘은 무서운 박해자를 만났을까요? 이는 내가 하나님의 인도를 받아서 나아갈 때에도 모두 다 환영하고 두려워하는 것이 아니라 나의 약한 부분을 공격하고 넘어뜨리려는 세력이 숨어 있다는 것을 의미합니다.

그렇다면 그들은 언제 공격해 옵니까? 아이러니하게도 그들은 우리가 신앙생활을 잘 하고 있을 때 공격해 옵니다. 그리고 가장 약하고 치명적인 부분을 공격합니다.

성경 말씀을 통해 이 싸움이 의미하는 바와 대처 방법에 대해 살펴보고 진정한 승리자가 되시기 바랍니다.

1. 영과 육의 싸움

이스라엘에게 도전하던 적군들은 아말렉이었습니다.

그렇다면 오늘날 우리에게 대항하는 적은 누구일까요?

바울은 우리의 원수를 사탄이라 했습니다. 사탄은 우리의 심중에 자기 씨앗을 심어 놓았습니다. 그 씨앗은 우리의 영을 거스르고 넘어뜨립니다. 내 원수는 천리만리 먼 데 있는 것이 아니라 내 속에 있다는 것을 잊지 마시기 바랍니다.

우리의 적은 안팎에서 다양한 방법으로 공격해 옵니다. 어떤 때는 경제 문제로, 어떤 경우에는 불신앙으로, 향락으로 또는 나태와 게으름으로 영혼을 고갈시켜 죽게 만듭니다.

이스라엘과 만나게 되는 아말렉은 우리 육신의 상징입니다. 아말렉은 이스라엘이 가나안으로 들어갈 때까지 끈질기게 괴롭혔습니다.

우리의 육신은 죽는 그날까지 우리 그리스도인들의 최대의 적이 됩니다. 우리가 구원을 받았다 해도 우리 육신의 본성은 살아 있기 때문에 "오호라 나는 곤고한 사람이로다"(롬 7:24)라는 탄식이 계속해서 터져 나오게 되는 것입니다. 사도 바울 또한 자기 안에서 일어나는 갈등 때문에 괴로워하였습니다.

우리 싸움의 적은 내 안에 있습니다. 하지만 많은 사람들이 다른 사람을 원수로 알고 있습니다. 그래서 어떤 사람은 부모와 원수를 맺기도 하고, 또 형제와 재산 다툼으로 소송을 하기도 하고, 구원받은 성도들끼리 분쟁을 일으키기도 합니다. 그러나 우리는 우리의 적이 내 안에 있음을 알아야 합니다. 이 적을 발견하는 것이 최대 발견이며, 자신과 싸워서 이긴 승리가 최대 승리입니다.

많은 사람들이 다른 사람과 원수 맺고 싸우지만 그러한 싸움에 진정한 승리자는 없습니다. 자기 안에 있는 육신의 정욕과 싸워 이긴 자만이 영원한 승리자라 할 수 있습니다.

최후의 승리자들이 되시기를 축원합니다.

2. 하나님의 전쟁

아말렉은 누구입니까? 그는 야곱의 형제인 에서의 후손입니다.

에서는 팥죽 한 그릇에 자신의 장자 권리를 팔아 버린 세속적인 존재로서 육신에 속한 사들의 상징입니다.

"육으로 난 것은 육이요"(요 3:6)라는 말씀처럼 육의 생명으로는 천국 가나안에 들어갈 수 없습니다. 육의 소욕을 쳐 하나님께 복종시켜야 성령의 사람으로서 성령님의 인도를 받을 수 있습니다.

아말렉은 언제 쳐들어왔습니까? 그들은 이스라엘 백성들이 르비딤에 도착하여 반석에서 물을 마실 때까지는 괴롭히지 않았습니다. 그러다가 이스라엘 백성이 쉬고 있는 동안에 공격을 시작하였습니다. 이처럼 우리가 쉬면서 방심하고 있는 동안에 육신의 대적인 아말렉이 쳐들어오는 것입니다.

지금까지의 전쟁에서 이스라엘 백성이 한 것은 아무것도 없었습니다. 그들은 모세의 말대로 가만히 서서 여호와께서 하시는 것을 보기만 하면 되었습니다.

그러나 이제는 그들이 직접 나가서 싸워야만 했습니다. 그런데 이 싸움에서도 승리의 결정적 요인은 무기나 군사력이 아니었습니다. 놀랍게도 모세가 산꼭대기에서 손을 들고 있으면 이스라엘이 이기고, 그가 손을 내리면 아말렉이 이긴다고 하였습니다.

팔을 올리고 있던 모세가 힘겨워하자 아론과 훌은 돌을 가져다가 그 위에 모세를 앉히고 양옆에 서서 모세의 손을 잡아 그의 팔이 내려오지 않게 하였습니다. 그랬더니 여호수아의 군대는 대승리를 거두게 되었습니다.

여기서 우리는 하나님의 전쟁이 두 가지 대응으로 나타났다는 사실을 알 수 있습니다. 하나는 직접 나가서 싸우는 것이요, 다른 하나는 산에서 기도하는 것입니다.

예수님은 우리의 총사령관이신 줄 믿으시기 바랍니다.

예수 그리스도는 원수 마귀를 이기시는 대장이십니다. 예수님께서는 사탄의 시험을 받으셨지만 말씀으로 승리하셨습니다.

예수님께서 사탄의 시험을 물리치신 후 사탄은 떠나고 천사가 수종든 것과 같이 마귀 사탄의 시험에서 승리하고 천사가 수종드는 여러분들이 되시기 바랍니다.

3. 영적 싸움에서 이기는 방법

우리의 영적인 싸움에도 두 가지 길이 있습니다. 하나는 직접 나가서 싸우는 것이요, 다른 하나는 뒤에서 기도하는 것입니다.

직접 나가서 싸우는 것만큼 그 일을 위하여 기도하는 것도 중요합니다.

전쟁이 났는데 모두 나가서 싸워야지 왜 기도가 왜 필요한가, 기도할 시간에 뛰어다니면 훨씬 더 많은 일이 진척될 것이라고 생각할 수도 있습니다. 하지만 이스라엘이 아말렉과의 전쟁에서 승리한 비결은 모세의 중보 기도에 있었습니다.

영적 싸움에서 이기기 위해서는 마음을 같이하고 협력해야 합니다. 모세가 만일 혼자 산꼭대기에 올라갔다면 그날의 싸움이 어떻게 되었겠습니까?

"산 꼭대기에 서리라"(출 17:9)고 한 것은 믿음의 정상, 즉 하나님께 가까이 가는 것을 의미하고, "모세가 손을 들면 이겼다"(출 17:11)라고 하는 것은 동역의 아름다움을 뜻합니다.

"모세의 팔이 피곤하매"(출 17:12)라고 한 것은 신앙생활을 하는 동안 연약한 우리 육체의 한계가 있음을 보여줍니다. 모세가 기도를 중단하면 여지없이 이스라엘이 패하고 말았습니다.

이와 같은 아말렉과 이스라엘의 전쟁 양상은 영적으로 항상 마귀와 대치 상태에 있는 성도들에게 기도의 중단, 곧 영적 나태가 얼마나 치명적인 패배를 가져다주는가를 교훈하고 있습니다.

우리의 영전에도 기도가 뜨거워지고 불타오를 때 승리를 거둘 수 있습니다. 기도가 없으면 나는 지고 적은 강해집니다.

여호와 닛시는 '여호와는 나의 군기(깃발)'라는 뜻입니다. 하나님께서 나의 깃발이라 함은 '하나님께서는 당신의 백성을 항상 승리케 하시는 분'이란 의미입니다.

영적인 전쟁에서 마귀의 세력을 무찌르고 승리를 얻을 수 있는 비결은 십자가를 군기로 삼고 우리의 대장 되신 그리스도의 뒤를 좇는 것입니다.

"우리가 너의 승리로 말미암아 개가를 부르며 우리 하나님의 이름으로 우리의 깃발을 세우리니 여호와께서 네 모든 기도를 이루어 주시기를 원하노라"(시 20:5)

가장 좋은 일의 회복

출 18:1-12

성경에 나오는 하나님의 사람들을 살펴보면 우리가 생각하는 것처럼 평탄한 인생을 살아간 것은 아니었습니다. 아브라함과 이삭과 야곱도 믿음의 조상으로 하나님의 은총을 입은 자들이었지만 박해를 받기도 했습니다. 그들은 온실의 화초처럼 안락한 삶 속에서 하나님을 만난 것이 아니었습니다.

모세도 그러한 사람 중의 하나입니다. 모세의 안락한 삶은 사십 세가 되었을 때 애굽 사람을 죽인 것이 탄로나면서 끝났습니다.

그는 모래바람이 사정없이 몰아치는 고달프기 이를 데 없는 미디안 광야를 지나야만 했습니다. 갈 곳도 없고 반겨줄 사람도 없는 곳, 하루 종일 뜨거운 뙤약볕 아래 방황해야 하는 곳, 그곳이 바로 미디안 광야입니다.

그러나 이러한 상황보다 모세를 더 힘들게 한 것은 아무런 희망도, 기댈 것도 없다는 사실이었습니다.

미디안 광야는 약속된 유배지가 아니었습니다. 기한이 정해진 것도 아니었습니다. 10년을 기다려도, 20년을 기다려도 상황은 달라질 가능성이 없었습니다.

바로왕은 모세를 잡아 죽이려고 했습니다. 그는 이미 애굽의 왕자가 아니었습니다. 아브라함의 피가 흐르는 히브리인임이 만천하에 드러났습니다.

언제쯤 미디안의 고통이 끝날 것인가? 그의 가슴의 막막함은 마치 광야의 막막함과 같았습니다.

이 어려운 순간 하나님께서는 모세를 위해 오아시스를 준비해 주셨습니다. 하나님께서 준비하신 오아시스는 가정이란 이름을 가지고 있었습니다.

어느 날 모세는 광야의 오아시스를 만나 시원한 물 한 모금을 마신 후 모처럼 나무 그늘에서 쉬고 있을 때 한 여인을 보았습니다. '십보라'라는 이름의 그녀는 하나님께서 준비해 두신 그의 인생의 오아시스였습니다. 모세는 십보라를 따라 이드로의 집에 이르게 되었고, 이드로는 그의 장인이 되었습니다.

그들에게서 두 아들이 태어났습니다. 모세는 두 아들에게 자신의 심정을 담은 신앙고백적 이름을 붙여 주었습니다. 첫째 아들은 '게르솜'이었고, 둘째 아들은 '엘리에셀'이었습니다.

'게르솜'이란 '내가 이방에서 객이 되었다'는 뜻입니다. 모세는 객이었고 나그네였습니다. 비록 애굽 궁궐에 있기는 했지만 그곳은 그가 있을 곳이 아니었습니다. 그는 히브리인이었으므로 처음부터 애굽 궁궐의 나그네였던 것입니다. 그리고 그 이전 그가 이 세상에 태어나던 때부터도 사실 나그네였습니다.

'엘리에셀'은 '하나님은 나의 도우심'이라는 뜻입니다. 첫째 아들의 이름을 게르솜이라 지은 모세가 둘째 아들의 이름을 이렇게 붙인 것은 당연한 일입니다. 왜냐하면 나그네 인생에 필요한 것이 바로 하나님의 도우심이기 때문입니다.

"내가 산을 향하여 눈을 들리라 나의 도움이 어디서 올까 나의 도움은 천지를 지으신 여호와에게서로다"(시 121:1~2)

나그네에게 진정 도움을 주시는 분은 여호와 하나님뿐이십니다. 우리 존재가 객임을 잊지 마십시오. 그리고 우리에게도 하나님의 도우심이 필요함을 잊지 마십시오.

하나님의 도우심을 경험한 모세는 자신을 구원하신 하나님을 이웃에게 증거합니다. 나그네로 살아가면서 하나님의 보호하심과 도우심을 경험한 사람은 마땅히 영광과 찬송을 하나님께 돌려드려야 합니다.

고난은 우리에게 하나님의 도우심을 알게 하고 승리케 하는 길로 나아가게 합니다.

이스라엘 백성이 르비딤을 떠나 시내 광야에 이르러 진을 친 후, 모세의 장인 이드로는 모세가 전에 하나님의 소명을 받고 그의 처자와 함께 미디안에서 애굽으로 가던 도중에 돌려보냈던 모세의 아내 십보라와 두 아들을 데리고 모세를 찾아왔습니다.

오랜만에 가족을 만난 모세는 애굽에서 바로의 추격을 피해 도망쳐야만 했던 자신의 비참한 모습들이 새삼스레 떠올랐습니다. 뿐만 아니라 그러한 가운데서도 자신을 끝까지 돌봐주신 하나님의 크신 은혜를 기억해 낼 수 있었습니다.

이에 모세는 가족들을 장막 안으로 데리고 가 하나님께서 출애굽을 주도하신 가운데 보여주신 위대한 행적들을 모두 밝히고, 그동안 자신과 함께 이스라엘 백성들이 당한 수많은 고난과 여호와께서 그들을 구원하신 일들을 말해 주었습니다.

이에 감동한 이드로는 하나님의 구원 사역을 찬양하며 하나님보다 더 큰 이가 없음을 고백했습니다.(출 18:9-12)

모세와 이드로의 만남에서 나타난 아름다운 모습은 그리스도인의 참된 만남이 어떠해야 함을 보여주는 좋은 예입니다.

우리는 모세가 이드로 앞에서 결코 세속적 가치 기준인 명예와 자신의 출세에 대해 자랑하지 않았다는 점을 주목해야 합니다. 그는 오직 일상생활 속에서 은혜를 베푸신 하나님의 도우심만을 간증함으로써 이드로와 함께 하나님의 사랑 안에서 교제를 나누었습니다. 다음은 이드로의 신앙 고백입니다.

1. 기뻐하였습니다

이드로는 모세의 말을 들은 후, 주께서 이스라엘 백성을 애굽인들의 손에서 구해 내신 모든 선한 일을 기뻐하였습니다.(출18:8~9)

선한 사람은 다른 사람이 은혜받은 것을 보고 기뻐합니다. 하지만 악한 사람은 그것을 싫어합니다. 하나님의 크신 은혜에도 불구하고 이스라엘은 지금까지 불평을 말해 왔습니다. 그러나 은혜를 체험한 사람은 그것을 기뻐해야 합니다.

2. 주님을 찬송하였습니다

모세의 간증을 다 듣고 난 이드로는 여호와께서 이스라엘에게 은혜 베푸심과 그 백성을 구원하여 주심을 기뻐함과 동시에 주님을 다음과 같이 찬송하였습니다.

"여호와를 찬송하리로다 너희를 애굽 사람의 손에서와 바로의 손에서 건져내시고 백성을 애굽 사람의 손 아래에서 건지셨도다"
(출18:10)

여호와께서 이스라엘을 위하여 바로와 애굽 사람들에게 행하신 것은 이미 이드로도 들어서 알고 있는 내용이었습니다. 그 사실을 모세를 통하여 더욱 확고하게 알고 그는 더욱 감격했을 것입니다.

말씀은 들으려고 하는 자에게 들립니다. 하나님 말씀의 의미를 더 분명히 알려고 할 때 하나님께서는 그것을 알려주십니다.

하나님의 말씀은 들으면 들을수록 새롭습니다. 말씀을 묵상하면 할수록 엄청난 진리를 발견하게 됩니다. 하나님의 말씀에 대해서는 아무리 갈급해도 지나침이 없습니다. 하나님의 말씀을 많이 들었다고 해서 체하거나 부작용이 생기는 일은 없습니다.

이드로는 하나님의 말씀을 듣는 가운데 엄청난 확신을 갖게 되었습니다. 이제 하나님께 대한 그의 신앙은 단순히 소문을 듣고 알던 차원이 아니었습니다. 지금까지 무의미하게 드리던 형식적 제사 수준이 아니었습니다. 그는 하나님께서 어떤 분이신지를, 바로 그분이 이스라엘을 구원하셨다는 사실을 증거하였습니다.

"이제 내가 알았도다"(출 18:11)

그는 이렇게 말합니다. 그는 여호와께서 모든 어떤 신보다 크시다는 것을 선포합니다. 그는 이스라엘 백성을 바로의 손에서 건져내신 분이 여호와라는 사실을 확신합니다.

3. 만남의 축복을 받았습니다

하나님께서 하신 일에 대한 고백이 있고 이를 들은 무리들의 하나님 찬양이 있은 후에 그들은 하나님께 제사를 드렸습니다. 큰 기쁨과 감격이 그들 안에 넘쳐났습니다.

이제 그들이 드리는 제사는 그 의미가 분명히 달랐을 것입니다. 한편으론 하나님에 대한 두려움이 가득하고, 또 한편으론 하나님을 새롭게 알게 된 것에 대한 감사가 충만한 예배였을 것입니다.

우리에게 가장 감사한 것은 무엇입니까? 그것은 하나님을 새롭게 알게 되었다는 사실입니다. 하나님께서는 우리에게 새롭게 말씀하여 주십니다. 하나님의 놀라운 성품과 구원에 대하여 발견하는 일보다 기쁜 일은 없습니다.

이럴 때 우리가 할 수 있는 것은 하나밖에 없습니다. 그것은 바로 하나님께 예배드리는 것입니다. 이드로가 드린 예배가 바로 이런 예배였습니다. 그의 직업이 바로 제사장이 아닙니까?

그가 하나님을 바로 알고 제사를 드렸을 때 그 제사는 그가 처음으로 드린 바른 제사였고 살아 있는 제사였으며 하나님께서 받으신 제사였습니다. 하나님을 발견할 때 비로소 살아 있는 예배가 되는 것입니다. 그것은 하나님을 새로 발견하고 드리는 뜨거운 예배, 하나님의 거룩하심에 일치하는 예배, 하나님께 다 드릴 방법이 없어서 오직 한 마음으로 드리는 예배입니다.

이드로는 예배를 드린 후 번제물과 희생을 아론과 이스라엘 모든 장로들과 함께 나누어 먹었습니다. 이것은 하나님 앞에서 하나가 되었다는 의미입니다.

그렇다면 하나님 앞이란 어디일까요? 구름기둥입니다. 그들은 구름기둥과 가장 가까운 곳에서 하나님과 교제했습니다.

우리의 교제는 하나님 앞에서 먹고 마시는 교제입니다. 그러나 우리가 나누는 사랑은 절제되어야만 합니다. 절제되지 않은 사랑은 하나님 앞에서 죄를 짓는 것과 같습니다.

큰 싸움이 있은 후에 지쳐 있는 모세에게 하나님께서는 이드로를 만나게 하시고 그를 새롭게 하셨습니다. 우리에게도 이런 만남이 필요합니다. 우리는 처음 만났을 때로 돌아가야 합니다. 그러면 내가 얼마나 하나님의 은혜를 잊고 있었으며 또 얼마나 세속에 물들여져 있었는지를 발견하게 될 것입니다

우리는 더 많은 은혜를 사모해야 합니다. 그렇게 할 때 하나님을 더 분명히 알게 될 것이고 놀라운 확신 가운데 서게 될 것입니다. 그래야 우리의 예배가 새로워지고, 우리의 교제가 하나님 앞에서 행하는 거룩하며 영혼을 살리는 교제가 될 수 있습니다.

이드로는 하나님을 바로 알고 깨달은 후에 자신의 신앙을 바꾸

었습니다. 또한 아론과 이스라엘의 모든 장로들과 함께 하나님 앞에서 떡을 먹고 교제를 나누었습니다.

그들에게는 기쁨이 넘쳤습니다. 왜 기쁨이 넘쳤을까요? 출애굽기 18장 9절을 보면 그들이 왜 기뻐했는지 분명한 이유가 나와 있습니다. 히브리어 '하토바'는 '은혜'로 번역되었지만, '선한 일' 또는 '좋은 일'로도 이해할 수 있습니다. 하나님께서 이스라엘에게 좋은 일을 행하셨기 때문에 그것을 인하여 기뻐했다는 것입니다.

하나님께서 살아 계심을 구원 사건을 통해 확실하게 보여주신 것은 그 얼마나 기쁜 일입니까? 따라서 하나님께서 살아 계신다는 사실에서 출발해야 합니다. 그리고 이스라엘에게 그 좋은 일이란 애굽의 바로의 손에서 구원하신 것입니다.

우리는 어떤 일로 즐거워하고 있습니까? 건강을 주셔서입니까? 경제적으로 성공한 일 때문입니까? 인간관계로 고통 받던 사람에게는 화해와 회복이 좋은 일이 될 것입니다.

그러나 그 무엇보다 가장 좋은 일은 하나님과 이스라엘이 서로 신뢰할 수 있게 되었다는 것입니다. 하나님께서는 이스라엘을 구원하심으로 이스라엘의 하나님이 되실 자격자이심을 그들에게 보여주셨습니다. 하나님과 그의 백성들 사이에 있었던 신뢰 형성이 최대의 좋은 일입니다

여러분 가운데도 가장 좋은 일이 회복되기를 바랍니다.

언약의 진정한 의미

출애굽 후 3개월이 지난 뒤, 하나님께서는 시내산에서 모세를 부르시고 언약을 맺으셨습니다.

애굽의 라암셋에서 시작된 이스라엘 백성들의 광야 여정은 숙곳(출 12:37), 에담(출 13:20)을 거쳐 엘림(출 15:27)으로 이어집니다. 이 여정은 여기서 그치지 않고 다시 신 광야(출 16:2)로, 르비딤(출 17:1)으로 이어지다가 시내 광야에 이르게 됩니다.

이곳에서 이스라엘 백성들은 장막을 치고, 모세는 산 위로 올라갑니다. 이는 앞으로 이스라엘 백성들이 어떻게 하나님을 경배할 것인지를 계시받기 위함이었습니다.

시내산에 오른 모세를 하나님께서 다시 부르십니다.

"너는 이같이 야곱의 집에 말하고 이스라엘 자손들에게 말하라" (출 19:3)

하나님의 위엄 있는 명령조의 음성은 계속 이어집니다.

"너희들은 애굽에서 나오면서 나일강이 피로 물든 사건부터 시작하여 애굽의 군대가 홍해에서 몰사한 사건에 이르기까지 애굽에 대한 심판을 생생히 목격하였을 것이다. 그리고 이곳에 이르기까지 너희들을 보호하고 인도한 나의 손길을 느꼈을 것이다. 세상이 다 내게 속하였나니 너희들이 내 말을 듣고 내 언약을 지키면 너희들은 세상 열방 중에서 내가 가장 귀하게 여기는 백성이 될 것이다. 너희들은 나와 열방 사이를 중재하는 제사장이 될 것이며 다른 열방 민족과는 구별되는 택함 받은 백성으로서 오직 나만을 섬기며 나의 뜻을 수행하는 거룩한 백성이 될 것이다. 이 말을 너는 백성들에게 전하라."

1. 특별한 소유

"너희가 내 말을 잘 듣고 내 언약을 지키면 너희는 모든 민족 중에서 내 소유가 되겠고 너희가 내게 대하여 제사장 나라가 되며" (출 19:5-6)

여기서 '언약'은 하나님께서 주실 율법을 가리킵니다. 즉 당신 백성의 궁극적 유익을 위해 하나님께서 친히 베풀어 주신 말씀이자, 하나님께서 당신의 백성과 맺으신 영구한 약속을 지칭하고 있는 것입니다.

"너희가 내 말을 잘 듣고 내 언약을 지키면" 이것이 하나님의 백성이 될 수 있는 조건이며, "너희가 내게 대하여 제사장 나라가 되며 거룩한 백성이 되며"라고 하신 것은 하나님의 약속입니다.

계약의 주체이신 하나님께서 먼저 계약서를 내밀고 이스라엘 백성더러 의향이 있으면 도장을 찍으라는 것입니다.

물론 조건을 수락하지 않으면 약속은 이루어질 수 없습니다. 하나님의 명령대로 살지 않고는 하나님의 백성이 될 수 없다는 의미입니다.

말을 듣지 않는 백성과 무슨 일을 할 수 있겠습니까?

그래서 이스라엘 백성들은 "여호와께서 명령하신 대로 우리가 다 행하리이다"(출 19:8)라고 맹세하였습니다.

이렇게 해서 계약이 성립되었습니다. 하나님과 이스라엘 사이에 특별한 관계가 맺어진 것입니다.

이것이 바로 구약 신앙의 근거가 되는 이른바 계약 사상입니다. 이 계약 후에 예수 그리스도를 통하여 새로운 계약으로 갱신되었습니다.

하나님께서 우리를 부르신 뜻이 무엇인지 짐작하는 것은 어렵지 않습니다.

첫째는 당신의 뜻을 이루기 위한 일꾼으로 부르신다는 것입니다. 둘째는 그 일을 통하여 일하는 사람의 거룩함에 이르게 하기 위하여 부르신다는 것입니다.

다시 말하면 일을 시키기 위하여 부르시고, 그 일을 통하여 구원받을 수 있는 사람이 되라고 부르신 것입니다.

이와 같은 뜻을 알지 못하면 아무리 하나님의 일이라 해도 기꺼이 일할 마음이 생기지 않습니다. 마치 보수를 받지 못한 채 일을 하는 것과 같고 장래성 없는 직장을 억지로 다니는 것과 같습니다. 입으로는 주여! 주여! 하면서도 행하기는 싫어지게 되는 것입니다.

교회 안의 직분도 일을 하라고 허락하신 것인데 자격이 없다는 핑계로 꽁무니를 빼거나 일하라고 주신 직분을 무슨 높은 지위에 오른 것처럼 여기고 제직, 임직에서 빠지면 섭섭하다며 돌아서기도 합니다. 이는 하나님께서 부르신 뜻을 모르고, 일을 시키시는 까닭을 모르기 때문입니다.

죽을 수밖에 없는 목숨을 영원한 생명에 이르게 하기 위하여 지금 하나님께서는 우리에게 일을 시키고 계신 것입니다. 하나님의 백성이 되고 거룩한 백성이 되게 하기 위하여 하나님께서 특별히 우리를 부르신 것입니다.

예수님께서 열두 제자를 부르시고 일을 맡겨 사도로 내보내신 것(마 10:1~15)도 알고 보면 그들로 하여금 영원한 생명인 하나님의 영광을 얻게 하기 위해서였습니다.

하나님께서 주신 이 약속이 바로 우리의 소망입니다. 이 소망 안에서는 일하는 기쁨이 있습니다.

이 소망과 기쁨에 대해 바울은 이렇게 말합니다.

"그로 말미암아 우리가 믿음으로 서 있는 이 은혜에 들어감을 얻었으며 하나님의 영광을 바라고 즐거워하느니라"(롬 5:2)

인간인 우리가 하나님의 영광에 참여하게 된다니 이 얼마나 가슴 벅찬 소망입니까?

영원한 생명의 빛인 하나님의 영광이 믿는 우리에게 있다니 이 얼마나 가슴 벅찬 소식입니까?

2. 훈련으로 연단하심

"내가 애굽 사람에게 어떻게 행하였음과 내가 어떻게 독수리 날개로 너희를 업어 내게로 인도하였음을 너희가 보았느니라"(출 19:4)

여기서 "보았느니라"에 해당되는 히브리어 기본 어근 '라아'는 단순히 시각을 통해 보는 정도가 아니라 실제로 경험하거나 경험을 통해 확인하는 것을 뜻하는 단어입니다.

또한 하나님께서 백성을 사랑하신 것을 "독수리 날개로 인도하였음을 너희가 보았느니라"고 말씀합니다. 하나님께서 백성을 사랑하심을 어미 독수리가 그 새끼를 날개로 업은 것에 비유한 것입니다.

고대 세계에서 독수리는 가장 힘이 세고 가장 높이 날며 새끼들에 대한 사랑이 가장 강한 짐승으로 묘사됩니다. 하나님께서도 이스라엘 백성들을 독수리 날개로 업으셨다고 말씀하고 있습니다.

인간은 본능적으로 위험한 모험을 싫어하고 안정된 생활을 원합니다. 그런 우리에게 어려움은 갑자기 닥쳐오기 마련입니다.

왜 나에게 이런 일이 생길까? 왜 병이 생길까? 왜 고통이 올까? 어렵게 생각하지 마십시오. 이는 하나님께서 보금자리를 어지럽히시고 훈련하시는 것입니다.

독수리가 새끼를 훈련하기 위해 보금자리를 들어 흩뜨려 버리고 새끼를 업어 공중 높이 올라가 떨어뜨리면 새끼는 비명을 지르면서 땅을 향해 떨어집니다.

이때 어미는 떨어지는 새끼 옆에서 날다가 마지막 순간에 날개로 받아주는데, 이런 행동을 반복적으로 하다 보면 어느덧 새끼 독수리는 날개에 힘이 생겨 혼자서도 날 수 있게 되는 것입니다.

믿음은 한순간에 생기는 것이 아닙니다. 독수리 날개에 힘이 생기려면 긴 시간 훈련이 필요하듯 믿음이 강해지기 위해서는 강한 훈련이 필요합니다. 인생의 험한 경로에서 신앙의 날개는 더욱 강해지는 것입니다.

훈련된 독수리의 날개는 폭풍을 이용하여 날 수가 있습니다. 우리도 믿음의 날개를 준비하면 어떠한 시련과 고난도 감당할 수 있게 됨을 기억하시기 바랍니다.

3. 업으시는 사랑

"너희를 업어 내게로 인도하였음을 너희가 보았느니라"(출 19:4)

여기서 '업다'라는 말이 내포하고 있는 또 다른 의미는 이스라엘 백성을 강렬하게 사랑하고 계시는 하나님의 마음입니다.

하나님께서는 광야 같은 세상을 살아가고 있는 우리에게도 크신 사랑으로 함께하고 계십니다.

예수 그리스도께서는 우리를 하나님께 인도하고 자신을 내어주셨습니다. 그분은 우리를 위해 그의 소유가 되게 하려고 자신을 내어주셨습니다.

"너희는 민족 중에서 내 소유가 되겠고"(출 19:5)

하나님께서 이스라엘을 바로에게서 건져내신 이유는 하나님의 소유가 되게 하시려는 것이요, 제사장의 나라가 되어 하나님께 영광을 돌리게 하려 하심입니다.

이렇듯 제사장의 나라로 선택받은 이스라엘은 하나님 앞에서 행해야 할 의무가 있습니다.

첫째는 자신을 구별하여 거룩히 하여야 할 것입니다.

둘째는 하나님의 구원하심을 온 천하에 선포하는 일입니다. 친히 여호와의 구원하심을 목격하였기 때문입니다.

셋째는 여호와의 말씀에 청종하는 일입니다. 주의 말씀에 순종하는 것은 제사장 된 백성이 가져야 할 필수적인 요소입니다.

시내산은 하나님 임재의 산입니다. 하나님께서는 시내산에서 모세를 중심으로 언약과 계명을 주셨습니다. 그리고 능력과 권세가 있으신 두려우신 하나님임을 나타내셨습니다.

모세는 장로들을 모아 놓고 하나님께 이스라엘을 선택하신 뜻과 이스라엘과 맺고자 하시는 뜻을 다 지켜 행하겠다고 했습니다.

이때 하나님께서는 살아 계신 영광과 위엄을 나타내셨습니다.

이 땅에 사는 동안 하나님께서 일과 목적을 달성하신다는 사실을 믿고 순종하여 제사장 나라의 사명을 다하는 하나님의 거룩한 백성이 되시기 바랍니다.

계명의 현대적 의미

오늘날 우리 사회를 돌아보면, 사람들은 대체 어디로 가고 있으며 무엇을 위해 살고 있는지 묻지 않을 수 없습니다. 날이 갈수록 불의와 부정은 물론 살인, 간음, 거짓말, 위증, 사기, 권력 남용 등이 일상화되어 가고 있기 때문입니다.

마치 브레이크가 고장난 자동차가 거리를 달리는 것과 같이 육의 쾌락만을 위한 성범죄가 줄줄이 일어나고 있으며, 살인 행각, 집단자살 사건, 부실 건설, 기업과 집권자들의 부정부패 등 매스컴이 보도하는 것은 빙산의 일각일 것입니다.

우리는 왜 사람들이 이처럼 삐뚤어지게 되었는지 한 번쯤 생각해 보아야 합니다. 그리고 물질만능주의와 이에 따른 쾌락 추구, 그 무엇보다 하나님의 심판을 믿지 않는 무신론에서 그에 대한 답을 찾을 수 있을 것입니다.

많은 사람들은 이 생은 한 번뿐이라고 생각하며 소유하고 향락하는 데 몰두하고 있습니다. 그러니 가만히 서서 "저 죽일 놈들!"이라고 소리쳐 봐야 아무 소용 없습니다.

우리는 하나님께서 십계명을 주시고 지키라고 하신 의미를 다시 새겨 보아야 합니다.

구약성경의 중심은 신명기 6장 5절에 기록된 "너는 마음을 다하고 뜻을 다하고 힘을 다하여 네 하나님 여호와를 사랑하라"는 말씀과 출애굽기 20장에 기록된 십계명입니다. 신약성경의 중심도 하나님 사랑과 이웃 사랑에 있습니다.

십계명은 하나님 사랑과 이웃 사랑, 이 두 가지 계명을 실행할 수 있는 실천 사항에 대하여 열 가지로 말씀하고 있는 것과 같습니다.

1. 십계명의 진정한 의미

예수님께서는 구약의 십계명을 두 가지 계명으로 압축하여 말씀하셨습니다.

첫째는 "주 너의 하나님을 사랑하라"는 것입니다.

둘째는 "네 이웃을 네 자신과 같이 사랑하라"는 것입니다.

여기서 '자신'은 육신과 영혼을 포함하고 있습니다.

그러면 우리는 어떻게 하나님과 이웃을 사랑해야 할까요?

하나님을 힘을 다해 사랑하는 방법은 네 가지이고, 이웃을 자신과 같이 사랑하는 방법은 여섯 가지입니다.

흔히 기독교를 말할 때 '사랑의 종교'라고 합니다.

"주 너의 하나님을 사랑하라"는 말씀은 모든 계명의 기초가 되는 말씀입니다.

이 계명은 모든 계명을 포함하는 계명입니다. 이 계명 하나만 잘 지킨다면 자연히 다른 계명도 잘 지키게 될 것입니다.

그렇다면 어떻게 하는 것이 하나님을 사랑하는 것일까요?

하나님을 사랑하는 사람은 하나님 외에 다른 신들을 두지 말아야 합니다.

하나님을 사랑하는 사람은 우상을 만들지 않아야 합니다.

하나님을 사랑하는 사람은 하나님의 이름을 망령되이 일컫지 않아야 합니다.

하나님을 사랑하는 사람은 주의 날을 거룩히 지키기 위해 힘쓰는 것이 당연합니다.

예수 그리스도를 구주로 영접한 사람은 먼저 부모를 섬기게 될 것이고, 주님의 몸된 교회에 나와 안식일을 지키게 됩니다. 안식일은 주 안에서 안식을 누리는 날입니다.

신약에서는 이날을 '주의 날' 또는 '주일'이라고 말합니다. 즉, 우리의 구세주 되시는 예수 그리스도께서 주인이 되시는 날이요 부활의 새 생명을 주신 날을 의미합니다.

구약에는 천지창조를 마치시고 쉬신 날이라 해서 안식일이지만, 신약에 와서는 부활 즉 영적인 새로운 창조를 주신 날로서 주일이라고 하는 것입니다.

우리가 주일을 지키는 것은 천국에서 영원히 안식하며 사는 삶의 그림자라고 할 수 있습니다.

이스라엘 백성들이 출애굽하여 광야를 통과할 때 하나님께서는 가나안을 안식의 세계라고 말씀하셨습니다.

오늘날 우리에게도 이 영원한 안식의 세계가 기다리고 있습니다. 이 땅에서 이 안식을 맛본 사람만이 영원한 안식의 축복을 누릴 수 있을 것입니다.

2. 마음을 다한 사랑

"너는 마음을 다하고 뜻을 다하고 힘을 다하여 네 하나님 여호와를 사랑하라"(신 6:5)

여기서 '마음'이란 긴 설명이 필요치 않은 말입니다.

하나님을 사랑할 때 겉모양으로만 하지 말고 중심으로 사랑하라는 뜻입니다. 그리고 목숨을 다하라고 하였습니다.

우리의 생명 전체, 우리의 영혼 전체를 다해, 우리의 모든 지식과 지혜를 다해 사랑하라는 말입니다.

또한 '힘을 다하여' 하나님을 사랑하라고 하는 것은, 육신의 재능이든 영적인 재능이든 나에게 힘이 있다면 그 힘을 다 기울여 하나님을 사랑하라는 의미입니다.

다시 말하면 하나님을 사랑하되 부분적으로 사랑하지 말고, 머리로만 사랑하지 말고, 우리의 인격 전체를 통해 하나님을 사랑하라는 말씀입니다.

왜 하나님께서는 이런 사랑을 요구하시는 걸까요?

하나님께서는 우리에게 독생자 예수 그리스도를 보내셔서 우리 대신 십자가에서 죽기까지 먼저 우리를 사랑하셨기 때문에 우리에게 이런 사랑을 요구하시는 것입니다.

3. 질투하시는 하나님

성경에는 모순된 말이나 이해하지 못할 말들이 많이 있습니다. 한 가지 예를 들어 본다면 하나님은 어떤 분인가라고 물었을 때 단순하게 대답할 말을 찾는다면 그분은 질투하시는 하나님이라는 것입니다.

하나님이 '질투하시다니', '시기하시다니'(약 4:5)

처음에는 이해가 잘 안 될 수도 있지만 알고 보면 충분히 이해가 가는 말씀입니다. 상대를 질투할 정도가 아니라면 진정 사랑하는 사이가 아니기 때문입니다.

나만이 당신의 아내요 남편이니 다른 여자나 남자는 용납할 수 없다고 말하지 못한다면 참 부부가 아닐 것입니다. 그러기에 하나님께서는 하나님 당신만 사랑해 주기를 원하십니다. 부모나 나 자신보다도 더 사랑하지 않으면 안 된다고까지 말씀하십니다.

아브라함이 하나님께서 주신 선물인 이삭을 더 사랑하니 짐승처럼 바치라고 하셨으나 아브라함이 잘못을 뉘우치면서 이삭을 바치려 하자 돌려주셨으며, 야곱이 요셉을 주님보다 더 사랑하니 일시적으로 빼앗아 가셨으나 회개하자 다시 돌려주셨습니다.

삼손이 하나님만 사랑할 때는 능력을 주셔서 그를 당할 자가 없었지만, 그가 들릴라 여인을 더 사랑했을 때 그 힘을 다 빼앗아 가셨습니다.

이렇듯 하나님께서는 하나님 당신을 제일 사랑하는 자에게 제일 좋은 것, 귀한 것, 아름다운 것을 주십니다.

한나가 독자를 주께 바칠 때 3남 2녀를 더 주셨으며, 독자 이삭을 바치려 했던 아브라함으로 하여금 복의 근원이 되게 하셨으며, 하나님을 제일 사랑했던 다니엘을 높이 들어 쓰셨습니다.

하나님께서는 이 계명을 지키는 자에게 수천 대까지 복을 주실 것을 약속하셨습니다.

또한 하나님께서는 무엇이든지 하나님을 대신하는 어떤 형상도 만들지 말라고 하셨습니다.(출 20:4)

타락한 인간은 그 속에 하나님의 생명이 없기 때문에 하나님을 볼 수도, 누릴 수도 없습니다. 그래서 무엇인가 보이는 신을 찾기 위해 노력을 계속합니다. 그것들을 섬기게 될 때 이들을 향한 하나님의 질투는 진노의 화살이 되어 그들의 심장을 꿰뚫어 심판하신다는 사실을 명심해야 합니다.

하나님의 신성은 절대 불가침의 영역입니다. 하나님께서는 이 영역이 침해되거나 훼손될 때 결코 좌시하지 않으십니다. 이는 "나 여호와는 질투하는 하나님"이라는 말씀에서 잘 드러나고 있습니다. 보지도 듣지도 못하며 말도 못하는 한낱 형상을 만들어 놓고 섬기는 것이 얼마나 부질없는 일이며 어리석은 일인가를 분명히 알아야 합니다. 어떤 형상으로도 하나님을 대신할 수는 없습니다. 이스라엘 백성은 당시의 문화적 전래대로 송아지를 만들어 놓고 섬기다가 3천 명 가량이 죽고 말았습니다.(출 32:21~28)

여러분도 마음속에 참된 하나님이 아닌 우상을 만들어 놓고 있지는 않습니까? 하나님의 자리에 명예, 권력, 물질, 자식이 차지하고 있지는 않습니까?

모든 생각과 가치관을 하나님보다 위에 둔다면 이는 우상을 섬기는 것과 다름없습니다. 우상숭배하는 일은 하나님께 대한 반역이며 영적 간음입니다.

인간의 제일되는 목적은 하나님만 섬기고 그에게만 예배하는 것이며 하나님을 영원토록 영화롭게 하는 것입니다.

"여호와는 질투하는 하나님인즉 나를 미워하는 자의 죄를 갚되 아버지로부터 아들에게로 삼사 대까지 이르게 하시거니와"(출 20:5)

하나님을 미워하는 자란 끝까지 회개하지 않고 하나님을 거역하는 사람을 말합니다. 하나님께서는 우상숭배자의 자식은 삼사 대까지 죗값을 치르게 하시겠다고 선포하셨습니다.

"너희가 나를 사랑하면 나의 계명을 지키리라"(요 14:15)

하나님을 사랑하면 하나님의 말씀을 따라 살게 되는데, 이것에는 수고가 따릅니다. 그 수고는 이웃 사랑으로 나타납니다. 이웃을 사랑하는 사람은 그 사람만이 알 수 있는 평강과 큰 행복을 누리게 될 것입니다. 이 행복의 주인공들이 다 되시기 바랍니다.

【제3부】

하나님의 인도를 받으려면

의의 종이 되는 방법

출애굽기 21장에서는 십계명 외에 사회생활 속에서 지켜야 할 규례 중 노예에 관한 규례에 대해 말씀하고 있습니다.

히브리 출신의 종은 7년이 되면 반드시 아무 조건 없이 해방시켜야 하며 해방시킬 때에 지켜야 할 규례가 있습니다.

특히 여종일 때는 주인이 특별히 책임져야 할 경우에 대해서도 기록되어 있습니다.

먼저 남종에 관한 규례가 1절부터 6절에 나와 있고, 여종에 관한 규례는 7절부터 11절에 나와 있습니다.

주인과 종의 관계는 계급제도로 정해져 있으며, 평등한 사회 질서를 어지럽히는 가장 위험한 요소입니다.

하나님께서는 사회적으로 가장 신분이 낮은 종에 관한 규례를 주시어 그들의 권리를 보장하기 위한 세심한 배려를 하셨습니다. 이는 하나님의 공동체를 평화롭게 하기 위한 것입니다.

그러므로 자신보다 사회적으로 약한 조건을 가진 사람일지라도 그는 하나님의 자녀이며 믿음 안에서 우리와 똑같은 형제임을 바로 인식하고 인격적으로 대해야 합니다.

하나님께서 십계명과 율례들을 주신 목적은 우리로 하여금 하나님의 백성답게 살게 하기 위해서라는 것임을 명심해야 합니다.

"네가 백성 앞에 세울 법규는 이러하니라"(출 21:1)

여기서 '법규'란 율례를 의미하는데, 곧 십계명에 대한 시행 세칙을 말합니다.

사도행전 2장 23절에 보면 주님을 십자가에 못 박은 사람들을 가리켜 '법 없는 자들'이라고 말씀하고 있습니다. 로마에도 법은 있었습니다. 그러나 유대인들이 볼 때 그들은 법 없는 이방인에 불과했습니다. 하나님께서 주신 법을 가지지 못했기 때문입니다.

경주하는 자에게는 열심히 달리는 것만큼 경기의 룰을 지키며 달리는 것이 중요합니다. 경기의 규칙을 잘 지키지 않으면 아무리 선두 주자로 달려왔어도 메달을 딸 수 없습니다.

십계명이 하나님에 관한 계명과 이웃에 관한 계명으로 되어 있듯, 규례에 관한 말씀도 하나님과의 관계에 관한 율례와 이웃과의 관계에 관한 율례로 나누어져 있습니다.

하나님께서 히브리 종에게 허락하신 규례의 의미는 무엇이며, 그것이 오늘날을 살아가는 우리에게 어떤 의미를 주는지에 대해 살펴보겠습니다.

1. 노예에 관한 법

노예에 관한 규례의 중심은 하나님의 은혜에 기초하고 있습니다.

우리는 흔히 자유가 없고 고달픈 생활을 하는 사람을 가리켜 "노예 같다"고 합니다. 그렇습니다. 당시 노예만큼 모질고 천대받는 존재들은 없었습니다.

고대 사회에 있어서 노예란 하나의 독립된 인격체로 인정받지 못하고 단지 주인의 재산으로서 생산과 노동력을 위한 도구에 불과했습니다. 그들은 혹독한 노동에 시달리며 비인간적인 처우를 받아야 했습니다.

이러한 노예들에게 하나님의 은혜에 따른 인간적인 제도가 신설되었습니다. 이 법에 따르면 주인은 자비와 긍휼로 노예를 대해야 합니다. 또한 노예들에게는 생명과 육체를 보호받을 권리가 주어졌습니다.

사랑과 용서의 원리에 따라 히브리 종들에게 주어진 가장 큰 권리는 종이 된 지 제7년에 어떤 이유나 조건 없이 무조건 해방될 수 있다는 것입니다.

나아가 "그를 놓아 자유하게 할 때에는 빈 손으로 가게 하지 말고 네 양 무리 중에서와 타작 마당에서와 포도주 틀에서 그에게 후히 줄지니"라고 당부하셨습니다.(신 15:13-14)

특히 여종에 대해서는 더 깊고 세밀하게 말씀하셨습니다. 심지어 여종을 아들에게 주기로 한 경우에는 딸같이 대접하라고 하십니다.

종이라 해도 인격자로 대우받을 수 있었던 것은 노예 신분인 그들도 하나님의 법 아래 있는 하나님의 친백성이기 때문입니다.

2. 규례의 영적인 의미

몸의 사욕에 순종하여 우리 지체를 불의의 무기로 죄에게 내준다면 우리는 죄의 종이 되어 결국 사망에 이르게 됩니다.

그렇다면 과연 누가 몸의 사욕을 피할 수 있으며 사망의 권세에서 자유로울 수 있을까요?

로마서 6장 17절 말씀처럼 세상 사람들은 본래 죄의 종이었습니다. 우리는 죄의 종으로 살다가 모두 사망에 이르게 된다는 것입니다.

하지만 히브리의 종들을 7년째 되는 해에 조건 없이 해방시키라고 명하셨듯이 하나님께서는 우리를 죄의 종에서 해방시켜 주셨습니다. 뿐만 아니라 우리를 하나님을 섬기는 의의 종으로 삼아 주셨습니다.

의의 종이 된다는 의미는 "상전과 가족을 사랑하기에 귀를 뚫음으로 영원한 종이 되어지는 것"입니다.(출 21:5-6)

"이제는 너희가 죄로부터 해방되고 하나님께 종이 되어 거룩함에 이르는 열매를 맺었으니 그 마지막은 영생이라"(롬 6:22)

만기가 지났음에도 불구하고 인자한 주인을 떠나지 않기로 결정한 히브리 종들은 그 증표로 귀를 뚫었습니다. 이것은 주인에 대한 사랑에서 비롯된 것입니다. 자의적인 행동으로서 영원히 주인을 섬기겠다는 일종의 헌신적인 다짐인 것입니다.

종은 이제 자유를 얻을 수 있었습니다. 주인을 떠나서 살 수 있는 길이 열렸습니다. 그러나 그는 자유를 택하지 않고 오히려 주인의 뜻에 따르며 섬길 것을 맹세합니다.

"종이 분명히 말하기를 내가 상전과 내 처자를 사랑하니 나가서 자유인이 되지 않겠노라"(출 21:5)

이는 주님을 6년 동안 섬기며 살았던 자의 고백입니다. 주님과의 교제를 경험한 자들은 제7년에 결코 주님에게서 떠나려고 하지 않을 것입니다. 우리를 향한 주님의 크신 사랑이 우리를 묶어 놓기 때문입니다.

우리도 이와 같이 우리의 주인이신 주님으로부터 격리되는 자유를 선택하지 말아야 합니다. 우리는 매 순간 귀를 뚫는 결단을 해야 합니다.

우리 주인 되시는 주님을 떠나 그 어디에서 기쁨을 얻을 수 있겠습니까? 그 어디에서 행복을 누릴 수 있겠습니까?

영원한 의의 종이 되기를 포기하고 세상으로 나아간다면 우리는 여전히 죄 짐에 눌려 신음하게 될 것입니다. 그러므로 우리는 우리를 참으로 자유케 하는 의의 종이 될 것을 결단해야 합니다.

우리의 귀가 뚫릴 때 비로소 우리는 진정한 의미의 자유인이 되어 주님께 감사와 찬양을 드릴 수 있습니다.(사 50:5)

사도 바울은 "하나님께 감사하리로다 너희가 본래 죄의 종이더니 너희에게 전하여 준 바 교훈의 본을 마음으로 순종하여 죄로부터 해방되어 의에게 종이 되었느니라"(롬 6:17-18)고 했습니다.

오늘날 주위를 둘러보면 경제적 자유를 얻어 풍요롭게 살더라도 물질의 노예가 되어 살아가는 사람들이 얼마나 많이 있습니까? 새 사람이 되었으나 옛 습관에 매여 사는 사람도 있고, 자유를 얻었으나 그 자유를 다시 세상과 육신과 율법에 묶어 놓고 종 노릇하는 일도 비일비재합니다.

하지만 하나님을 믿는 우리는 죄와 사망과 사탄에게서 해방되어 영적 자유인으로 살아가야 합니다.

아담과 하와 이후 우리는 죄의 종으로 죄의 노예가 되어 살았으나 예수 그리스도를 통해 모든 죄에서 용서함을 받고 의의 종이 되었습니다.

우리의 신앙은 우리에게 자유함을 줍니다. 그래서 요한복음 8장 32절에는 "진리를 알지니 진리가 너희를 자유롭게 하리라"고 기록되어 있습니다.

인간을 가장 얽매이게 하는 것은 바로 죄악입니다. 죄악에 사로잡혀 있는 동안에는 자유함이 없습니다.

예수 그리스도께서 우리 죄의 문제를 해결해 주심으로 우리가 자유를 얻었으니 그 은혜에 다시 한 번 감사를 드려야 합니다.

여러분은 모두 영적으로 죄에서 해방되는 참 자유를 얻는 의의 종이 되시기 바랍니다.

3. 위대한 결단

우리는 매 순간 위대한 결단을 해야만 합니다. 그러나 세상의 쾌락은 끊임없이 우리의 결단을 방해합니다. 세상은 우리의 결단에 대해 시대에 뒤떨어지는 어리석은 일이라고 비웃고 조롱하기까지 합니다. 그래서 때로는 회의에 빠지기도 하며 나아가 영적 경주를 단념하기도 합니다.

그러나 의의 종노릇을 하다 보면 의의 종노릇 하기로 한 결단이 옳았다는 것을 알 수 있습니다. 우리의 귀를 뚫은 그 행위가 참으로 현명한 결단이었음을 깨닫게 될 것입니다.

자유인이라 할지라도 그 자유를 지키지 못하면 다시 빼앗기게 되고 누리지 못하면 잃게 됩니다. 잃은 후에 다시 얻기 위해서는 더 많은 노력을 기울여야 합니다. 질병도 재발하면 고치기 더 힘들어지는 이치와 같습니다.

"너희는 자유가 있으나 그 자유로 악을 가리는 데 쓰지 말고 오직 하나님의 종과 같이 하라"(벧전 2:16)

"너희가 자유를 위하여 부르심을 입었으나 그러나 그 자유로 육체의 기회를 삼지 말고 오직 사랑으로 서로 종노릇하라"(갈 5:13)

여러분은 귀가 뚫린 종으로서 충성하는 참 자유의 종들이 되시기 바랍니다.

왜 무당을 죽이라고까지 하셨나?

하나님께서는 이스라엘 민족을 위하여 사회 질서의 율례와 정의의 범위에 대해 설정하셨습니다.

출애굽기 22장 1절에서 15절까지는 절도나 담보 보관물, 차용물로 인하여 발생하는 재산상의 손실에 대한 보상 규례에 대해 말씀하고 있습니다. 특히 도적질한 자는 몇 배로 손해를 배상하게 함으로 범죄를 예방하고, 과실이나 보관상 또는 차용에 의해 발생한 손해는 적법한 절차에 따라 상호간에 불만이 없도록 분쟁을 조정하라고 하셨습니다.

이웃에게 끼친 계획적 범행이나 무관심으로 말미암아 발생하는 손해 배상의 원칙들을 주신 이유를 살펴보고, 이를 통해 오늘을 사는 우리에게 주어진 하나님의 뜻에 대해 생각해 보도록 하겠습니다.

1. 배상에 관한 규례

출애굽기 22장 1절에 보면 하나님께서는 사람이 소나 양을 도둑질하여 잡거나 팔면 그는 소 한 마리당 소 다섯으로 갚고 양 한 마리당 양 넷으로 갚으라 명하고 있습니다.

도둑질한 것을 잡거나 팔지 않고 그대로 산 채로 가지고 있어도 갑절을 배상하라고 하셨습니다.(출 22:4)

소 한 마리를 훔쳤을 뿐인데 다섯 마리로 갚으라는 것은 너무 무거운 배상법이 아닌가? 하는 생각도 듭니다. 여기서 우리는 하나님께서 도둑질하는 자를 보호하지 않으신다는 사실을 알 수 있습니다.

하나님께서는 밤에 집을 뚫고 들어온 도둑을 본 사람이 그를 쳐죽인다 하여도 피 흘린 죄가 없다고 판결하십니다. 도둑은 생명에 대한 하나님의 보호를 받을 권리가 없다고 보신 것입니다.

하나님께서 도둑을 얼마나 미워하셨으면 이렇게까지 하라고 명령하셨을까요? 도둑은 영적인 의미로 사람의 영혼을 도적질하는 사탄을 가리킵니다.

예수님께서는 "나보다 먼저 온 자는 다 절도요 강도니"(요 10:8) "도둑이 오는 것은 도둑질하고 죽이고 멸망시키려는 것뿐이요"(요 10:10)라고 말씀하셨습니다.

사탄이 우리의 영혼을 도둑질하여 죄의 종이 되게 하였으나 예수님께서 죄인이 받을 형벌을 다 받으시고 죗값을 다 지불하심으로 다시 찾게 된 것입니다.

예수님께서는 잃어버린 한 마리 양을 찾기 위해 세상에 오셨습니다. 세상의 모든 영혼들이 바로 잃어버린 한 마리 양입니다.

도둑이 밤에 집을 뚫고 들어오는 것을 보고 그를 쳐 죽이면 피 흘린 죄가 없으나 해 돋는 후에는 그 피 흘린 죄를 물으라고 하셨습니다. 낮에 들어오는 도둑은 거의 없기도 하지만 혹 있다고 하더라도 그것은 살인이 되기 때문입니다.

또한 자신의 짐승이 타인의 밭의 포도나 곡식을 먹었을 경우에는 자기 밭의 제일 좋은 것으로 배상하라고 하셨습니다. 여기서 중요한 가르침은 "배상하라" 또는 "보상하라"입니다.

타인에게 손해를 입혔을 경우에는 반드시 배상하라는 이 율법 속에서 우리는 무엇을 알 수 있습니까?

예수님께서는 이렇게 말씀하셨습니다.

"진실로 네게 이르노니 네가 한 푼이라도 남김이 없이 다 갚기 전에는 결코 거기서 나오지 못하리라"(마 5:26)

죄인이 한 푼의 죄라도 갚지 못하면 결단코 지옥의 영향권에서 벗어날 수 없다는 것입니다.

사람들은 죄를 큰 죄와 작은 죄로 구분하기도 하지만 하나님 앞에서는 지극히 작은 죄도 큰 죄가 됩니다. 그래서 세상의 모든 죄인들은 하나님 앞에 죄의 빚을 지고 있는 것입니다. 그 빚을 갚지 못할 경우에는 의의 형벌에서 벗어날 수 없습니다.

그런데 그 누구도 자기 자신의 힘으로 그 죗값을 감당할 수는 없습니다. 그러므로 예수님께서는 십자가에서 보혈의 피를 흘려 그 죗값을 다 치러 주심으로 "다 이루었다"(요 19:30)고 선언하셨습니다. 예수님께서 우리의 죗값을 완전하게 배상하여 주신 것입니다. 이러한 까닭으로 하나님 앞에서 성도들은 부채가 없는 용서받은 자유인이 된 것입니다.

일만 달란트의 빚을 탕감받은 자(마 18:24-27), 또 오백 데나리온의 빚을 탕감받은 여인(눅 7:41-42)은 모두 죗값을 배상해야 하는 죄인들의 모습입니다.

오늘날 구원받은 그리스도인들은 참으로 하나님 앞에 탕감받은 자유인입니다.

"진실로 너희에게 이르노니 죄를 범하는 자마다 죄의 종이라 종은 영원히 집에 거하지 못하되 아들은 영원히 거하나니 그러므로 아들이 너희를 자유롭게 하면 너희가 참으로 자유로우리라"(요 8:34-36)

2. 하나님의 것을 도둑질하는 사람

사람의 도둑질에는 여러 가지가 있습니다.

물질을 빼앗는 도둑도 있고 명예를 빼앗는 도둑도 있습니다.

명예 도둑이란 남의 일을 내용도 잘 알지 못하면서 헐뜯고 비판하면서 그 사람의 명예에 큰 손상을 주는 경우를 말합니다.

사람에게는 물질적인 재산만 있는 것이 아니라 정신적인 재산도 있는데 명예가 곧 정신적인 재산에 속합니다.

셰익스피어는 "내 지갑을 훔쳐간 자는 시시한 재물 따위를 훔쳐간 것뿐이다. 그러나 나의 명예를 도둑질해 간 자는 자기를 부요케 하는 것도 아니면서 나를 참으로 가난하게 만든 자다"라고 말했습니다. 그러므로 우리는 어떤 사람의 허물을 들었을 때 그것을 속으로 삼켜 버리고 절대로 다른 사람에게 옮기지 말아야 할 것입니다.

남의 정조를 도둑질하는 자도 있습니다. 양심에 화인 맞은 불한당 같은 사람들이 시골에서 올라온 순진한 어린아이들을 유혹하여 사창가에 넘기는 일이나, 늑대 같은 젊은이가 어린 소녀를 유혹해서 정조를 빼앗고 양심의 가책도 없이 헌신짝처럼 버리는 일들이 바로 그것입니다.

신앙의 도둑도 있습니다. 주일날 친구를 불러 등산 가자, 낚시 가자 하며 해하고, 교회 출석하는 일을 한 번 두 번 빠지게 하여 결국 신앙생활을 접고 세상 속에서 타락하게 만드는 경우입니다.

마지막으로 하나님의 것을 도둑질하는 자도 있습니다.

"사람이 어찌 하나님의 것을 도둑질하겠느냐 그러나 너희는 나의 것을 도둑질하고도 말하기를 우리가 어떻게 주의 것을 도둑질하였나이까 하는도다 이는 곧 십일조와 봉헌물이라"(말 3:8)

영국의 스펄전 목사는 이 성경 말씀을 가지고 다음과 같이 말했습니다.

"십일조를 하나님께 바치지 않고 자신이 사용하는 것은 하나님의 것을 도둑질하는 것이요 마땅히 하나님께 드려야 할 것을 드리지 아니하는 것이니 일곱째 날 중에 하루도 주님의 날인데 주의 날로 사용치 않고 자기의 날로 사용하는 것도 도둑이며, 하나님께 드려야 할 영광을 드리지 아니하는 것도 하나님의 영광을 도둑질하는 것이라"

평양 장대현교회에서 부흥회가 열리고 있었을 때의 일입니다.

어느 날 저녁, 그 교회의 길선주 목사가 이렇게 말했습니다.

"여러분! 나의 친한 친구가 병들어 죽게 되었을 때 나를 불러, '친구여, 자네에게 내 재산 처리를 부탁하네. 부디 잘 처리해 주시게' 하고 당부한 뒤 세상을 떠났습니다. 그 후 나는 그의 재산을 처리해 주면서 그때 돈 100원을 떼어 먹었습니다. 비록 세월이 흘렀지만 나는 지금까지도 그때 지은 죄가 생각나서 견딜 수 없습니다. 오늘 밤에 그의 집을 찾아가서 죄를 고백하고 돈을 갚아 주겠습니다."

길선주 목사는 자신의 잘못을 털어놓으며 반성의 말을 전했습니다.

그러자 이를 계기로 회개 운동이 크게 일어났으며 전국적으로 요원의 불길처럼 번져 소위 오순절 운동으로까지 확산되었다고 합니다.

3. 영혼의 도둑과 우상숭배

구약의 율법에 의하면 무당은 반드시 죽이라고 하셨습니다. 그들은 귀신들과 신접하여 사람들의 영혼을 지옥으로 보내는 사탄의 사자들이므로 아예 죽여 버리라고까지 하신 것입니다.

오늘날에도 무당은 토속종교, 민속종교, 지방문화제라는 가면을 쓰고 사람들의 영혼을 속여 지옥으로 보내고 있습니다.

사탄은 자신의 때가 얼마 남지 않았음을 알기에 동원할 수 있는 모든 수단을 통해 수많은 사람들을 속이고 있습니다. 그래서 우리 그리스도인들은 늘 깨어 있어야 한다고 말씀하고 있는 것입니다.

하나님께서는 짐승과 행음하는 자를 죽이라고 하셨습니다.

거듭난 그리스도인들이 하나님의 거룩하심과 살아 계심을 증명하려면 세상 사람과 구별되어야 합니다. 그러기에 하나님께서는 하나님 외에 다른 신에게 희생 제물을 드리지 말라고 하십니다.

그런데 오늘날의 사회를 보면, 건물 준공식이나 창업 기념일에 짐승의 머리를 갖다 놓고 절을 하기도 합니다.

이러한 모든 제사는 니므롯이 만든 우상숭배에서 출발한 것이며, 예수 그리스도의 희생을 모방하는 사탄의 간교에 불과합니다.

사탄은 모방의 천재입니다. 그래서 바울은 사탄의 간계에 대해 경고했던 것입니다.

"그런 사람들은 거짓 사도요 속이는 일꾼이니 자기를 그리스도의 사도로 가장하는 자들이니라 이것은 이상한 일이 아니니라 사탄도 자기를 광명의 천사로 가장하나니 그러므로 사탄의 일꾼들도 자기를 의의 일꾼으로 가장하는 것이 또한 대단한 일이 아니니라"(고후 11:13-15)

무당의 무속 행위를 왜 무서운 죄라고 하는 걸까요? 한마디로 대답하자면 하나님의 거룩함을 모독하기 때문입니다.

무당은 신앙의 파괴자입니다. 무속 행위의 근원은 악한 영입니다. 따라서 무당의 무속 행위는 근본적으로 악할 수밖에 없습니다. 궁극적으로는 우리를 멸망케 합니다.

인간은 하나님께서 지으신 그분의 창조물입니다. 그러기에 하나님의 관계 속에서만 자신의 권위와 자유를 누리면서 행복하게 살 수 있습니다.

그런데 무속인은 이미 전해진 복음 외에 다른 복음을 전하는 진노의 자식들입니다. 그들은 남의 영혼을 미혹할 뿐 아니라 자신들의 영혼마저 도둑맞고 하나님으로부터 격리당하여 끝내 멸망하는 미련한 존재들입니다.

여러분은 하나님께서 내버려두신 자가 당하게 될 종말을 알고 계십니까? 그들은 세상에서 홀로 날뛰다 결국 비참한 종말을 맞이하게 될 것입니다.

무당은 악령의 후원을 받는 자입니다. 그리고 그들은 개인과 사회를 붕괴시키는 암적인 존재입니다. 우리는 그들의 행위를 본받지 말고 거룩한 하나님의 자녀로 흠 없는 생활을 이어가야 합니다. 거룩함이 없이는 하나님을 볼 수 없기 때문입니다.

거룩한 하나님의 백성으로 사시는 여러분들이 다 되시기를 축원합니다.

하나님의 인도를 받으려면

십계명 중 제9계명은 "네 이웃에 대하여 거짓 증거하지 말라"입니다.

출애굽기 23장에서는 거짓된 풍설과 위증과 뇌물과 나그네의 사정 등에 대해 말씀하고 있습니다.

오늘날의 사회에서는 거룩한 공동체 내의 공의와 사랑, 법과 정의가 아닌 몇몇 사람들이 가진 권력이나 뇌물 등이 더 커다란 위력을 발휘하고 있습니다.

그러나 천국은 결코 뇌물로 들어갈 수 없습니다.

"너는 뇌물을 받지 말라 뇌물은 밝은 자의 눈을 어둡게 하고 의로운 자의 말을 굽게 하느니라"(출 23:8)

우리의 육신은 항상 눈에 보이는 크고 많은 것, 즉 보이는 힘을 의지하려 합니다.

또한 다수의 힘에 의해 정의를 결정짓는 경향이 있습니다. 이는 개인이나 소수에 대한 무시를 부르고, 나아가 제재를 가하는 심각한 오류를 발생시키기도 합니다. 그러므로 하나님께서는 다수를 따르는 악을 범치 말라고 하셨습니다.

성경에서 말하는 정의란 단순히 많다는 데 있지 않습니다.

예수님께서는 왜 십자가에 못 박히셨습니까? 십자가에 못 박으라는 유대 군중들의 소리에 굴복한 빌라도에 의해 십자가에 못 박히셨던 것입니다.

오늘날에도 다수에 의한 행동과 악행들이 얼마나 많이 벌어지고 있습니까?

성경은, 그리스도인들은 하나님의 공의에 입각하여 다수의 결정이 올바르지 않을 때는 혼자서라도 담대히 진리의 편에 설 수 있어야 함을 말하고 있습니다. 즉, 진리에 어긋난 다수의 편이 되지 말라는 것입니다.

이해관계가 얽힌 문제라 하더라도 항상 정의를 추구하며, 억울한 일을 당했을지도 모르는 상대의 아픔을 깊이 헤아려 볼 수 있어야 합니다.

사도 바울은 에베소서 4장 25절에서 "거짓을 버리고 각각 그 이웃과 더불어 참된 것을 말하라 이는 우리가 서로 지체가 됨이라"고 말했습니다.

모든 그리스도인들은 그리스도의 몸된 교회의 한 지체가 되어야 합니다.

우리는 한몸입니다. 그러므로 성도들끼리 거짓말을 하는 것은 곧 자기 지체를 속이는 것이고 자기 양심을 속이는 것입니다.

그렇기 때문에 성경은 "거짓말하지 말고 참된 것을 말하라"고 하였습니다.

1. 원수를 사랑하라

하나님께서는 원수의 길 잃은 소나 나귀를 보거든 그 주인에게 돌려줄 것을 명령하셨습니다. 미워하는 자의 나귀라도 짐을 싣고 엎드러지거든 못 본 체하지 말고 도와주라고 하십니다.

예수님께서는 원수였던 죄인들이 길을 잃고 헤맬 때 생명의 길로 인도하시고(요 14:6) 무거운 죄짐을 지고 지쳐 쓰러져 있는 우리를 일으켜 세워 주시고 구원해 주셨습니다.

예수님께서는 왜 원수까지 사랑하라고 하셨을까요?

여기에 서로 원수인 박씨 성을 가진 사람과 김씨 성을 가진 사람이 있습니다.

하루는, 길을 가던 박씨가 구덩이에 빠진 소를 일으키기 위해 안간힘을 쓰고 있는 김씨를 우연히 발견하게 되었습니다.

'그냥 모른 척 지나갈까? 그래, 평소에 심보를 곱게 썼어야지. 벌 받은 거라고. 고생 좀 해 봐라.'

박씨가 이렇게 생각하며 자리를 피하려는데, 갑자기 하나님의 음성이 들려옵니다.

"원수를 사랑하라. 원수를 사랑하라."

결국 박씨는 알 수 없는 힘에 이끌려 김씨에게 다가갔습니다. 그러고는 김씨를 도와 소를 일으켜 세웠습니다.

박씨의 도움을 받은 김씨는 그에게 계면쩍은 미소를 지어 보였습니다. 그러자 박씨도 김씨를 보며 같은 미소를 지었습니다.

이제 그들은 더 이상 원수가 아니었습니다. 어느덧 다정한 친구가 되었습니다.

예수 그리스도께서 이 땅에 오신 이유 중 하나는 바로 '사랑'입니다. 즉, 율법의 완성을 위해서 오신 대속의 역사입니다.

그럼에도 한몸 지체인 우리가 반목과 질시와 미워함으로 살고 있다는 것은 슬프고도 괴로운 일입니다.

우리를 괴롭히는 원수를 위해 복을 빌 때, 우리를 위한 더 큰 은혜와 축복이 기다리고 있음을 믿으시기 바랍니다.

"하나님은 사랑이심이라"(요일 4:8)

그러므로 그 사랑을 받은 우리도 하나님과 이웃을 사랑하라는 명령을 내리십니다. 사랑이 없으면 아무것도 아니라고 하시고 사랑을 이웃과 나누라는 것이요 이웃을 위해 쓰라는 것입니다.

그런데 우리는 이웃을 위해서 쓰라고 받은 하나님의 사랑을 자신을 위해 사용하고, 자신의 성숙을 위해서 주어진 하나님의 율례와 법도는 자신을 위해 사용하지 않고 있습니다.

사랑 없는 믿음은 아무것도 아니고, 아무 유익도 없을 것입니다.

2. 성령을 좇아 행하라

우리의 삶 속에는 육신의 요구대로 살아가도록 이끄는 유혹이 곳곳에 도사리고 있기 때문에 우리의 감독자요 지도자이신 성령의 뜻을 좇아 살아야 합니다.

거듭난 성도들이 성령의 뜻에 순종할 때 비로소 육신의 상징인 가나안 일곱 족속들을 쳐서 복종시킬 수가 있습니다.

특히 하나님께서는 가나안 족속의 신을 섬기지 말고 숭배하지 말고 그들의 주상을 파괴할 것을 명령하셨습니다.

여기서 주상은 하늘을 향해 높이 솟아 있는 사각 기둥을 의미하는데 이러한 석주들은 바티칸 광장을 비롯하여 미국, 영국, 프랑스 등 세계 각국에 흩어져 있습니다.

하늘을 향해 솟아 있는 돌기둥은 남성의 심벌로 상징되기도 하고, 영적인 의미로 주상은 육신의 자아 또는 잘못된 성격이나 고집을 뜻하기도 합니다.

구원받은 성도들이 계속하여 하나님께 불순종하는 까닭은 아직도 마음속의 주상을 파괴하지 못하고 있기 때문입니다.

우리 육신의 자아인 주상을 파괴할 때, 하나님께서는 이스라엘에게 복을 주시겠다는 약속처럼 우리에게 놀라운 평강의 복을 내려주실 것입니다.

우리의 싸움은 혈과 육이 아니라 하늘에 있는 악한 영들과의 싸움입니다.(엡 6:12) 하나님께서는 이러한 싸움에서 승리로 이끄시므로, 우리는 영적인 싸움에 담대하게 임해야 할 것입니다.

3. 하나님의 인도를 받는 길

이스라엘이 애굽에서 나와 가나안 땅에 들어가는 것은 여러 가지 면에서 쉽지 않은 일이었습니다.

한두 사람이 가는 것이 아니라 20세 이상 남자만 해도 60만이 었고, 늙은이와 여자와 어린아이까지 모두 합치면 최소한 200만 명이 넘었습니다.

게다가 데리고 나온 우양의 떼가 무수하고, 과거에 전혀 가보지 못한 길을 알려주는 지도나 나침반도 없이 가는 길이니 얼마나 힘 들고 아슬아슬한 일이었겠습니까?

이때에 하나님께서는 그들을 혼자 보내지 않으시고 사자를 앞 서 보내시겠다고 하셨습니다.(출 13:21, 출 14:19, 출 23:20)

이 얼마나 감사한 일입니까? "내 이름이 그에게 있음이니라"(출 23:21)는 말씀에서 볼 수 있듯, 이 사자의 이름은 놀랍고 전지전능 하신 여호와의 이름입니다.

여기서 사자는 하늘에서 보내신 하나님의 사자로, 21절에 보면 하나님의 이름을 가진 분임을 알 수 있습니다.

"그는 육신으로 나타내신 바 되시고 영으로 의롭다 하심을 받으 시고 천사들에게 보이시고 만국에 전파되시고 세상에서 믿은 바 되시고 영광 가운데서 올려지셨느니라"(딤전 3:16)

곧 천사가 그들을 앞서 가시면서 무슨 일을 하십니까?

"내가 사자를 네 앞서 보내어 길에서 너를 보호하여 너를 내가 예비한 곳에 이르게 하리니"(출 23:20)라고 하였습니다.

예수 그리스도께서는 우리를 구원해 주실 뿐만 아니라 우리가 구원의 길에서 이탈하는 것을 막아 주시기도 하십니다. 그러므로

어렵고 위험한 여행일수록 하나님의 보호하심이 더 중요합니다

하나님께서는 우리를 인도해 주시겠다고 하셨습니다. 인도하시되 아무데나 인도하는 것이 아니라 가야 할 올바른 목적지로 인도하시겠다는 것입니다.

인도한다고 다 좋은 것이 아닙니다. 잠언 16장 29절의 "강포한 사람은 그 이웃을 꾀어 좋지 아니한 길로 인도하느니라" 같은 인도는 해로운 인도입니다.

인도는 그 목적지가 올바른 곳이어야 합니다. 창세기 24장 7절의 말씀대로 "하나님의 사자가 아브라함의 늙은 종을 앞서 인도하는 바대로" 하여야 합니다.

"여호와께서 그들이 바라는 항구로 인도하시는도다"(시 107:30)

하나님께서는 우리를 인도하시는 데 앞서 대적을 파하시고 쫓아내신다고 하셨습니다.(출 23:27-28)

우리가 가는 길은 마치 애굽을 떠나 가나안을 향해 가는 이스라엘과 비슷합니다. 언제 어디에 어떠한 위험이 도사리고 있는지 모릅니다. 이러한 우리들에게 하나님께서 천사를 보내사 우리를 대적하는 곳곳의 모든 환란을 피하게 하시고 쫓아내 주실 것을 믿고 담대하게 나아가시기 바랍니다.

예수 그리스도께서는 항상 우리보다 앞서 가십니다.

"나의 사자가 네 앞서 가서"(출 23:20)

훌륭한 목자가 그의 양보다 앞서 가듯이 예수 그리스도는 우리보다 앞서 가셨습니다. 그는 이 세상에서 인간들이 경험해야 할

일들을 다 경험하셨습니다. 그리고 죽음의 문을 지나 부활의 경험을 통하여 아버지께서 계신 곳으로 먼저 가셨습니다. 그리하여 지금 우리 성도들을 위해 간구하고 계십니다. 그러므로 우리는 두려워하지 말아야 합니다.

그렇다면 이스라엘은 어떻게 행하여야 합니까?

"너희에게 무슨 말씀을 하시든지 그대로 하라"(요 2:5)

그러므로 우리는 "여러 나라의 풍습은 헛된 것이니"(렘 10:3)라고 말한 선지자 예레미야의 외침을 들어야 합니다.

죄악된 세상 풍조를 따라가지 말고 헛된 욕망에 휩싸이지 말고 우상의 노예가 된 삶을 떨쳐 버리고, 무슨 말씀을 하시든지 그대로 하라는 하나님의 말씀대로 순종하는 백성이 될 때 하나님께서는 우리를 푸른 초장과 쉴만한 물가로 인도하여 주실 것입니다.

주 너희 하나님께 경배하고 다만 섬기는 여러분들이 다 되시기를 축원합니다.

언약 백성의 조건

출 24:1-11

The Book of Exodus

출애굽기 24장은 율법의 핵심을 이루는 장입니다.

본 장에서는 하나님께서 율법을 모세에게 수여하심으로 수여자인 하나님과 수취자인 백성과의 사이에서 상호 계약을 맺는 장엄한 장면에 대해 소개하고 있습니다.

모세가 "내가 누구이기에 바로에게 가며 이스라엘 백성들을 인도하여 내리이까?" 하고 거절하였을 때, "네가 그 백성을 애굽에서 인도하여 낸 후에 너희가 이 산에서 하나님을 섬기리니 이것이 내가 너를 보낸 증거니라"(출 3:12) 하신 약속을 하나님께서 어김없이 지켜 주신 것입니다. 이제 하나님께서는 시내산에 강림하셔서 언약을 세워 주시려는 것입니다.(출 24:1-2)

하나님께서 언약을 주실 때에 산 밑에는 백성들이 있었고, 산 중턱에는 아론과 두 아들과 70인의 장로들이 있었습니다. 그리고 시내산 정상에는 오직 모세만이 올라갔습니다. 이는 출애굽기 25장에서 계시하실 성막의 모형을 보여주신 것으로 이해할 수 있으며, 여기에서 우리는 복음과 율법의 차이점을 알 수 있습니다.

복음은 "다 내게로 오라"(마 11:28), "내 안에 거하라"(요 15:1-6)고

하시는 등 무조건 초청하시는 부드러운 관계를 보여주지만, 율법은 철저히 법적인 의식에 의하여 다루고 있는 것입니다.

"율법을 수여하는 자들은 가까이 나아오지 말며 백성은 너와 함께 올라오지 말지니라"고 하신 말씀처럼 말입니다.

신앙이 미숙하고 경건치 못한 사람일수록 여호와께로부터 멀리 서 있게 되는 것입니다.

1. 율법 체결의 자격

모세와의 율법 수여에 있어 계약을 체결하는 자는 항상 믿음의 사람들입니다. 그러므로 우리는 항상 믿음의 사람이어야 합니다.

우리는 어떤 일을 맡든지 그 일에 대해 성실한 일꾼이 되어야 합니다. 주님께서는 "너희는 세상의 빛이라"고 하셨는데, 여기서 빛이란 성실한 행위를 뜻합니다.

우리가 성실하지 않으면 아무도 우리를 신용하지 않습니다. 무엇이 되었다고 할 때 더욱 조심해야 하고 무엇을 이루었을 때도 교만해서는 안 됩니다.

"여호와여 주께서 나를 살펴보셨으므로 나를 아시나이다 주께서 내가 앉고 일어섬을 아시고 멀리서도 나의 생각을 밝히 아시오며"(시 139:1-2)라고 하였습니다.

믿음의 사람은 사람을 두려워하지 않습니다. 오직 하나님만 두려워합니다. 이러한 자여야만 하나님을 가장 가까이에서 모실 수 있고 하나님께서는 그런 자를 가장 가까이에서 만나 주십니다.

이와 같이 3단계의 위치를 설정하신 것은 하나님께서 우리를 등급으로 나누어 취급하신 것이 아니라 믿음의 분량에 따라 감당할 만한 역할을 맡기시기 위함입니다.

모세가 하나님께 받은 언약서를 낭독하자 "그들이 이르되 여호와의 모든 말씀을 우리가 준행하리이다"(출 24:7) 하고 서약한 후 모세가 그 피를 취하여 백성에게 뿌리며 이르되 "이는 여호와께서 이 모든 말씀에 대하여 너희와 세운 언약의 피니라"(출 24:8)고 하였습니다. 이렇게 해서 언약이 체결되었습니다.

하나님의 말씀을 듣는 자들의 태도는 항상 이러해야 합니다.

하나님의 말씀은 창조주로서 절대 의로우시고 절대 거룩하시고 절대 완전하시기 때문에 피조물인 인간들은 그저 "아멘!" 하고 순종할 의무가 있을 뿐 논쟁할 권한은 없습니다. 그러므로 이스라엘 백성들은 순종할 자세를 취했습니다. 이스라엘 백성들은 여호와의 말씀을 들을 때마다 순종을 서약하였습니다.

어떤 때는 순종하고 어떤 때는 순종하지 않는 것은 완전한 순종이 아닙니다. 언제나 순종하고 어디서나 순종하고 무슨 일이나 순종하는 것이 참 순종이요 완전한 순종입니다.

2. 언약을 맺으시는 의식

율법에 의한 죄의 처벌 방법은 단 두 가지입니다. 죄에 대한 대가로 자신이 죽든지 아니면 대속의 희생 제물을 바치는 것입니다. 제사에 있어서 희생의 피는 필수적인 요소입니다.(레 17:11)

하나님 말씀에 순종을 다짐하는 백성들에게 모세는 피를 뿌리며 말하길 "이는 여호와께서 이 모든 말씀에 대하여 너희와 세우신 언약의 피니라"고 하며 피의 성질에 대해 가르쳐 주었습니다.

구약의 피는 예수 그리스도의 피를 상징적으로 보여주는 것입니다. 하나님과 이스라엘 백성 사이에 맺어진 언약은 본질적인 피의 언약임을 말씀하여 주신 것입니다.

모세는 언약의 피를 반은 제단에 뿌리고 반은 백성들에게 뿌렸습니다. 이렇게 피를 뿌린 것은 백성들의 죄를 씻고 정결케 하는 것을 뜻합니다. 그리고 이 피는 언약의 피라고 하였습니다.

이 피의 언약은 변하지 않는 언약이며 생명의 언약이고 영원한 언약입니다. 언약 체결의 핵심은 "너희와 세우신 언약의 피니라"고 하신 '피'에 있습니다.

왜 언약 체결에 피 흘림이 필요할까요?

이에 대해 성경은 "이러므로 첫 언약도 피 없이 세운 것이 아니니"(히 9:18) "피 흘림이 없은즉 사함이 없느니라"(히 9:22)고 말씀합니다.

여기서 언약의 피는 예수 그리스도께서 십자가 위에서 흘리신 보혈을 상징하는 것으로 우리는 이러한 예수 그리스도의 피를 통하여 하나님께 나아갈 수 있습니다.

시내산의 언약 체결 시 희생된 짐승의 피는 하나님과 이스라엘과의 언약의 피였지만, 갈보리 언덕에서 희생된 하나님의 어린양, 즉 예수님의 보혈은 전 인류를 위한 언약의 피였습니다.

예수 그리스도의 피는 우리가 하나님의 백성이라는 사실을 증거해 줍니다. 그의 피를 믿고 인정하는 한 우리는 언약의 백성으로서 하나님의 보호와 은총을 누리게 될 것이며 그 언약에 따르는 축복을 누리게 될 것입니다.

3. 하나님 말씀의 가치

모세는 여호와의 모든 말씀과 그 모든 율례를 백성에게 고하매 말씀의 중요성에 대해 증거합니다.

히브리서 4장 12절에 "하나님의 말씀은 살아 있고 활력이 있어 좌우에 날선 어떤 검보다도 예리하여 혼과 영과 및 관절과 골수를 찔러 쪼개기까지 하며 또 마음의 생각과 뜻을 판단하나니"라고 하였습니다.

여기에서 하나님 말씀의 가치를 찾을 수 있습니다.

또한 요한복음 5장 24절에는 "진실로 너희에게 이르노니 내 말을 듣고 또 나 보내신 이의 말을 믿는 자는 영생을 얻었고 심판에 이르지 아니하나니 사망에서 생명으로 옮겼느니라"라고 기록되어 있습니다.

성경은 불변의 말씀입니다.

베드로전서 1장 24절에서 25절에 "그러므로 모든 육체는 풀과 같고 그 모든 영광은 풀의 꽃과 같으니 풀은 마르고 꽃은 떨어지되 오직 주의 말씀은 세세토록 있도다 하였으니 너희에게 전한 복음이 곧 이 말씀이니라"고 하였습니다.

주님께서는 "천지는 없어질지언정 내 말은 없어지지 아니하리라"(마 24:35)고 하셨습니다.

세상에 변하지 않는 것은 없습니다.

전도서 기자는 "해 아래 새것이 없다"고 했습니다. 우리 속담에도 "십 년이면 강산도 변한다"고 했습니다. 인심은 말할 것도 없습니다. 시대도 변합니다. 학설도 변하고 주장도, 원리도, 과학도 다 변합니다.

그러나 하나님의 말씀인 성경은 변함이 없습니다. 성경은 변함 없는 진리이기에 어느 민족 누구에게나 삶의 푯대요 기준이 됩니다. 또한 모든 윤리와 도덕의 가치 판단 기준이 됩니다.

성경은 영원히 불변하는 하나님의 말씀입니다.

4. 하나님께로 나아가는 길

우리가 하나님께 가까이 갈 수 있는 길은 하나님 말씀에 절대적으로 순종하는 것뿐입니다. 이처럼 하나님께로 나아간다는 것은 곧 그의 말씀에 순종하는 것을 뜻합니다.

인간이 하나님께 가까이 가기 위해서는 먼저 하나님께 가까이 갈 수 있는 자격을 갖추어야 합니다.

"하나님께 가까이 간 사람들은 모세와 아론과 나답과 아비후와 이스라엘 장로들과 존귀한 자들이라"고 하였습니다.

모세는 이스라엘 백성의 구출을 위해 선택받은 자이고, 아론은 모세를 도와 제사장의 직무를 수행하도록 한 자이며, 나답과 아비후는 아론의 대를 잇도록 한 자이고, 이스라엘 장로 70인은 모세를 도와 이스라엘을 다스리도록 택함 받은 자들입니다.

이러한 선택은 하나님께서 섭리를 이루시는 과정에서 꼭 필요한 인물들에게 사명을 맡기되 보편적인 상황이 아니라 특수한 상황에서 이루어진 선택이었습니다.

그들이 하나님께 가까이 갔을 때 하나님의 영광이 나타나심을 보았습니다. 그들은 그 영광을, "청옥을 편 듯하고 하늘같이 청명한 것"으로 표현했습니다.

만약 인류 사회의 언어 표현 중에 이보다 더 아름다운 표현이 있었다면 모세는 그 표현을 기록했을 것입니다.

또한 그들은 하나님께서 베푼 잔치에 참석했다고 하였습니다. 하나님께로 가까이 간 자만이 이러한 영광을 누릴 수 있습니다.

우리도 앞서 말한 모든 것을 이룬다면 하나님 앞에서, 하나님께서 베풀어 주신 영광을 영원히 누리게 될 것입니다.

하나님께 가까이 감으로 이 영광의 주인공들이 되시기를 주님의 이름으로 축원합니다.

성막 건축에 담긴 신비

십계명을 돌판에 직접 새겨 주시겠다는 하나님의 말씀을 듣고 시내산에 오른 모세는 성막 건축에 소요되는 각종 예물에 관한 계시를 받았습니다.

하나님께서는 성소를 지으라는 명령만 하신 것이 아니라, 그 재료며 규모며 방법 등을 세밀하게 제시하셨습니다.

"금과 은과 놋과 같은 귀금속류를 비롯해 청색 자색 홍색 실과 가는 베실과 염소털과 붉은 물 들인 숫양의 가죽과 해달의 가죽과 조각목과 등유와 관유에 드는 향료와 분향할 향을 만들 향품과 호마노며 에봇과 흉패에 물릴 보석이니라"(출 25:3-7)

이렇듯 성막 건축을 위해 헌물을 준비시키시는 하나님의 계시를 통해 오늘을 살아가는 우리들은 어떠한 교훈을 얻을 수 있을까요?

하나님께서는 물질에 궁핍한 신이 아니라 모든 만물의 주인이십니다.(학 2:8) 따라서 목적하신 바를 추진해 나가기 위한 외부의 도움이 전혀 필요하지 않으신 분이십니다.

그러나 거룩한 일에 있어서 하나님의 단독적인 사역보다는 인간과 더불어 일하시는 것을 더욱 기쁘게 여기십니다. 그렇기 때문에 인간의 정성스런 협조를 원하시는 것입니다.

사실 이를 위해 이미 이스라엘 백성들로 하여금 출애굽 당시 애굽 백성들로부터 많은 재물을 얻도록 조치하셨음을 알 수 있습니다.(출 12:36)

이중에는 금이나 은처럼 비싼 것도 있지만 가는 베실이나 염소 털처럼 값싼 예물도 있었습니다. 따라서 백성들은 자신의 형편에 따라 얼마든지 알맞은 예물을 드릴 수가 있었습니다.

하나님께서 진정 원하시는 것은 결코 물질의 양이나 질이 아니라 오직 예물을 드리는 자의 마음이라는 것을 우리는 알아야 합니다.(사 1:11) 그러므로 무엇이든 자원하는 마음으로 드려야 하는 것입니다.

1. 그곳에서 나를 만나리라

'속죄소'는 '시은좌mercy seat'라고도 합니다. 시은좌는 하나님의 은혜와 긍휼을 상징합니다. 이를 통해 '속죄소'가 우리를 구원해 주신 예수 그리스도를 예표하고 있다는 것을 알 수 있습니다.

예수 그리스도께서는 죄인들에게 하나님의 진노가 임하지 아니하도록 친히 자신의 몸으로 막아주셨습니다.

주님께서 지신 십자가는 우리가 매달려야 했을 십자가였습니다. 내 손과 발에 못이 박히고 내 옆구리에 창을 받았어야 했습니다. 그것이 율법의 요구였습니다.

그림에도 주님께서는 나를 대신하여 친히 십자가로 나아가셨습니다. "목 마르다" 하고 괴로워하시면서도 물과 피를 다 쏟아내시어 율법의 요구를 만족시키셨습니다.

출애굽기 25장 22절에 기록된 "거기서 내가 너와 만나고"에서 '거기'는 율법을 덮고 있는 속죄소를 뜻합니다. 따라서 이 말씀은 인간이 하나님과 만나는 장소가 어디인지를 알려줍니다.

여러분은 지금 어디에서 하나님을 찾아 헤매고 있습니까? 들판입니까, 산속입니까, 광야입니까?

여러분이 헤매고 다닌 그 어느 곳에서도 속죄소를 통해 만날 수 있는 예수 그리스도가 없다면 결코 하나님을 만날 수 없을 것입니다. 누구든지 구주 예수의 십자가로 나아가지 않고는 하나님을 볼 수 없기 때문입니다.

속죄소는 창세의 에덴에서 추방당함으로 이산가족이 된 하나님 아버지와 자녀들 간에 만남의 장소입니다.

속죄소 위에서 나를 만나주시는 하나님께서는 용서와 자비를 베푸시는 하나님이십니다. 그러므로 여러분의 모든 죄와 연약함과 삶의 비극들을 그곳 속죄소로 가지고 나아가시기 바랍니다.

하나님을 뵐 수 있다는 이 위대한 초청이야말로 우리에게는 최고의, 최대의 축복이 아닐 수 없습니다. 그 어떤 초청보다 더욱 위대한 하나님의 부르심을 들으시기 바랍니다.

우리처럼 죄 많고 더러운 인간이 지존하시고 거룩하신 하나님을 뵈옵고 교제를 나누다니 이것이 정녕 가능한 일일까요? 전에는 어림도 없는 일이었습니다. 그러나 하나님께서는 "거기서 내가 너를 만나겠다"고 말씀하십니다.

속죄소 안에 있는 하나님만이 죄인의 벗이며 죄인의 문제를 들으시며 인간의 나아갈 길을 알려주시는 위로의 하나님이십니다.

히브리서 기자는 '담대히'라는 표현을 씁니다.

"은혜의 보좌 앞에 담대히 나아갈 것이니라"(히 4:16)

이제 우리 앞에 가로막힌 것은 없습니다. 휘장은 걷히고 율법은 덮였습니다.

가로막힌 휘장은 찢어졌습니다. 하나님을 알현하는 데 있어 그 어떤 복잡한 조건들도 다 걷혔습니다.

이것이 가능하게 된 까닭은 거기에 제물과 대제사장이 있었기 때문입니다. 주님께서 대제사장이 되사 단번에 드려주심으로 영원히 온전케 하셨습니다.(히 10:14)

보좌 앞에 나아갈 때는 혼자 나아가는 것이 아닙니다. "한 성령 안에서, 즉 성령께서 인도해 주신다"고 말씀합니다.

보좌에는 누가 계십니까? "아버지께 나아감" 즉 하나님께서 계십니다.

보좌 앞까지 나아가 자기 할 말만 하고 그냥 돌아서지 마십시오.

"거기서 너와 만나고 명한 모든 일을 네게 이르리라" 하신 말씀대로 하나님을 만난 후, 그 말씀을 듣고 나오시기 바랍니다. 이는 예수 그리스도를 믿는 자에게만 주어지는 특권입니다.

2. 영원을 사모하는 마음을 주심

인간은 본래 하나님으로부터 왔기에 본능적으로 하나님을 찾아가게 되어 있습니다. 하지만 올바른 길을 알지 못하기 때문에 온갖 종교 행위와 우상숭배를 하게 되는 것입니다.

하나님께서는 모든 사람에게 영원을 사모하는 마음을 주셨습니다.(전 3:11) 그래서 본능적으로 자신의 이름을 남기려 하고 시체를 미이라로 만들어 오랫동안 보존하기도 하는 것입니다. 그러나 하나님을 찾지 못한 사람들은 참으로 처량한 인생들입니다.

예수님께서는 죄인들에게 찾아오셔서 임마누엘 하시는 모형을 성막을 통하여 보여주셨습니다.

"내가 그들 중에 거할 성소를 그들이 나를 위하여 짓되"(출 25:8)

거룩하신 분이 거주하시는 장막이기에 성소라고 한 것입니다.

우리는 이 성막 건축의 명령 속에 하나님의 크신 은혜가 숨겨져 있음을 발견할 수 있습니다.

율법의 행위로는 그분 앞에 의롭다 함을 얻을 육체가 없다(갈 2:16)고 선언하셨음에도 성막을 짓게 하신 것은 하나님의 은혜를 보여주시기 위함인 것입니다.

또한 이 성막 구조에는 인간의 몸을 입고 이 세상으로 오시려는 계획이 들어 있습니다. 성막으로 임재하셨던 하나님께서는 우리 속에 거처를 정하시고(요 14:23) 우리 몸을 성전으로(고전 3:16) 삼고 계십니다.

3. 하나님의 거룩한 요청

성소를 짓도록 요청받은 사람은 누구입니까? 그들은 죄의 사슬에서 구속함을 받고 하나님을 위하여 구별된 사람들입니다.

하나님께서는 친히 구원하신 백성을 너무나 사랑하셔서 그들 가운데 거하시기를 원하십니다.

하나님께서는 에덴 동산에서 타락 이전의 사람 아담과 함께 거하셨으며 그 다음에는 성막과 함께, 그 다음에는 성막과 성전 그리고 성육신하신 아들의 인성 안에 거하시고 오늘날에는 성도들 안에서 거하십니다.

그러므로 성경은 "너희가 하나님의 성전인 것과 하나님의 성령이 너희 안에 계시는 것을 알지 못하느냐"(고전 3:16)고 말씀합니다.

하나님께서는 성막 재료 중 즐거운 마음으로 내는 것을 받으리라고 하셨습니다.

이스라엘 백성들은 출애굽 전에는 애굽 사람들의 노예였습니다. 사실 그들이 성막의 재료로 내는 것은 자신들의 것이 아니라 애굽 사람들로부터 받은 것들이었습니다.(출 12:35-36)

그러므로 그들은 종 되었던 처지에서 천만 배의 금은보화와도 바꿀 수 없는 어린양의 피로 자유함을 얻었음에 감격해야 합니다.

인간의 자원하는 마음은 하나님의 일을 하는 데 무엇보다 먼저 갖추어야 할 기본적인 자세입니다. 하나님께서는 "즐거운 마음으로 하지 않거든 받지 말라"고 명하셨습니다. 성소 짓는 일은 귀한 일이기에 원치 않는 자들을 동참시키지 말라는 의미입니다.

　교회생활에는 복된 일이 참으로 많습니다. 봉헌이 귀하고 충성이 귀하고 기도와 찬양이 귀하고 직분 받는 것이 귀합니다. 이런 일을 함에 있어 기본적으로 갖추어야 할 것이 있으니 바로 감사한 마음, 기쁜 마음입니다.

　예배가 무엇입니까? 드리는 것입니다. 최고의 가치를 드리는 것입니다. 감사한 마음으로, 기쁜 마음으로 정성을 다해 드려야 합니다. 그러면 하나님께서 만나주시겠다고 말씀하십니다.

　"내가 이스라엘 자손을 위하여 네게 명령할 모든 일을 네게 이르리라"(출 25:22)

　여러분의 것들과 여러분 자신이 하나님께 드려지는 예물이 되어 귀하게 쓰임 받게 되시기 바랍니다.

오늘날 언약궤는 어디에 존재하나?　출 25:10-22

　　법궤는 구약 교회의 핵심이요 예수 그리스도의 그림자요 예수님의 표상입니다.

　　이렇게 추측할 수 있는 것은 그 안에 십계명이 새겨진 돌판이 있고 그 위에 속죄소가 있는데, 이것이 하나님이 임재하시는 은혜의 보좌를 상징하기 때문입니다.

　　성막은 비록 인간의 재료로 만들어졌지만 그 구조나 기구의 모든 것은 하나님의 계획과 고안에 의해 만들어졌습니다.

　　이스라엘을 인도하는 언약궤는 당신의 백성을 인도하는 그리스도를 상징하는 것입니다.

　　"여호와의 언약궤가 그 삼 일 길에 앞서 가며"(민 10:33)

　　광야 40년 동안 나그네로 지냈던 이스라엘에게 정신적 구심점이 된 성소와 민족의 혼이 담긴 십계명의 돌판은 저들에게 내려주신 하나님의 축복의 상징입니다.

　　하나님께서는 십계명의 돌판을 담을 수 있는 그릇으로 언약궤를 만들라고 하셨습니다. 그 언약궤는 하나님의 명령에 따라 성소의 내부 깊숙한 곳인 지성소에 안치되었습니다.

성소에 있는 언약궤를 통하여 신비로운 하나님의 계시에 대해 살펴보도록 하겠습니다.

1. 언약궤의 가치

성소 안에는 언약궤 외에도 속죄소, 분향단, 떡상, 순금등대 등 여러 가지 기구들이 있었습니다.

또한 성소 안에는 휘장으로 가로막은 지성소라는 구별된 장소가 있었습니다. 그곳은 아무나 드나들 수 없고 특별한 용무를 맡은 대제사장만이 들어갈 수 있었습니다.

하나님께서 그 지성소 안에 언약궤를 놓아두도록 하신 것은 아무나 함부로 취급하지 못하게 하기 위함입니다.

그렇다면 성소의 여러 가지 기구 중에서 왜 언약궤를 제일 먼저 만들도록 하셨을까요?

히브리서 9장 3절에서 5절에 보면 언약궤 안에는 중요한 것이 담겨 있었습니다. 그것은 바로 십계명을 기록한 돌판과 만나를 담은 금항아리와 아론의 싹 난 지팡이입니다.

십계명의 돌판은 계시된 하나님의 말씀입니다. 이는 하나님께서 친히 써 주신 것으로서 모세가 시내산에서 40일간 금식기도하는 가운데 받은 것입니다.

항아리에 담긴 만나는 생명의 양식이신 예수님을 상징합니다.

이처럼 언약궤 안에는 생명의 주님, 예수 그리스도의 모형이 되는 중요한 물건들이 담겨 있었습니다.

그러므로 언약궤는 그 안에 담겨 있는 내용물들의 가치로 인해 매우 중요하다고 평가되는 것입니다.

2. 언약궤를 만드는 재료

하나님께서는 조각목으로 언약궤를 만들라고 하셨습니다.(출 25:10)

언약궤를 가장 소중히 여기시면서도 매우 초라한 재료인 조각목으로 만들라고 하신 것입니다.

조각목은 히브리어로 '쉿딤'이라고 하는데, 사막의 아카시아라고 불립니다. 이 나무는 잎도 별로 없고 꽃이나 열매도 없으며 가시가 많아 찔리게 되니 쉽게 가까이할 수 없습니다. 재목으로 쓰기에 가치 없는 나무입니다.

하나님께서는 노아가 방주를 지을 때 고페르나무로 하라고 지시하셨습니다.(창 6:14) 그리고 솔로몬이 성전을 지을 때는 향기롭고 색깔 좋은 백향목으로 지으라고 하셨습니다.(왕상 6:9-10)

그런데 왜 하필 모세를 통하여 만들어지는 언약궤의 재료로 가치 없는 조각목을 지목하셨을까요?

여기에는 하나님께서 당시 일을 맡기고자 하실 때 못나고 볼품없는 사람을 택하셔서 가장 귀한 일을 맡기신다는 신비로운 교훈이 담겨 있습니다.

바울은 "하나님께서 사람을 세우실 때 세상의 미련한 것들을 택하사 지혜 있는 자들을 부끄럽게 하시고 세상의 약한 것들을 택하사 강한 것들을 부끄럽게 하시며 하나님께서 세상의 천한 것들과 멸시받는 것들과 없는 것들을 택하사 있는 것들을 폐하려 하시나니 이는 아무 육체라도 하나님 앞에서 자랑하지 못하게 하려 하심이라"고 했습니다.

그러므로 우리는 어떤 일을 성취했을 때 "나의 나 된 것은 하나님의 은혜로다"라고 고백할 수밖에 없는 것입니다.(고전 15:10)

그렇다면 하나님께서 언약궤를 제일 먼저 만들게 하신 이유는 무엇일까요?

언약궤는 모든 구원의 시작이며 곧 하나님을 나타내기 때문입니다. 온전히 하나님의 마음에서 시작된 구원의 역사를 보여주기 때문입니다.

성막은 구원 역사의 모형입니다. 출애굽 사건 역시 온 인류를 구원하실 하나님의 사역을 미리 보여주신 것이며, 법궤가 땅에서 만들어진 것은 세상에 있는 죄인들에게 찾아오셔서 임마누엘(마 1:23)하시려는 하나님의 계획이 있었던 까닭입니다.

그렇기 때문에 이스라엘이 가는 곳에 법궤가 함께하였고 법궤가 있는 곳에서 이스라엘은 그 어떤 대적에게도 승리할 수 있었습니다.

여호수아 3장에 보면 광야에서 40년 동안 훈련을 받은 이스라엘 민족이 요단강을 건널 때 법궤를 메고 먼저 강물에 들어서매

강물이 끊겨 육지같이 강을 건넜다고 하였습니다. 이것이 바로 언약궤의 승리를 나타낸 것입니다.

말세에 악의 조류가 요단강과 같이 위험할지라도 교역자가 하나님의 언약궤를 가지고 앞으로 나아가고 성도들이 신앙의 보조를 맞춘다면 어떠한 난관도 결국 돌파할 수 있을 줄 믿으시기 바랍니다.

언약궤의 교훈은 바로 당신의 백성을 인도하시는 그리스도를 보여주신 것이요, 새 수레 위에 있는 언약궤는 당신의 백성과 함께하기를 열망하시는 그리스도를 보여주신 것이요, 오벧에돔에 있는 언약궤는 당신의 백성을 축복하시는 그리스도를 보여주신 것이요, 에발산과 그리심산 사이에 있는 언약궤는 당신의 백성을 심판하시는 그리스도를 보여주신 것입니다.

출애굽기 25장 11절에 보면 "너는 순금으로 그것을 싸되 그 안팎을 싸고 위쪽 가장자리로 금테를 두르라"고 하였습니다.

언약궤는 내용은 볼품없는 조각목이지만 겉으로 순금을 입혔으니 누가 보아도 금덩어리로 된 상자라고 할 것입니다. 모서리까지 순금으로 싸여 나무 본래의 모습은 완전히 감추어졌습니다.

하나님께서는 거칠고 거짓된 성품을 지니고 있는 우리들에게 예수 그리스도로 옷 입혀 순금처럼 존귀하게 만들어 놓으셨습니다.(롬 13:14)

비록 우리는 예수 안에 있다고 하면서도 때때로 정욕이 되살아나 도저히 예수님의 성품을 발휘할 수 없는 자들이지만, 성령으로 감동시키사 옛 사람의 성품을 감추고 성령의 새 사람으로 거듭나 하나님의 친백성으로 삼으시는 것입니다.

이 말씀의 의미를 통하여 우리는 하나님 앞에 들림 받을 존귀한 신분임을 다시 한 번 확인하시기 바랍니다.

3. 언약궤의 기능

하나님께서 언약궤를 통하여 얻으려 하시는 것은 다음과 같습니다.

첫째, 하나님의 계시하신 말씀을 보존하는 것입니다.

이는 외부에서 가져가지 못하도록 완벽하게 보존하는 것을 뜻합니다.

시대마다 하나님의 것을 훔쳐 가려고 하는 인간이 있습니다. 하나님의 말씀에서 그 본래의 원형을 빼내어 버리고 그 자리를 모조품인 인간의 소리로 대치하려는 무리들이 있습니다.

그러나 시대가 변하고 환경이 바뀌어도 하나님의 말씀은 그대로 영원히 보존되어야 합니다.

"풀은 마르고 꽃은 시드나 우리 하나님의 말씀은 영원히 서리라 하라"(사 40:8)

둘째, 하나님의 권위를 지키려 하는 것입니다.

언약궤가 비록 조각목으로 만들어졌을지라도 하나님의 말씀을 보존하고 그분의 영광을 담고 있듯이 우리 성도들도 하나님의 말씀을 지켜 행하며 하나님의 영광을 드러내야 하는 사명이 있음을 기억하시기 바랍니다.

광야에서 이스라엘 백성들이 하나님의 분부를 좇아 성막을 지을 때 언약궤는 성막의 중심이 되는 지성소에 자리 잡았습니다.

성막은 신약시대 성전의 모형으로서 하나님께서 거하시는 좌소이며 그 안에 자리 잡은 언약궤는 하나님의 백성에게 축복의 기관입니다.

이스라엘 백성들은 보이지 아니하는 하나님과 말하고자 할 때 언약궤를 통해서 하나님을 만나고 하나님의 지시를 받기도 하였습니다.

언약궤가 진중에 건재할 때는 하나님의 영광이 함께하고 백성들에게 축복이 있었습니다.

그러나 백성들이 언약궤를 잃었을 때는 망하고 저들은 불행하게 되었습니다.(삼상 4:11) 그러므로 언약궤는 백성에게 희망을 주고 축복을 누리게 하는 기관인 것입니다.

그런데 예레미야 3장 16절에는 사람들이 여호와의 언약궤를 말하지 아니하고 기억조차 하지 아니할 때가 올 것이라고 했습니다. 하나님의 언약궤가 그 사명을 다할 날이 온다는 것을 말씀하신 것입니다.

언약궤는 그 안에 담긴 말씀을 위해서 필요했습니다. 그것은 사실상 예수 그리스도를 위해서 존재한 것입니다. 그러므로 말씀의 실세가 되는 그리스도께서 세상에 오심으로써 언약궤는 그 사명을 다한 것입니다.

그동안 언약궤는 십계명의 돌판을 그 속에 간직하고 영고성쇠하는 이스라엘의 역사와 함께 그 백성들의 선두에서 길을 이끌어 주었습니다. 그러다가 백성들의 마음속에 말씀의 실체가 되는 예수님을 영접하게 하고 소리 없이 사라져 버린 것입니다.

예수 그리스도의 새 언약의 말씀이 심령 안에 없는 사람은 결코 하나님의 백성이 될 수 없습니다. 비록 교회를 다닌다고 해도 그 속에 말씀이 없으면 그는 곧 죽은 사람인 것입니다.

그러나 예수 그리스도의 새 언약이 마음에 살아 있는 성도는 주님의 법궤라고 할 수 있습니다.

법궤는 예수 그리스도의 상징입니다. 또한 속죄소는 그의 사역을 보여주고 있으며 하나님께서 임재하시는 장소입니다. 그러므로 법궤와 속죄소는 떼려야 뗄 수 없는 관계입니다.

예수 그리스도를 생각할 때 우리는 그의 구속 사역을 생각해야 하며, 속죄소 위에서 우리와 만나기 위해 기다리시는 자비의 하나님을 발견하여야 합니다.

우리는 사망의 심판이 이르기 전, 은혜 받을 만한 때요 구원의 날에 그분을 만나야 합니다. 왜냐하면 그분은 자신과 세상을 화목하게 하시려고 십자가에 달리신 분이시요 나를 위해 희생하신 분이시요 우리의 중보자가 되시기 때문입니다.

언약궤의 의미와 떡상이 주는 교훈

출 25:23-30

이스라엘 백성들의 광야 40년은 성막을 중심으로 하는 생활이었습니다. 어느 곳에서든 행진이 멈출 때는 성막을 중심으로 진을 쳤고, 다시 행진할 때도 역시 성막이 움직이기 시작하면서 열두 지파가 무리를 지어 움직였습니다.

성막은 하나님이 임재하시는 곳이었고 백성들이 하나님께 예배 드리는 장소였습니다.

성막의 문은 동쪽으로 나 있었습니다. 그 문으로 들어가면 먼저 번제단이 나오고 이어서 물두멍이 있고 물두멍을 지나면 성소가 있고 성소를 지나면 지성소가 나오는데 그 지성소에 언약궤가 안치되어 있었습니다.

법궤는 언제든지 이동할 수 있도록 되어 있었습니다. 세상은 결코 하나님의 영원한 집이 아니며 그리스도인들이 세상에서 나그네임을 보여주기 위함입니다.

"다윗이 이르되 레위 사람 외에는 하나님의 궤를 멜 수 없나니 이는 여호와께서 그들을 택하사 여호와의 궤를 메고 영원히 그를 섬기게 하셨음이라"(대상 15:2)

그런데 다윗에 의해 언약궤를 메던 중 어깨에 메어야 할 법궤를 손으로 잡아 옮기려다가 웃사가 즉사하는 일이 있었습니다.(삼하 6:6-7)

그 후로 다윗은 법궤를 어깨에 메게 하여 하나님의 징계를 피할 수 있었고 드디어 찬송과 영광을 돌릴 수 있었습니다.

이것은 그리스도인들이 하나님의 일을 할 때에 육신의 편리함을 도모하다가 받는 징계의 그림자를 뜻합니다.

광야의 법궤는 가나안 땅에 솔로몬의 성전이 건축되고 그 안에 안치될 때까지 이스라엘과 함께했습니다.

오늘날의 교회는 광야교회(행 7:38)라고 할 수 있습니다. 그렇기 때문에 이 세상 어디에도 안주할 곳이 없습니다. 이 세상은 잠시 보이다가 없어지는 안개와 같은 것입니다.

그러므로 우리는 영원한 도성인 하늘에 소망을 두고 살아야 합니다. 법궤가 이스라엘 백성들과 함께 이동한 것처럼 성도들이 저 하늘나라에 안주하는 그날까지 하나님께서 우리와 함께하시며 보호하신다는 사실을 기억하시기 바랍니다.

"나의 갈 길 다 가도록 예수 인도하시니 내 주 안에 있는 긍휼 어찌 의심하리요"라는 찬송을 부르며 주님의 은혜를 누리시기 바랍니다.

성소에 들어서면 정면에 분향단이 있고, 오른쪽에는 떡상, 왼쪽에는 등잔대가 있었습니다.

떡상은 분향단, 등잔대와 함께 우리가 신앙생활을 할 때 반드시

지녀야 할 세 가지 요소를 품고 있습니다.

여기서는 떡상이 가지고 있는 의미에 대해 구체적으로 살펴보겠습니다.

1. 생명의 떡상

상은 일반적으로 하나님의 사랑과 은총을 가리킵니다.

시편 23편 5절에는 "주께서 내게 상을 베푸시고"라고 하였으며, 사무엘하 9장 10절에서는 "므비보셋(요나단의 아들)은 항상 내 상에서 먹으리라 하니라"고 하였습니다.

또한 상은 교제와 나눔을 뜻합니다. 상을 가운데 두고 서로 마주 앉을 수 있기 때문입니다.

열두 개의 떡은 열두 지파를 의미하며 이것은 생명의 떡인 그리스도께서 이스라엘에게 허락하신 약속을 그대로 보여주신 것입니다. 이 약속은 오늘날 영적 이스라엘인 우리에게도 동등하게 주어졌습니다.

두 약속의 차이점이 있다면 구약에 약속된 그리스도는 십자가에 달려 돌아가신 초림 예수에 대한 약속이며, 우리에게 주어진 약속은 온 인류를 심판하실 재림 예수에 대한 약속이라는 것입니다.

"너희 가운데서 하늘로 올려지신 이 예수는 하늘로 가심을 본 그대로 오시리라"(행 1:11)

주의 약속을 의지하고 그의 재림을 기대하십시오. 그분은 약속대로 기필코 다시 오실 것이며 여러분의 마음속에 살아 역사하시고 계십니다.

2. 떡의 의미

상 위에는 한 줄에 여섯 개씩 두 줄, 즉 열두 개의 떡이 놓여 있었습니다.

상 위에 놓인 떡은 뒤집어 주며 아래 위를 잘 구운 떡입니다.

호세아서 7장 8절에는 '뒤집지 않은 전병'이란 말이 나옵니다. 이는 그릇된 신앙의 길로 들어선 백성들을 나무라는 의미입니다.

위는 바짝 구워진 성도의 모습인데 뒤집어 보면 옛 생활, 옛 풍습의 삶을 그대로 지닌 채 구워지지 않은 이중적인 성도를 뜻하는 것입니다.

떡은 예수님 자신을 가리키기도 합니다. 요한복음 6장 48절에서는 "내가 곧 생명의 떡이니라"고 말씀하셨습니다.

떡은 말씀을 나타내기도 합니다. 성소의 떡상에 진설된 떡은 예수님을 나타내는 동시에 성도들이 날마다 양식으로 삼아야 할 말씀인 것입니다.

생명의 떡 되신 예수님께서는 유대인들에 의해 내박쳐 버린 바 되셨습니다. 그러나 부스러기라도 감사하게 받고자 하는 헬라 여인(막 7:24-30)과 같은 우리들은 바로 그 생명의 떡을 먹고 살게 되었습니다.

"도둑이 오는 것은 도둑질하고 죽이고 멸망시키려는 것뿐이요 내가 온 것은 양으로 생명을 얻게 하고 더 풍성히 얻게 하려는 것이라"(요 10:10)

"아들이 있는 자에게는 생명이 있고 아들이 없는 자에게는 생명이 없느니라"(요일 5:12)

이로써 이제 우리는 영원한 생명을 얻게 되었습니다. 풍성한 생명을 누리게 된 것입니다.

3. 떡상의 사용 목적

떡은 고운 가루로 만들어야 하고 불에 구워 만들어야 했습니다.

이것은 주님께서 당하신 극한 고통과 고난을 의미합니다. 주님께서는 결코 죄가 없으셨으나 인류의 죄를 담당하여 십자가 위에서 처절한 고통을 당하셨습니다.

그는 여호와의 뜨겁게 달아 오른 진노의 솥 안에서 구워졌습니다. 그러나 그러한 시련이 주님을 변화시키거나 상하게 하지는 못했습니다. 오히려 주님을 온 인류의 구세주로 승화시켰으며 영원한 생명의 떡으로 만들어 주었습니다.

이처럼 우리도 하나님께 제공되는 떡이 되기 위해서는 불과 같은 시련을 통과해야만 합니다.

그러나 불의 시련이 닥칠 때 자신의 교만함과 오만함으로 인해 잘 구워지지 않는 사람들이 있습니다.

그러므로 우리는 자신의 심령을 살피고 완악함과 교만함을 깨뜨리기 위해 다음과 같이 기도해야 합니다.

"하나님이여 내 속에 정한 마음을 창조하시고 내 안에 정직한 영을 새롭게 하소서"(시 51:10)라고 말입니다.

떡상은 떡을 반드시 진설하는 데 그 목적이 있습니다. 떡이 없는 빈 상은 아무런 쓸모가 없습니다.

이와 같이 말씀이 없는 교회는 곧 죽은 교회입니다. 성도들은 목회자의 입을 통해 선포되는 하나님의 말씀을 받아먹고 사는 것이기 때문입니다. 또한 목회자는 성도들의 기도를 먹고 삽니다.

하지만 불행하게도 오늘날 우리들은 생명의 떡인 하나님의 말씀 기근에 시달리고 있습니다. 세상 문학이나 철학이나 예화는 풍성한데 참 영혼을 살찌우고 배불리는 생명의 꼴인 하나님의 말씀은 심히 부족한 기근의 때라는 것입니다.

"주 여호와의 말씀이니라 보라 날이 이를지라 내가 기근을 땅에 보내리니 양식이 없어 주림이 아니며 물이 없어 갈함이 아니요 여호와의 말씀을 듣지 못한 기갈이라"(암 8:11)

그러므로 교회는 생명의 떡을 충분하게 공급하는 사명을 다해야 합니다. 교회라는 간판만 붙였다고 다 참된 교회가 아니며, 생명의 떡을 충분히 공급하는 교회야말로 참된 교회인 것입니다.

그리스도께서 주시는 떡은 항상 신선합니다. 그것을 받아먹는 자로 하여금 항상 새로운 맛을 보게 하며 풍성한 생명을 얻을 수 있게 하기 위함입니다.

우리가 주님으로부터 받은 떡은 생명의 떡이며 항상 새로운 충만감을 느끼게 하는 떡입니다.

하지만 우리가 전하는 떡은 왜 지루하고 진부한 떡으로 변하는 걸까요? 우리가 새로워지지 않기 때문입니다.

이러한 상황은, 수자원에서는 항상 맑고 신선한 물을 보내지만 수도관이 부식되었기 때문에 소비자는 오염된 물을 마시는 것과 같습니다.

진설병은 고운 가루로 만들어졌습니다. 고운 가루가 되기 위해서는 완전히 부수어야 하듯이 우리는 우리의 모든 것을 완전히 부숴야만 합니다. 욕심도 부수고, 정욕도 부수고, 악한 행실도 모두 부수어 버려야 합니다. 이러한 완전한 복종이야말로 자기를 부인하는 것이며, 오직 주 예수님만 자랑하는 삶을 살 수 있게 합니다.

예수님 역시 자신을 비어 온전히 종의 형체를 가지셨습니다.(빌 2:7)

그렇다면 그 은혜로 사는 우리가 비우지 못할 까닭이 무엇입니까? 나 자신을 깨뜨리지 못할 까닭이 무엇입니까?

우리가 하나님께 받은 은혜가 무엇인지 헤아려 보면서 나를 하나님께 어떻게 드릴 것인지 자신을 돌아보는 여러분들이 되시기 바랍니다.

성막 양장에 숨겨진 비밀

성막은 여러 겹의 막으로 되어 있는데, 그 막을 양장이라 불렀습니다. 양장은 성소를 보존하며 하나님의 영광이 세속에 물들지 않도록 지키는 역할을 하였습니다.

1. 양장의 재료와 그 의미

성막을 덮는 막은 모두 네 겹으로 이루어져 있습니다.

첫 번째 양장은 가늘게 꼰 베실과 청색, 자색, 홍색 실로 그룹을 공교히 수놓아 만들었습니다. 이는 인성과 신성이 아름답게 조화를 이룬 그리스도의 모습을 예표하는 것입니다.

성막은 '거주하다'는 뜻으로, 하나님께서 이스라엘과 함께하심을 나타냅니다. 하나님의 거처인 만큼 특별히 성소 안쪽에서 보이는 덮개는 매우 화려했습니다.

그 재료인 가는 베실은 애굽 산 아마 껍질에서 뽑은 고급실로서 아름다운 흰색을 띠고 있으며 매우 매끄럽습니다. 이 화려한 양장은 예수 그리스도께서 어떠한 분이신지에 대한 답을 내포하고 있습니다. 흰 베실은 그리스도의 성결하심을, 청색은 천국의 주이심을, 자색은 위엄과 존귀의 주이심을, 홍색은 권능과 능력의 주이심을 각각 의미하고 있는 것입니다.

두 번째 양장은 첫 번째 양장을 보호하기 위하여 첫 번째보다 조금 더 크게 만들었는데 그 재료는 염소 털로서 희생당하신 예수 그리스도의 순결하신 인격과 삶을 상징합니다. 그는 실로 우리의 죄를 담당하신 어린양이었습니다.(요 1:29)

세 번째 양장은 붉게 물들인 숫양의 가죽으로 만들었으며 피 흘려 죽으실 예수님의 속죄 사역을 상징하는 것입니다.

마지막으로 네 번째 양장은 거무스름한 해달의 가죽으로 만들었습니다. 이는 외부의 환경과 풍파에도 아랑곳없이 강인하고 견고하게 오직 하나님의 뜻을 추구하는 그리스도의 역동적인 삶의 모습을 상징하는 것입니다.

이렇듯 겉의 투박함과 속의 화려함을 지닌 성막은 예수님의 거칠고 보잘것없는 외모와 아무도 범접할 수 없는 내적 영광을 동시에 상징하고 있습니다. 겉으로 보기에는 흠모할 만한 것이 전혀 없는 분이시지만(사 53:2) 그분 안에는 은혜와 진리가 충만하고 모든 신성과 역동하는 생명력을 지니고 계십니다.(요 1:14, 골 2:9)

그러므로 예수 그리스도를 하나님의 아들로 믿고 그 안에 거하면 우리는 찬란한 그분의 영광을 보게 될 것입니다. 예수 안에만 영원한 구원과 행복이 있습니다.

또한 안으로 들어가지 않고는 내부의 아름다움을 볼 수 없듯이 말씀과 기도로 하나님을 경험하며 교제해야 하나님을 더욱 알아갈 수 있습니다.

하나님을 아는 지식이 많아지면 많아질수록 우리의 삶은 더욱 풍성해질 것입니다. 이것이야말로 성막 양장에 숨겨진 소중한 교훈입니다.

2. 구원의 보호막

하나님께 가까이 나아갈수록 하나님의 영광이 밝게 드러납니다. 그러므로 성막의 네 개 막 중에서 제일 안쪽에 덮여 있는 막이 가장 화려하고 아름답습니다. 이 막을 중심으로 해서 바깥으로 나가면 나갈수록 거칠고 질기며 화려하지도 않은 염소 털과 숫양의 가죽으로 만든 막이 덮여 있습니다.

이와 같이 그리스도 안으로 들어가려는 우리들에게는 믿음으로 인한 핍박이 수반됩니다. 그리스도의 자녀가 되기 위해서는 세상 친구들과의 인연을 끊는 아픔도 겪어야 하고 세상 풍습과 단절하는 어려움도 감수해야 할 뿐만 아니라 그로 인해 다가오는 조롱과 멸시와 고통, 환란을 겪기도 합니다.

하지만 그런 고통들을 인내하고 끝까지 나아가면 반드시 승리의 영광을 주실 것입니다.

눈부신 그리스도의 영광을 바라보는 축복이 주어지며 우리가 끊었던 모든 것들이 그리스도인이라는 인침과 함께 오히려 또 다른 저주와 멸망에서 구원하는 보호막이 됩니다.

　여러분 중에도 진리 안에 살다가 고통 당하는 성도가 있습니까? 그럴수록 더욱더 주님을 바라보시기 바랍니다.

　그리스도의 일생은 고난의 일생이라고 해도 과언이 아닙니다. 주님께서는 고난을 받기 위하여 세상에 오셨습니다. 하나님의 독생자께서 하늘의 영광 보좌를 버리시고 인간의 몸을 입고 세상에 오신 그 자체부터가 고통이요 희생인 것입니다.

　이사야 53장 4절부터 9절에 보면 그분이신 주님은 슬픔을 당하셨다고 했습니다. 굶주린 무리들은 배 부를 땐 주님을 왕으로 삼으려 했지만 결국 주님을 십자가에 못 박으라고 소리쳤습니다.

3. 그리스도의 고난과 영광

　그리스도 고난의 절정은 십자가에 못 박혀 달리신 6시간 동안이라고 할 수 있습니다. 주님께서는 양손과 양발에 못 박혀 십자가에 높이 매달리셨습니다. 그 고통과 아픔은 경험하지 않고서는 결코 알 수 없을 것입니다. 죽음에 이르는 고통 가운데 십자가에 달리는 것보다 더한 것은 없다고 합니다.

　그러나 더욱 견딜 수 없는 것은 하나님께서 주님을 죄인으로 버리셨다는 사실입니다. 그러므로 주님께서는 "엘리 엘리 라마 사박다니, 나의 하나님 나의 하나님 어찌하여 나를 버리셨나이까?"라고 부르짖으셨습니다.

누군가에게 버림 받는 것보다 더 비참한 일은 없습니다. 그러나 사람으로부터 버림 받았다 해도 하나님께만 버림 받지 않으면 됩니다. 하지만 주님께서는 사람과 하나님께 모두 버림 받았으니 그야말로 견딜 수 없는 고통을 받으셨던 것입니다.

아무 죄 없는 예수님께서 가장 무서운 죄인으로 여겨져 돌아가신 까닭은 무엇입니까? 그것은 바로 우리 인간들의 죄 때문이었습니다.

"우리는 다 양 같아서 그릇 행하여 각기 제 길로 갔거늘 여호와께서는 우리 모두의 죄악을 그에게 담당시키셨도다"(사 53:6)

예수님께서 우리가 지불해야 할 죗값을 대신 지불하셨다는 것입니다.

그렇다면 예수님께서는 왜 우리 대신 형벌을 받고 죽으셨습니까? 이는 우리를 구원하시기 위함이었습니다.

"그가 찔림은 우리의 허물 때문이요 그가 상함은 우리의 죄악 때문이라 그가 징계를 받음으로 우리는 평화를 누리고 그가 채찍에 맞음으로 우리는 나음을 받았도다"(사 53:5)

그리하여 그리스도의 고난과 죽으심은 하나님을 만족케 했습니다. 실은 범죄한 인간을 진멸해 버리는 것도, 그렇다고 죄인을 다 살려 줄 수도 없는 것이 하나님의 고민이었습니다.

우리에 대한 사랑을 생각하면 무조건 용서해 주어야 하지만 그렇게 하면 법이 아무 소용 없게 되어 버리고 공의의 법대로 징벌해 버리자니 무자비한 분으로 남게 되기 때문입니다.

그러므로 독생자 예수 그리스도께서 고난을 당하시고 십자가에 죽으심으로써 하나님의 공의와 사랑이 동시에 이루어졌고, 비로소 하나님께서 보시기에 만족하게 해결된 것입니다.

그래서 이사야 선지자는 "그가 채찍에 맞음으로 우리가 나음을 받았도다"라고 했습니다.

그리스도의 고난으로 인간은 영육 간에 구원을 받았습니다. 그의 십자가는 우리의 하늘 가는 길이 되었습니다. 예수 그리스도는 영생의 주가 되셨고 저를 믿는 자는 멸망치 않고 영생을 얻게 되었습니다.

"너희는 은혜에 의하여 믿음으로 말미암아 구원을 받았으니 이것은 너희에게서 난 것이 아니요 하나님의 선물이라"(엡 2:8)

예수 그리스도는 하나님의 아들로서 우리를 위해 이 세상에 오신 분이며, 우리의 죄를 대속해 주시기 위해 갖은 고통을 당하시고 십자가에 달려 돌아가신 분입니다. 그로 인해 우리는 죄에서 해방되었습니다. 당당히 하나님께 나아갈 수 있게 되었습니다.

이처럼 여러분이 당하는 고통 너머에는 여러분을 위해 예비해 놓으신 하나님의 축복과 빛난 영광이 기다리고 있습니다.

성막 안에는 언제나 평화와 고요 그리고 보호와 은총이 숨겨져 있습니다. 이에 대해 시편 기자는 다음과 같이 노래했습니다.

"내가 여호와께 바라는 한 가지 일 그것을 구하리니 곧 내가 내 평생에 여호와의 집에 살면서 여호와의 아름다움을 바라보며 그의 성전에서 사모하는 그것이라"(시 27:4)

"여호와께서 환란날에 나를 그의 초막 속에 비밀히 지키시고 그의 장막 은밀한 곳에 나를 숨기시며 높은 바위 위에 두시리로다" (시 27:5)

그렇습니다. 여호와의 전은 안전합니다. 어떠한 두려움이나 공포도 없으며 대적의 위험도 없습니다. 이것이 바로 그리스도 안에 들어온 자에게 주어지는 축복입니다.

세상은 가변적입니다. 두려움과 어려움 그리고 고통이 산재되어 있습니다. 우리 힘으로는 해결할 수 없는 불가항력적인 일들이 다가오기도 합니다. 우리 힘으로는 감당할 수 없는 일들이 엄습해 옵니다. 이럴 때 우리는 어떻게 해야 합니까? 예수 그리스도 안에 그 답이 있습니다. 그리스도 안에 거하십시오.

"주 안에 있는 나에게 딴 근심 있으랴 십자가 앞에 나아가 내 짐을 풀었네"라는 찬송가처럼 십자가 앞에 나아가 모두 풀어 놓으시기 바랍니다.

아직도 그리스도 밖에서 헤매는 분들이 있습니까? 그리스도 안에서 참 평안과 안위를 누리시기 바랍니다. 이제부터라도 그리스도의 내면을 들여다보시기 바랍니다. 우리를 거룩한 제사장으로 삼으시고 오묘한 비밀을 알게 하신 하나님께 영광을 돌리시기 바랍니다. 그리고 주님께서 우리에게 당부하신 바대로 성막 양장의 비밀을 알지 못하는 세상의 불신자들에게 이를 소개하고 널리 전하는 성도들이 되시기 바랍니다.

왜 놋제단이어야 했나?

출애굽기 27장에는 하나님께 번제 드리기 위한 놋제단과 성막의 뜰 그리고 성소의 등불에 쓰일 기름에 대한 하나님의 지시가 기록되어 있습니다.

그중에서도 1절부터 8절에서는 제단에 관하여 말씀하고 있습니다.

제단은 조각목으로 제작되었는데 제물이 불에 탈 때 타지 않도록 놋으로 그 겉을 입혔습니다. 놋은 불에 잘 견디는 특성을 가지고 있습니다.

'타지 않는다'는 것은 지옥의 사망 권세가 아무리 무서워도 결코 태울 수 없다는 의미입니다. 곧 생명의 근원이신 예수 그리스도를 상징하는 것입니다.

제물은 불에 탈 수 있어도 놋제단은 타지 않음과 같이 예수님께서는 골고다 언덕에서 죄의 심판을 받으시어 육체는 찢겼어도 부활하심으로 타지 않았음을 증명하셨습니다.

예수님께서는 생명을 버릴 권세도 있고 다시 찾을 권세도 있음을 부활로 증명하신 것입니다.(요 10:18)

죄인이 성막에 들어갈 때 맨 처음 대하게 되는 놋제단이 주는 교훈과 그곳에 숨겨진 그리스도의 성품과 사역 그리고 구원의 은총에 대해 살펴보겠습니다.

놋제단은 이스라엘 백성들이 자신의 죄를 대속할 제물을 잡아 그 피를 제단 사면에 뿌리고 불로 태워 하나님께 제사드리는 장소였습니다.

이러한 제사는 구약성서 창세기에 나오는 아벨의 제사에서 시작되었는데, 아벨의 제사에 나타난 짐승의 희생과 그로 인한 구원의 복음이 바로 놋제단에 담긴 영적 의미입니다.

그러므로 우리가 흉악한 죄로부터 구원을 받으려면 이스라엘 백성들이 성소에 들어갈 때 맨 처음 놋제단을 거쳐야 했듯이 놋제단 되시는 예수 그리스도를 만나는 체험이 있어야 합니다.

우리의 믿음의 출발점은 바로 여기서부터 시작되어야 합니다. 나를 위해 죽으신 그리스도의 은혜와 사랑을 체험한 자만이 하늘나라의 신비와 은혜를 맛볼 수 있게 되는 것입니다.

예수님께서 온 인류의 죄를 짊어지신 희생 제물이 되심으로 놋제단의 실체가 이 땅에 드러났습니다. 주 예수님께서는 메시아의 직임을 완전하게 수행하셨습니다.

거룩하시고 전지전능하신 하나님 앞에 나아가는 데 있어 우리 죄가 얼마나 부적합한지 생각해 보신 적이 있으십니까?

이사야 선지자는 거룩한 스랍들이 자기 얼굴을 가리고 "거룩하다 거룩하다 만군의 여호와라"고 크게 외치는 모습을 목격하였을 때 "화로다 나여 망하게 되었도다 나는 입술이 부정한 사람이요 입술이 부정한 백성 중에 거하면서 만군의 왕이신 왕을 보았음이로다"라고 마음으로부터 외쳤습니다.

하나님의 거룩하신 보좌와 엄위하신 하늘의 심오한 존귀를 목격한 그는 한편으로 자신의 사악함을 생각하며 우러러보았던 것입니다.

히브리서 10장 11절에는 "제사장마다 매일 서서 섬기며 자주 같은 제사를 드리되 이 제사로는 언제나 죄를 없게 하지 못하였다"고 하였습니다.

예수 그리스도께서는 우리 죄를 위하여 영원한 제사를 드리심으로 우리의 죄를 사하시고, 회개하는 자의 죄를 용서해 주시는 구주가 되셨습니다. 이러한 사실을 누가 증거하고 있습니까?

사도 요한은 "하나님의 말씀과 예수 그리스도의 증거 곧 자기가 본 것을 다 증언하였느니라"(계 1:2)고 하였습니다.

예수님 자신도 증거하셨습니다.

"이스라엘 사람들아 이 말을 들으라 너희도 아는 바와 같이 하나님께서 나사렛 예수로 큰 권능과 기사와 표적을 너희 가운데서 베푸사 너희 앞에서 그를 증거하셨느니라"(행 2:22)

성령 또한 증거하십니다.

"내가 아버지께로부터 너희에게 보낼 보혜사 곧 아버지께로부터 나오시는 진리의 성령이 오실 때에 그가 나를 증거하실 것이요"(요 15:26)

말씀으로도 증거하십니다.

"주께서 이르시되 그날 후로는 그들과 맺을 언약이 이것이라 하시고 내 법을 그들의 마음에 두고 그들의 생각에 기록하리라"(히 10:16)

시므온 또한 증거합니다.

"주재여 이제는 말씀하신 대로 종을 평안히 놓아주시는도다 내 눈이 주의 구원을 보았사오니 이는 만민 앞에 예비하신 것이요 이방을 비추는 빛이요 주의 백성 이스라엘의 영광이니이다"(눅 2:29-32)

오늘의 우리도 증거를 가진 자들이 되시기 바랍니다.

"너희는 여호와의 선하심을 맛보아 알지어다 그에게 피하는 자는 복이 있도다"(시 34:8)

오늘날의 제사장은 누구인가? 출 28:1-14

이스라엘의 제사장은 하나님께서 명령하신 규례에 따라 옷을 지어 입어야 했습니다. 그들이 입은 옷은 하나님과 백성의 중재자로서의 권위를 세워주며 거룩한 직분을 수행하는 징표가 됩니다.

하나님께서 성막 봉사라는 막중한 책임을 담당하게 될 제사장직에 아론의 가문을 선택하시는 장면으로 출애굽기 28장의 문이 열립니다. 하나님께서는 제사 직무를 위해 제사장의 거룩한 옷을 짓도록 말씀하시면서 특히 "영화롭고 아름답게" 하라고 하셨습니다.(출 28:2)

그렇다면 제사장 직분이란 무엇일까요? 인간은 하나님께 죄를 범함으로 하나님 존전에서 추방당하였습니다. 그러므로 인간에게는 대속 제물이 필요한데 이를 드려줄 '제사장'을 통해서만 하나님과 교제할 수 있습니다. 이것이 제사장의 직분입니다.

1. 아론 가문의 제사장 직분

"아론과 아론의 아들들 곧 나답과 아비후와 엘르아살과 이다말

을 그와 함께 네게로 나아오게 하여 나를 섬기는 제사장 직분을 행하게 하되"(출 28:1)

하나님께서는 아론의 가문을 제사장 직분을 행할 자로 택하셨습니다. 이는 참으로 존귀한 축복입니다.

"아무도 스스로 취하지 못하고 오직 아론과 같이 하나님의 부르심을 입은 자라야 할 것이니라"(히 5:4)

성경 말씀은 어느 것 하나도 중요하지 않은 것이 없고 버릴 것도 없습니다. 그런 중에서도 성경이 중요한 것이라고 말씀하고 있는 것, 그것이 바로 이런 대제사장을 우리가 모셨다는 것입니다.

"이와 같이 그리스도께서 대제사장 되심도 스스로 영광을 취하심이 아니요"(히 5:5)

"여호와는 맹세하고 변하지 아니하시리라"(시 110:4)

"그가 항상 살아 계셔 그들을 위하여 간구하심이라"(히 7:25)

"그는 하늘에서 지극히 크신 이의 보좌 우편에 앉으셨으니"(히 8:1)

2. 거룩한 옷의 의미

제사장의 옷은 하나님의 영광을 드러내야 하기 때문에 영화로워야 했습니다. 제사장이 온전한 사역을 감당하기 위해서는 모든 육신의 죄악으로부터 정결해야 하며 외형적으로도 아름답고 정결한 모습을 갖추어야 하기 때문입니다. 하나님께서 진정 원하시는 사역자의 모습은 내적 청결함과 외적 아름다움이 조화를 이루는 것입니다.

일반 백성과 구별된 아론의 가문은 하나님의 영광을 덧입고 거룩한 임무를 수행하는 직분을 받았습니다. 이처럼 하나님께서는 당신이 성별하신 자에게 세상과 구별되는 표지를 주십니다.

거룩한 제사장으로 부름 받은 우리들은 하나님 앞에서 거룩한 존재로 살아가야 합니다. 그러기 위해서는 무엇보다 주 안에 강건하여 진리의 허리띠와 의의 흉배를 붙이고 믿음의 방패를 지니고 살아야 할 것입니다.(엡 6:14-16)

구약의 제사장만이 아니라 그리스도를 믿는 모든 성도가 왕 같은 제사장입니다.(벧전 2:9)

그리스도로 인해 제사장이 된 성도는 세상 사람들이 누리지 못하는 기쁨과 감격을 누리며 영원한 생명을 보장받을 수 있습니다. 이것이 바로 영적 제사장인 우리에게 내려주신 표적입니다.

그렇다면 왜 제사장으로 하여금 겉으로 화려하고 훌륭한 옷을 입게 하셨을까요? 제사장은 거룩해야 하기 때문입니다. 여기서 '거룩'은 하나님의 본질적인 성품을 반영한 것으로서 오직 하나님과 연관되어 사용하는 단어입니다. 따라서 화려한 옷은 하나님께서 친히 만들게 하셨고 그 옷을 입도록 하셨다는 점에서 거룩한 옷이라고 부릅니다.

제사장은 거룩한 이 옷을 입어야 하고 거룩한 이 옷을 입지 않으면 여전히 죄악된 인간에 불과하며 그런 자는 하나님의 제사장이 될 수 없습니다.

하나님께서는 거룩하신 분입니다. 따라서 하나님의 백성 된 성도들에게도 모든 행실에 거룩한 자가 되라고 말씀하십니다.(벧전 1:15)

제사장 된 우리는 예수 그리스도께서 마련해 주신 의의 옷을 입은 자로서 거룩한 옷을 입어야 합니다. 내가 거룩하니 너희도 거룩하라고 하셨기 때문입니다.(벧전 1:16)

"모든 사람과 더불어 화평함과 거룩함을 따르라 이것이 없이는 아무도 주를 보지 못하리라"(히 12:14)

거룩함 없이는 아무도 하나님을 볼 수 없으며(히 12:14), 하나님께서 함께 서지 않으시며(시 24:3), 귀히 쓰는 그릇이 될 수 없으며(딤후 2:21), 거룩함 없이는 성령의 선물도 받지 못합니다.(행 2:28)

그러므로 우리는 생활 가운데서 그 거룩함을 나타내야 합니다. 이것이 우리에게 의의 옷을 입혀 주신 하나님의 뜻입니다.

3. 거룩한 옷을 짓는 자

하나님께서는 제사장들의 성직 수행에 필요한 예복을 제작하는 데 있어서도 그 예복을 지을 수 있는 자를 지정해 주셨습니다.

이를 통해 성직의 한 부분이라도 소홀하게 다루어서는 안 된다는 교훈을 보여주심과 동시에 제사장의 귀중함이 하나님에 의한, 하나님을 위한, 하나님의 역사라는 뜻을 나타내고 있습니다.

하나님께서는 제사장의 옷을 지어 거룩하게 함으로 내게 제사장 직분을 행하게 하라(출 28:3)고 명령하셨습니다. 제사장 직분을 얼마나 귀하게 여기시고 중요하게 여기시는지 알 수 있게 하는 말씀입니다.

또한 금실을 추가하여 대제사장의 옷을 보다 화려하게 하셨습니다. 대제사장은 이 땅에 오실 메시아의 그림자이며 그분의 성품과 사역을 뜻하기 때문입니다.

대제사장의 옷은 여기서 끝나지 않습니다. 소매 없는 긴 조끼 모양의 에봇을 만들고, 에봇의 앞판과 뒷판을 연결하기 위해 양 어깨에 견대 두 개를 놓으라고 하셨습니다. 그리고 에봇 위에 매는 띠를 금실과 청색, 자색, 홍색 실과 가늘게 꼰 베실로 만들어 짰습니다.

그 모습이 얼마나 아름다웠겠습니까? 이 아름다운 옷은 아론만 입는 것이 아닙니다. 성도들도 왕 같은 제사장이라 하셨으니 하나님께서는 여러분에게도 같은 옷을 입혀 주셨습니다.

요한계시록 3장 4절부터 5절에는 "합당한 자와 이기는 자가 흰 옷을 입을 것이라" 하였습니다.

요한계시록 7장 9절에서는 "능히 셀 수 없는 큰 무리가 나와 흰 옷을 입고 손에 종려 가지를 들고 보좌 앞과 어린양 앞에 섰다"고 했고, 14절에는 "큰 환난에서 나온 자들인데 어린양의 피에 그 옷을 씻어 희게 하였느니라"고 했습니다.

아론의 복장은 영화롭고 아름답다고 하였는데(출 28:2) 실제로 매우 값지고 아름다웠습니다. 그 옷에 달려 있는 모든 장식도 마찬가지였는데, 이는 은혜로우신 예수 그리스도의 영광의 상징이 기도 합니다. 그 옷은 하나님께서 우리에게 주신 거울과 같은 것으로 예수 그리스도의 여러 면들을 볼 수 있습니다. 그의 아름다운 덕성과 거룩하심, 인자하심, 영적인 능력을 명확하게 감지할 수 있는 것입니다.

제사장이 상징하고 있는 예수 그리스도의 아름다운 모습을 실제로 뵙고 싶지 않으십니까? 그는 전체가 사랑스러운 분이시기 때문입니다.

사실 지금 우리는 희미한 거울로 그분의 모습을 볼 수 있을 뿐입니다. 부분적으로만 예수 그리스도를 알 뿐이며 그분을 직접 대면하지는 못하고 있습니다.(고전 13:12)

예수님께서는 창문으로 들여다보며 창살 틈으로 엿보실 뿐이지만(아 2:9) 그렇게라도 그를 대할 수 있는 것은 우리에게 큰 영광이요 축복입니다. 우리는 하나님의 영광을 바라고 즐거워할 수 있게 된 것입니다.(롬 5:2) 그러니 그분을 직접 대할 때는 영광이 얼마나 더해지겠습니까? 그때에는 그분의 참모습 그대로 볼 수 있을 것입니다.(요일 3:2)

예나 지금이나 하나님 앞에 나아가는 근본 원리는 같습니다.

예수 그리스도로 옷 입고 항상 그의 이름을 부르면서 하나님 앞에 나아가 그를 높이고 주님 앞에 설 때까지 그를 섬기며 제사장의 사명을 감당하는 여러분이 되시기 바랍니다.

진짜 성도와 가짜 성도 구분법　출 28:6-30

성경을 읽다 보면 이런 내용을 왜 기록했을까? 하고 생각되는 부분들이 있습니다.

그러나 하나님의 말씀은 성령의 감동으로 기록되었으며 하나님의 구원의 역사를 이루어 가시는 데 꼭 필요하기 때문에 기록해 놓으신 것입니다.

하나님과 이스라엘 백성과의 관계에서 대제사장의 사역은 예수 그리스도의 사역과 같습니다. 그러므로 대제사장의 의복에 달린 보석 하나하나에도 각각 하나님의 뜻이 내포되어 있습니다.

출애굽기 28장의 기록을 통해 대제사장이 사역할 때 입는 의복에 장식된 보석이 지닌 의미와 그 속에 숨겨진 하나님의 뜻을 살펴보며 함께 은혜를 나누고자 합니다.

1. 호마노 두 개

출애굽기 28장 9절을 보면 호마노 두 개를 취하여 이스라엘 열두 지파의 이름을 순서대로 기록하라고 하였습니다. 그리고 제사장 어깨에 붙이라고 하셨습니다.

여기서 '어깨'란 남자들에게 힘을 상징합니다. 따라서 어깨에 붙이라는 것은 제사장 직분을 감당하려면 이스라엘 열두 지파를 어깨에 짊어질 각오를 하라는 뜻입니다. 나아가 하나님께서 이런 명령을 하신 것은 그 짐을 친히 져주시겠다는 의미이기도 합니다.

출애굽기 28장 15절을 보면 판결 흉패를 공교하게 만들어 제사장의 가슴에 붙이라고 하셨습니다.

여기서 '가슴'은 따스하고 다함없는 사랑을 상징합니다. 우리의 대제사장이신 예수님께서는 우리의 이름을 기억하실 뿐 아니라 날마다 우리를 가슴에 품고 뜨거운 사랑으로 함께하고 계신다는 의미입니다. 하나님께서는 결코 당신의 백성을 잊지 않으시며 그들을 사랑하고 계신다는 증거입니다.

그리스도를 주로 믿는 자들은 하나님의 보화이며 선물이기 때문에 더욱 소중히 여기십니다.

그리스도께서는 곧 그의 보화를 찾으러 오실 것이며 그때에는 그에게 주어진 단 하나의 보화도 잃지 않고 다 찾으실 것입니다.

그렇기 때문에 하나님께서는 보석의 색깔과 붙이는 자리와 방법까지 세밀히 설명해 주시며 의미를 부여해 주셨습니다.

그 보석에 열두 지파의 이름을 새기라고 하셨습니다. 하나님께서 우리 한 사람 한 사람을 보석처럼 소중한 존재로 생각하신다는 뜻입니다. 글자를 새겨 넣는다는 것은 우리의 이름 하나하나를 기억하고 계시겠다는 뜻입니다.

그렇다면 대제사장직은 그 본인을 위한 직이 아니라 하나님의 백성들을 위한 것이라고 할 수 있습니다. 결국 대제사장에게 있는 판결 흉패는 하나님께서 하나님의 백성들을 위해 주신 선물인 것입니다.

또한 보석은 돌 속에서 나온 것입니다. 돌은 본디 볼품 없는 것입니다. 돌을 채굴한 후 그 안에 있는 보석이 제 빛을 낼 때까지 갈아 내고 닦아 내고 광택을 내야만 아름다운 보석이 만들어지는 것입니다.

"여호와께서 모세에게 이르시되 너는 돌판 둘을 처음 것과 같이 다듬어 만들라 네가 깨뜨린 바 처음 판에 있던 말을 내가 그 판에 쓰리니"(출 34:1)

하나님께서는 길거리에 버려진 돌 같은 우리를 불러 주셨습니다. 그리고 온전하게 다듬어 가는 과정이 바로 우리가 신앙생활을 하는 모습입니다.

그런데 왜 보석을 똑같은 것이 아닌 각각 다른 것에 이름을 새기라고 하셨을까요? 각기 다른 것이 한데 모이면 조화로운 모습이 되기 때문입니다.

2. 보석의 종류와 그 가치

*담대함의 의미를 지닌 에메랄드
에메랄드는 아름답고 매끈하고 짙은 녹색의 보석입니다.

옛날 사람들은 에메랄드를 소유하면 게으른 성격을 고쳐주어 근면하게 만드는 힘을 가지게 된다고 믿었고, 근심을 제거해 주는 힘이 있다고도 믿었습니다.

만일 그것이 사실이라면 에메랄드는 가장 귀중한 보석이 될 것입니다. 근심이 없다면 담대하게 살 수 있기 때문입니다.

하나님께 소망을 두고 담대함으로 나아간다면 어떤 고난과 역경이 닥쳐와도 이겨낼 수 있습니다.

성경은 소망의 투구를 쓰자고 하였습니다.(살전 5:8) 좋은 투구를 쓰고 있는 군인은 담대하고 용감하기 때문입니다. 화살이 아무리 많이 날아오더라도 그는 겁내지 않을 것입니다.

또한 히브리서 6장 19절에서는 소망을 영혼의 닻으로 비유하였습니다.

만일 항해 중에 폭풍이 불어 배가 암초가 있는 위험한 해안으로 자꾸 몰려갈 때 닻이 없다면 우리는 틀림없이 큰 두려움에 싸일 것입니다.

하지만 튼튼한 밧줄로 연결된 좋은 닻이 있다면 그것을 바다 밑 진흙이나 모래 속에 던져 배를 멈출 수 있으니 암초에 부딪히는 것을 막아 줄 것이고, 바람이 아무리 세게 불고 물결이 높이 출렁이더라도 결코 파선되는 일이 없을 것입니다.

*강한 믿음의 힘을 가진 사파이어
옛날 사람들은 사파이어를 품에 지니고 다니면 힘이 세질 것이라 믿었다고 합니다.

이런 의미에서 사파이어는 믿음으로 강한 힘을 얻는 성경 말씀에 비유할 수 있습니다.

믿음은 우리로 하여금 모든 고난을 극복하게 합니다. 욥과 같이 아무리 어려운 시련과 연단이 닥쳐와도 능히 이길 수 있는 힘을 얻는 것입니다.

또한 믿음은 우리를 더 열심히 교회와 이웃에 봉사하게 하며 선한 일에도 열심을 내게 합니다.

*아름다운 영적 빛을 발하는 다이아몬드

모든 진실한 그리스도인은 하나님의 영적 다이아몬드입니다.

다이아몬드는 세상에서 가장 견고한 보석입니다. 이 보석은 함부로 취급해도 손상되지 않으므로, 이는 어떠한 시험에도 굳건히 견디어 내는 그리스도인을 상징합니다.

또한 다이아몬드는 밝은 빛을 내어 모든 보석 중 가장 아름답다는 평가를 받습니다.

다이아몬드와 같이 아름다운 영적 빛을 발하는 여러분이 되시기 바랍니다.

*승리를 상징하는 백마노

옛날 사람들은 백마노를 성공을 가져다 주는 보석이라 했습니다. 백마노를 가지고 있으면 적과 싸워 반드시 승리한다고 생각한 것입니다.

"그러나 이 모든 일에 우리를 사랑하시는 이로 말미암아 우리가 넉넉히 이기느니라"(롬 8:37)

우리는 이 승리자의 상징인 백마노를 가짐으로써 죄에서 승리할 수 있습니다.

우리의 마음은 죄악으로 가득 차 있습니다. 이 죄악을 완전히 내쫓지 않는 한 우리는 결코 이 생에서나 내세에서 행복해질 수 없으며 자유로워질 수도 없습니다. 성경은 싸우는 자들의 기록이며 그 투쟁의 대상은 바로 죄악입니다.

하나님께서는 판결 흉패를 두 겹으로 만들어 그 안에 우림과 둠밈을 넣으라고 하셨습니다.

우림은 '빛'이며 둠밈은 '완전하다'는 뜻입니다. 따라서 빛과 완전하심을 소유하신 예수 그리스도의 이름으로 판결받게 된다는 의미를 가집니다.

우리가 진정으로 하나님의 택한 백성답게 사는 길은 선택의 순간마다 예수님 앞에 말씀과 기도로 나아가 하나님의 뜻에 따라 결단하고 선택하는 것입니다.

3. 진짜와 가짜 구분법

이 세상에는 진짜와 비슷한 가짜가 많이 있습니다. 사람이 만들어내는 모조품은 진짜와 흡사해서 구별하기가 매우 어렵습니다. 아주 정교하게 만든 모조품은 전문가들도 알아보지 못할 때가 있다고 합니다.

그러나 모든 것에는 식별하는 방법이 있기 마련입니다. 예를 들어 진짜 다이아몬드는 어디에 문질러도 흠이 나지 않는다고 합니다. 이와 같이 진짜 신앙은 어떤 어려움이 와도 흔들리지 않습니다.

진짜와 가짜를 구분하는 또 하나의 방법은 두 가지를 비교해 보는 것입니다.

어떤 이의 신앙이 진짜인가 가짜인가를 알아보려면 그 사람이 예수님을 닮아가고 있는지 아니면 마귀를 닮아가고 있는지를 살펴보면 됩니다.

"너희 안에 이 마음을 품으라 곧 그리스도 예수의 마음이니"(빌 2:5)

안과 밖을 온전히 그리스도의 성품으로 덧입지 않고는 결코 그리스도인이라 할 수 없습니다.

현대의 영적 제사장이며 믿음의 자녀들인 우리에게 맡겨진 거룩한 직분을 잘 감당하기 위해 세상의 죄악으로부터 구별된 생활을 하며, 생명을 전하기 위한 뜨거운 열정으로 하늘에 속한 축복의 자녀가 되시기 바랍니다.

하나님과 만나는 과정

출애굽기 29장은 하나님을 섬기는 제사장으로 취임하기 위해 밟아야 하는 몇 가지 절차에 대해 기록하고 있습니다.

여기서 대제사장은 예수 그리스도의 모형이며(히 8:1) 제사장의 네 명의 아들은 구원받은 성도들의 모형입니다.

예수님께서 공생애에 들어가실 때부터 승천하실 때까지는 율법에 의한 대제사장이 존재했었지만 부활하신 이후부터는 예수님께서 친히 영원한 대제사장이 되셨으므로 율법에 의한 제사장은 필요 없게 되었습니다.(히 7:22)

이렇듯 비록 대제사장의 실체는 예수 그리스도였으나 예수님께서는 율법과 상관 없는 멜기세덱의 계열을 따른 은혜의 제사장이셨습니다.

구약의 제사장은 죽음으로 인하여 영원히 살지 못하므로 죄의 변호가 영원하지 못했습니다.

그러나 예수 그리스도께서는 영원히 계시기 때문에 그 속죄의 완성이 불변함과 동시에 우리들의 구원도 영원히 안전한 것이 되었습니다.

또한 복음으로 부름 받아 영적인 제사장이 된 것입니다.

1. 손과 발을 씻는 의식

아론과 그 아들들은 성전에서 일하기 전 성막 앞에서 목욕을 하였는데 이 의식은 제사장으로 임명받을 때 오직 한 번만 행해졌으나 손발을 씻는 의식은 물두멍에서 항상 하도록 하였습니다.(출 30:17-21)

유월절 만찬을 마치신 후에 예수님께서는 제자들의 발을 씻는 과정에서 베드로와 다음과 같은 말씀을 나누셨습니다.

"이미 목욕한 자는 발밖에 씻을 필요가 없느니라 온몸이 깨끗하니라"(요 13:10)

예수님께서 말씀하신 '목욕'은 단번에 이루어지는 구원을 의미하고 '발을 씻는 의식'은 구원받은 이후 계속 말씀으로 거룩해지는 생활을 나타내는 것입니다.

"물로 씻어 말씀으로 깨끗하게 하사 거룩하게 하시고"(엡 5:26)

"너희는 내가 일러 주는 말로 이미 깨끗하여졌으니 내 안에 거하라"(요 15:3-4)

그리스도인들은 하나님의 말씀으로 죄를 씻었습니다. 죄를 씻을 수 있는 능력은 오직 말씀으로 가능합니다. 이 절차 속에 배어있는 성결과 거룩함은 쾌락과 음란과 사치가 횡행하고 있는 오늘날의 현실에 커다란 영적 교훈을 주고 있습니다.

2. 거룩한 옷을 입을 자

율법에 따르면 제사장들은 먼저 깨끗하게 함을 받아야 했습니다. 백성들을 거룩하게 하기 전에 제사장이 먼저 거룩해야 했기 때문입니다.

하나님께서는 오늘날 우리에게도 거룩한 생활을 요구하십니다. 몸을 깨끗이 씻은 제사장에게 이제 옷을 입힙니다.

"속옷과 에봇 받침 겉옷과 에봇을 입히고 흉패를 달고 에봇에 정교하게 짠 띠를 띠게 하고 그의 머리에 관을 씌우고 그 위에 거룩한 패를 더하고"(출 29:5-6)

보석이 달린 흉패를 달고 에봇에 띠를 매고 머리에 관을 씌우고 그 위에 '여호와께 성결'이라는 글이 쓰인 성패를 달았습니다. 제사장의 의복을 입은 아론과 그 아들들은 근사한 모습으로 변했습니다.

하나님을 섬기는 중대한 직책을 맡기는 취임식인만큼 경건함과 거룩함이 짙게 깔려 있어야 함은 당연합니다.

하나님께서는 오늘도 당신을 찾아오는 자를 양자로 삼으시고 화려하고 성대한 잔치를 베풀어 주십니다.

제사장의 옷을 입은 아론과 그 아들들에게 이제 기름 부음이 행하여집니다. 이 기름 부음은 특별히 성별되었음을 의미합니다.

하나님은 거룩하신 분이십니다. 그래서 하나님을 믿는 교인을 성도라고 합니다.

그러므로 하나님의 자녀 된 우리도 거룩해야 합니다.

특별히 지금은 말세지말을 살아가는 세대로서 음란하고 음탕하며 죄악으로 부패한 세상에 살고 있기 때문에 더욱 거룩한 생활을 해야 하는 것입니다.

"그들을 진리로 거룩하게 하옵소서"(요 17:17)

기름 부음은 오늘날의 성령 충만을 의미합니다. 성령 충만을 받아야만 세속에 물들지 않고 거룩함을 유지하며 신앙생활에서 승리할 수 있습니다.

감람기름에다 온갖 향료를 넣어서 제작된 특수 제품인 관유기름이 제사장에게 부어지자 기름이 흘러내려 수염을 적시고 옷깃까지 적셨습니다.(시 133:2)

기계에 기름을 치면 순조롭게 돌아가는 것같이 사람도 성령의 능력을 받으면 하나님의 일을 순조롭게 하게 됩니다.

하나님의 일은 사람의 힘으로 할 수 없습니다. 하나님의 일은 하나님께서 하시는 것입니다.

이런 의식을 행한 후에 수송아지를 잡아 그 머리에 안수합니다. 이것은 아론의 죄를 송아지에게 전가시키는 행위입니다. 아론의 죄를 전가받은 송아지는 죽임을 당해야만 했습니다. 이로써 아론의 죄는 해결된 것입니다

오늘날 우리 성도들의 죄도 그리스도께 전가되었습니다. 그리스도께서 우리의 죄를 짊어지시고 십자가에서 대신 희생당하신 것입니다.

3. 매일의 제사

이스라엘 백성들은 매일 아침과 저녁으로 제단에서 어린양을 바치되 소제와 전제를 함께 드려 향기로운 냄새가 되게 하여 여호와께 화제로 삼으라고 하였습니다.(출 29:38-41)

왜 이렇게 끊임없이 제사를 드려야 했을까요?

하나님께서 인간을 창조하신 목적이 사람들을 통하여 영광을 받으시기 위함이었기 때문입니다.(사 43:7)

그러므로 하나님의 자녀 된 성도는 예배를 드리는 데서 출발해야 하고 예배를 드리되 하나님께서 흠향하시도록 드려야 합니다.

노아가 홍수 심판에서 구원을 받은 다음에 방주에서 내려와 제일 먼저 한 일이 무엇입니까? 집짓는 일이었습니까, 아니면 농사 짓는 일이었습니까? 아니면 먹고 마시고 즐기는 일이나 야외로 놀러가는 일이었습니까? 그가 제일 먼저 한 것은 제단을 쌓고 하나님께 번제를 드리는 일이었습니다.

1년 17개월 동안이나 방주 안에 갇혀 있었으니 얼마나 답답하였겠습니까? 방주에서 나오자마자 신선한 공기를 마시고 이리 뛰고 저리 뛰고 기뻐하며 먹고 즐기고 싶었겠지만 노아는 그런 일을 먼저 하지 않았습니다.

창세기 8장 20절에서 21절에 보면 "노아가 여호와께 제단을 쌓고 모든 정결한 짐승과 모든 정결한 새 중에서 제물을 취하여 번제로 제단에 드렸더니 여호와께서 그 향기를 받으시고"라고 했습니다.

우리는 이 말씀을 통해 성도의 우선 과제가 무엇인지 알 수 있습니다. 그것은 바로 하나님께 예배드리는 것입니다.

하나님께 예배를 드리되 하나님께서 흠향하시도록 예배를 드려야 합니다. 형식적인 예배를 드려서는 하나님께서 기쁘게 받지 않으십니다. 노아가 번제를 드렸을 때 하나님께서 그 향기를 받으셨더라고 했습니다.

그렇다면 하나님께서 받으시는 제사는 어떤 제사입니까?

출애굽기 29장 42절에 보면 "이는 너희가 대대로 여호와 앞에 회막문에서 늘 드릴 번제라"고 했습니다.

성막에는 성소가 있고 지성소가 있었습니다. 이것은 신약시대의 교회를 상징합니다.

예배는 어디에서 드려야 합니까? 출애굽기 29장 30절에 "성소에서 섬길 때"라고 기록되어 있습니다. 여기서 '섬긴다'는 말은 '예배'를 의미하는 것입니다. 그리고 예배는 성전에서 드려야 한다는 뜻을 포함하고 있습니다.

하나님께서는 성전에 계신다고 했습니다.

시편 11편 4절에 "여호와께서는 그 성전에 계시고"라고 했으며, 하박국 2장 20절에도 "오직 여호와는 그 성전에 계시니 온 땅은 그 앞에서 잠잠할지니라"고 했습니다. 시편 150편 1절에도 "그의 성소에서 하나님을 찬양하며"라고 했습니다.

예배는 하나님을 만나는 예배여야 합니다. 출애굽기 29장 42절에 "내가 거기서 너희와 만나고 네게 말하리라"고 하였습니다.

참된 예배라 함은 하나님을 만나는 일과 하나님의 말씀을 경청하는 일입니다. 하나님을 만나는 체험을 해야 그것이 참된 예배입니다.

"내가 거기서 이스라엘 자손을 만나리니 내 영광으로 말미암아 회막이 거룩하게 될지라"(출 29:43)

야곱은 브니엘에서 하나님을 만남으로써 이스라엘로 바뀌었습니다. '야곱'은 욕심쟁이, 사기꾼, 거짓말쟁이라는 뜻을 지니고 있습니다. 이러한 야곱이 하나님을 만남으로써 '이스라엘'로 바뀐 것입니다.

이렇듯 제사를 드릴 때 하나님께서 임재하심으로 "때때로 만나고 말하리라"는 축복을 받게 됩니다.

하나님의 임재가 우리에게 주는 축복은 그의 생명과 은혜 안에 사는 삶과 영광을 드러내며 죄에서 놓여 자유를 얻고 하나님으로 더불어 화평을 누리는 삶으로 이어지는 것입니다.

이러한 신앙을 가지고 있다면 우리는 충분한 것을 가지고 있는 것이며, 우리를 행복하게 해 줄 더 이상의 아무것도 필요치 않을 것입니다.

그러므로 항상 기뻐하며 하나님께 감사의 제사를 부단히 올려드리는 여러분이 되시기 바랍니다.

왜 향단을 만들라고 하셨나?

성막에는 두 개의 단이 있었는데, 하나는 놋으로 입혀 그 이름을 '놋제단'이라 하였고 또 다른 하나는 금으로 입혀 '금단'이라 불렀습니다.

이 두 제단은 각각 목적도 달랐는데 놋제단은 희생을 드리는 데 사용되었기 때문에 '번제단'이라 하였고, 금단은 향을 피우는 곳이었으므로 '향단'이라 불리기도 하였습니다.

여기서는 향단에 나타나는 하나님의 뜻에 대해 살펴보도록 하겠습니다.

1. 분향단을 만드는 의미

성막을 지으라는 명령을 받은 후 성막에 필요한 시설과 도구 그리고 비품을 준비하는 중에 하나님께서는 향을 사를 분향단을 만들라고 하십니다. 분향단에서 향을 태우는 일은 기도를 드리는 것을 상징합니다.

"여호와여 내가 주를 불렀사오니 속히 내게 오시옵소서 내가 주께 부르짖을 때에 내 음성에 귀를 기울이소서 나의 기도가 주 앞에 분향함과 같이 되며 나의 손 드는 것이 저녁 제사같이 되게 하소서"(시 141:1-2)

모든 종교 의식은 외형적이고 물질적인 형태로 나타나지만 그속에는 보다 높은 차원의 종교적 의미가 담겨 있기 마련입니다. 이 분향단 역시 마찬가지입니다.

분향단에서 피우는 향기로운 향은 기도를 아름답고 중요하게 그리고 교훈적으로 상징하고 있습니다. 기도의 중보자 되신 예수 그리스도의 사역을 예표하는 것입니다.

인간의 기도가 거룩하신 하나님께 상달되는 이유는 바로 예수 그리스도의 중보 기도가 있기에 가능한 것입니다. 하나님께서는 당신과 교제를 나누며 기도하는 자에게 바로 곁에서 들으시고 응답하여 주십니다.

하나님께 곧장 올려지는 향단 위의 향은 불의 열기로부터 소화되어 발생합니다. 이는 하나님을 향한 뜨거운 신앙과 성령이 기도로 솟구치는 것을 보여줍니다.

성경은 하나님과 인간의 아름답고 뜨거운 교제를 종종 불과 같은 관계로 나타내고 있습니다. 엘리야의 갈멜산 기도 응답(왕상 18:38), 신약의 사도들의 불 같은 성령 체험이 바로 그것입니다.

분향단은 네모 반듯했는데 이를 통해 우리는 그리스도의 중재와 그에 대한 성령의 도우시는 역사가 동시에 그리고 완전하게 이루어짐을 알 수 있습니다. 주님께서 하늘의 보좌로 올라가셨을 때 성령은 교회에 머무르기 위하여 내려오셨습니다.

　분향단을 만들어놓고 향을 사르지 않으면 단을 쌓는 의미가 없습니다. 여기에서 기도는 단순히 "주시옵소서" 하는 간구만이 아닙니다. 하나님께서는 모든 것을 알고 계시는 주님이십니다.

　"구하기 전에 너희에게 있어야 할 것을 하나님 너희 아버지께서 아시느니라"(마 6:8)

　부모는 자식이 무엇이 필요한지를 다 알고 있습니다. 먹여 주고 재워 주고 옷도 사서 입혀 주고, 학교에 가면 학비와 학용품도 다 준비해 줍니다. 그러므로 자녀 된 우리는 주님께서 기뻐하시는 뜻을 알고 날마다 주 안에서 잘 성숙해 가기만 하면 됩니다. 또한 성도는 기도해야 합니다. 기도는 영혼의 호흡이기 때문입니다.

　"향연이 성도의 기도와 함께 천사의 손으로부터 하나님 앞으로 올라가는지라"(계 8:4)

　예수님의 기도는 향기와 같이 하나님 앞에 상달되기 때문에 우리가 하나님의 은혜 아래서 천국으로 향할 수 있는 것입니다. 우리는 이미 구원을 받았지만 여전히 육신 가운데 있음을 의미하는 것이기도 합니다. 이러한 사실을 아시는 주님께서 구원받은 성도들을 위하여 하늘보좌 우편에서 대언해 주고 계시는 것입니다.

2. 향불이 꺼지지 않게 하라

"이 향은 너희가 대대로 여호와 앞에 끊지 못할지며 너희는 그

위에 다른 향을 사르지 말며 번제나 소제를 드리지 말며 전제의 술을 붓지 말며"(출 30:8-9)

이 말씀은 향불이 피어나는 데 방해나 저해되는 요소를 제거해야 한다는 뜻입니다. 이와 마찬가지로 우리는 기도에 방해되거나 꺼리는 요소가 있다면 이를 신속히 제거하여 온 교회 안에 기도의 향기가 타오르게 해야 합니다.

또한 조석으로 등불을 정리할 때는 향단도 돌보라고 했습니다.

기도는 향불처럼 항상 붙어 있어야 하며 꺼져서는 안 됩니다. 성소의 향불이 꺼지는 날은 이스라엘 전체의 생명이 끊어지는 것을 의미하므로 결코 소홀히 여길 수 없는 것입니다.

3. 다른 향은 사르지 말라

제사장은 다른 번제나 소제를 드리지 말며 비록 하나님께 드리는 번제나 소제의 제사일지라도 이곳에서는 드리지 못하게 하셨습니다. 향단에 다른 향은 사를 수 없습니다.

"너희는 그 위에 다른 향을 사르지 말며"(출 30:9)

하나님께서 원하시고 바라시는 방법이 있음에도 불구하고 그것을 버리고 자기 멋대로, 자기 하고 싶은 대로 한다면 올바른 신앙생활이라고 할 수 있겠습니까? 신앙생활은 제멋대로 해서는 안 됩니다. 하나님의 방법에 따르지 않고 제조된 것이라면 결단코 거룩한 제물로 태워질 수 없습니다.

그렇다면 왜 다른 향은 사르지 말라고 하셨을까요?

사회의 법이 따로 있고 교회의 법이 따로 있더라도 하나님께서 원하시는 방법이 아니면 하지 말라는 뜻이며, 하나님이 가르쳐 주신 질서를 따르라는 것입니다.

하나님의 뜻을 무시한 채 육신의 정욕대로 행해서는 안 된다는 것입니다. 왜냐하면 하나님께서는 오직 당신의 방법과 뜻에 따라 이루어진 것만을 기뻐하시기 때문입니다.(삼상 15:22)

우리의 믿음의 완성자이신 예수님께서 가르치신 기도문에도 "뜻이 하늘에서 이루어진 것같이 땅에서도 이루어지이다"(마 6:10)라고 하십니다.

그러므로 우리는 기도할 때에 먼저 하나님께서 기뻐하시고 원하시는 뜻이 무엇인지 구해야 합니다. 그리고 그분의 뜻을 실현하기 위해 기도해야 합니다. 그럴 때 비로소 하나님께서는 우리가 생각하는 이상으로 풍족히 이루어 주실 것입니다.

"누구든지 하늘에 계신 내 아버지의 뜻대로 하는 자가 내 형제요 자매요 어머니이니라"(마 12:50)

"하늘에 계신 내 아버지의 뜻대로 행하는 자라야 들어가리라"(마 7:21)

하나님 나라는 하나님의 뜻이 하늘에서 완전히 행해지는 것같이 땅에서도 완전히 행해지는 사회를 말합니다.

우리에게 있어서 가장 중요한 것은 무엇입니까?

그것은 하나님 나라가 임하는 것입니다. 우리가 사는 이 사회에 하나님의 뜻이 이루어져 완전한 사회가 되는 것입니다. 그러므로 성도들에게 가장 중요한 말은 "주님의 뜻이 이루어지이다"라는 고백이어야 하고 순종이어야 합니다.

그러기 위해서는 먼저 하나님의 뜻을 알아야 합니다. 하나님의 뜻은 이미 계시된 하나님의 말씀입니다. 자기의 숨겨진 욕심을 하나님의 뜻이라고 우겨서는 안 됩니다. 성령에 의한 것인가 악령에 의한 것인가를 잘 구별해야 합니다. 그것이 하나님의 뜻인지 아닌지, 혹은 하나님의 뜻에 맞는지 안 맞는지는 성경에 의해 규명되어야 합니다. 성경으로 비추어 보아야 하는 것입니다.

그래서 성경을 '성경 캐논'이라고 합니다. 캐논이란 '길이를 재는 자'라는 뜻입니다. 그 일이 하나님께 영광을 돌리는 일인가 그렇지 않은 일인가, 선한 일인가 아니면 악한 일인가, 이웃에게 유익을 주는 일인가 주지 않은 일인가, 하나님께서 원하시고 기뻐하시는 일인가 그렇지 않은가를 생각해 보아야 합니다.

로마서 12장 2절을 보면 "너희는 이 세대를 본받지 말고 오직 마음을 새롭게 함으로 변화를 받아 하나님의 선하시고 기뻐하시고 온전하신 뜻이 무엇인가 분별하도록 하라"고 하였습니다.

하나님의 뜻은 선하십니다. 하나님을 위한다고 하면서 악한 일을 한다면 그것은 하나님의 뜻이 아닙니다.

하나님의 뜻은 기뻐하는 것입니다. 이는 사람에게 기쁨이 되는 것이 아니라 하나님께 기쁨이 되는 것을 말합니다.

하나님의 뜻은 온전합니다. 사람의 뜻과 계획은 온전치 못한 것이 많습니다. 그러나 하나님의 뜻은 온전하여 아주 작은 결함도 없습니다. 이같은 뜻을 분별하려면 세상을 본받지 말고 오직 마음을 새롭게 하여 변화를 받아야 합니다. 세상의 욕심과 죄악으로 가득 차 있으면 하나님의 뜻을 분별할 수 없습니다.

앞서간 성도들은 하나님의 뜻에 복종하여 하나님 나라에 들어갔습니다. 이처럼 하나님의 뜻을 받들어 순종하는 사람이 바로 하나님 나라의 주인공입니다.

티끌과 같은 존재가 하나님의 뜻을 받들어 하나님 나라를 이루는 주인공이 된다는 것은 영광 중의 영광이 아닐 수 없습니다. 그러므로 하나님의 뜻을 모르는 사람처럼 어리석은 사람은 없습니다. 하나님의 뜻을 알고도 이를 거역하는 것보다 악한 죄는 없습니다. 하나님의 자녀라면 마땅히 하나님 아버지의 뜻을 받들어 순종해야 합니다.

하나님의 뜻은 파도와 같습니다. 그 파도를 거슬러 막을 자는 없습니다. 하나님의 뜻은 반드시 이루어질 수밖에 없습니다. 문제는 내가 하나님의 뜻을 이루는 데 작게나마 협력하여 받들어 일했느냐 아니면 거역했느냐 하는 것입니다. 하나님의 뜻을 이루는 것이 우리 인생의 목적이 되어야 합니다. 그렇게 하지 못하면 우리 인생에서 남는 것은 오직 부끄러움과 수치뿐입니다.

향이 타오르는 향단에는 뿔이 있었습니다. 그 뿔은 희생 제물의 피로 씻음을 받아야 했습니다. 그렇게 해서 마침내 그 뿔과 향단이 하나님께 드려질 수 있도록 거룩히 구별되는 것입니다.

이와 같이 우리들도 정결케 하신 그리스도를 통할 때만 응답을 체험할 수가 있습니다. 그러할 때 우리의 기도가 하늘에 상달될 수 있습니다.

기도의 향단을 쌓는 곳에는 축복이 임합니다. 그러므로 축복의 주인공이신 하나님께 정성껏 분향해야 합니다.

아브라함은 가나안 땅에 들어가 처음으로 하나님께 제단을 쌓았고(창 12:7) 야곱은 베개로 삼았던 돌을 가져다가 기둥으로 세우고 그 위에 기름을 붓고 그곳 이름을 벧엘이라 하였습니다.(창 28:18-19)

사무엘은 어렸을 때 하나님의 제단 옆에서 기도하다가 하나님의 계시를 받고 여호와의 선지자로 세우심을 입었습니다.(삼상 3:1-21)

여러 단이 있으나 그중에서도 분향하는 단이 매우 귀한 까닭은 하나님께 기도하는 처소이므로 사람들의 호소가 향기처럼 하나님께 상달되고 하나님의 축복이 그 단에 내려지기 때문입니다. 이러한 축복이 여러분 모두에게 임하기를 바랍니다.

향단 앞에 피워지는 향은 비단 기도만이 아닙니다. 우리가 하나님께 드리는 모든 헌신이나 찬양과 경배, 헌금도 하나님께서 받으시는 것입니다.

하나님께서는 신령과 진정으로 예배하는 자를 찾으신다고 하셨습니다. 하나님께서 받으시는 향기 나는 예배를 드리는 여러분이 되시기를 축원합니다.

【제4부】

하나님께서 거하시는 처소

직분자가 갖추어야 할 자질 　출 31:1-11

성막 건조에 있어서, 설계는 하나님께서 직접 하셨고 재료는 백성들이 제공하였으며 감독은 모세가 했고 시공자는 하나님께서 모세를 통해 지명하셨습니다.

모세는 유다 지파의 브살렐과 단 지파의 오홀리압을 세워 하나님께서 명하신 대로 성막과 그 내부의 여러 가지 시설물들을 건축하게 하였습니다.

하나님께서는 성령으로 그들을 충만케 하사 지혜와 재능을 주셔서 그들이 금과 은과 놋으로 만들고 보석을 깎고 나무를 새겨 일하게 하였다고 했습니다.

하나님께서는 아론과 같이 제사장직을 맡을 사람뿐만 아니라 성막을 세우고 그 성막의 기구를 만들 공인들도 직접 지명하여 세우셨습니다.

하나님께서 직접 지명하셨다는 점에서 성막을 세우는 일이 얼마나 중요한지 짐작할 수 있습니다.

하나님의 일은 신성한 일과 속된 일로 구분지을 수 없습니다. 어떤 직책을 맡고 있든 하나님의 영감을 받으면 진정한 하나님의 일꾼이 될 수 있습니다.

하나님의 영이 함께하는 사람은 하나님의 진정한 일꾼으로서 사명을 감당할 수 있습니다. 따라서 우리의 몸은 성령이 거하시는 하나님의 전으로 항상 아름답게 보전해야 합니다.(고전 6:19) 그러기 위해서 우리는 그리스도의 의의 옷으로 옷 입으며 그의 사랑으로 아름답게 단장하여야 합니다.

1. 하나님께서 세우신 일꾼

하나님께서는 시대마다 그분의 일을 이루시기 위해 주님의 뜻에 합당한 사람을 만민 가운데 고르시고 그를 지명하여 부르신 다음 그 일을 할 수 있는 능력을 주시어 하나님의 성역을 완성하도록 하십니다.

하나님께 일꾼으로 지명당하여 부르심을 받는 것은 참으로 영광스러운 일입니다.

그렇다면 하나님께서는 훌륭한 점이나 재능이 있는 사람을 부르시는 걸까요?

아닙니다. 하나님께서는 미련한 자를 택하여 지혜로운 자를 부끄럽게 하시고 약한 자를 택하여 강한 자를 부끄럽게 하신다고 하셨습니다.(고전 1:27)

브살렐 또한 스스로 지원한 것도, 여러 사람에 의해 선발된 것도 아니었습니다.

"지명하다"란 말은 여럿 가운데서 가려 뽑는다는 뜻입니다. 지명받는 자의 능력도 중요하지만 그를 당신의 도구로 사용하시려 하신 하나님의 선택이 더 중요한 것입니다.

기독교는 하나님께서 인간을 찾아오신 종교입니다.

아담이 에덴동산에서 범죄했을 때 하나님께서 찾아오셔서 "아담아 네가 어디 있느냐"고 물으셨습니다. 이것은 자기 위치를 떠나 범죄한 인간을 향한 책망인 동시에 가죽옷을 입혀 주시기 위한 사랑의 음성이었습니다.

모세가 미디안 광야의 호렙산 기슭에서 양을 치고 있을 때도 "모세야 모세야 네가 선 땅은 거룩한 땅이니 네 발의 신을 벗으라"고 하셨으며, 사무엘이 성소에 있을 때에도 "사무엘아 사무엘아" 하고 부르시면서 찾아오셨습니다.

다메섹 도상에서도 하나님께서는 사울을 부르셨으며, 하나님의 아들이신 예수님께서는 사람의 몸을 입으시고 속죄의 제물이 되기 위하여 세상에 찾아오셨습니다.

하나님의 아들이신 예수님께서 육신의 몸을 입으시고 세상에 오신 것을 영어로는 '인카네이션incarnation', 한문으로는 '지성인신至成人身'이라고 합니다.

하나님께서는 범죄한 인간을 찾아오시고 부르셔서 하나님의 자녀로 삼아 주셨습니다.

요한복음 15장 16절 말씀에 "너희가 나를 택한 것이 아니요 내가 너희를 택하여 세웠나니"라고 했습니다.

그렇습니다. 내가 먼저 주님을 믿은 것이 아니라 하나님께서 먼저 나에게 믿음을 주셔서 주님을 믿게 된 것입니다.

2. 지혜로운 마음이 있는 자

하나님의 성역을 올바르게 수행하려면 지혜가 있어야 합니다.

지혜는 크게 두 가지가 있습니다.

첫째는 세상적인 지혜로서 이것은 사탄의 지혜입니다. 둘째는 위로부터 난 지혜로서 곧 하나님의 지혜입니다.

세상적인 지혜는 독한 시기, 다툼, 정욕적인 것으로 항상 진리를 거스릅니다.

그러나 위로부터 난 지혜는 순수하고 화평하며 친절하고 양순하며 선한 열매들로 가득하고 편견이 없고 위선이 없습니다.

출애굽기 31장 6절에 "무릇 지혜로운 마음이 있는 자에게 내가 지혜를 주어 그들이 내가 네게 명령한 것을 다 만들게 할지니"라고 했습니다.

브살렐과 오홀리압이 하나님께 특별히 부름 받은 이유는 하나님께서만 아시겠지만, 우리의 상식적인 판단에 의해서 보면 공교한 기술을 가진 전문가들이었기 때문이 아니었을까 하고 짐작해 볼 수 있습니다.

사도 바울은 고린도전서 12장 4절부터 11절을 통해 사람마다 받은 바 직분과 사역이 다름을 말씀하고 있습니다. 우리는 다 브살렐과 오홀리압이 될 수는 없는 것입니다.

하나님께서는 브살렐을 지명하여 부르시고 하나님의 영을 그에게 충만하게 하여 지혜와 총명과 지식과 재주로 정교한 일을 연구하여 금과 은과 놋으로 만들게 하며 보석을 깎고 나무를 새겨서 일하게 하셨습니다.

그만큼 중대한 일이기 때문에 담당할 사람을 직접 지명하여 선택하신 것입니다. 또한 그에게 성령으로 충만케 하셔서 공사를 담당할 만한 모든 재능과 지혜를 더하여 주셨으니 그로서는 감격하고 충성할 뿐입니다.

재능을 부여받는 것은 마음이 거듭나는 것과 같이 하나님의 영이 역사하시는 결과입니다. 하나님의 명을 받은 일을 제대로 이루기 위해서는 하나님의 영의 도우심이 반드시 필요하기 때문에 겸손한 마음으로 하나님과 동행해야 합니다.

3. 하나님의 영으로 충만한 자

하나님의 영은 곧 성령을 말하며 하나님의 일을 하는 사람은 먼저 부르심을 받고 성령의 능력을 힘입어야 합니다. 하나님의 영에 매임을 받아야 한다는 의미입니다.

출애굽기 31장 3절에서 4절을 보면 "하나님의 영을 그에게 충만하게 하여 지혜와 총명과 지식과 여러 가지 재주로 정교한 일을 연구하여"라고 하였습니다.

성령의 능력은 하나님의 모든 일을 성공적으로 이루게 하시는 위대한 능력입니다.(삿 3:10, 삼상 10:6)

모세는 자기 힘으로 소명을 실천하려고 하였으나 실패하고 맙니다. 그는 삶의 허무를 느끼며 자신에 대해 절망하였습니다.

하나님께서는 이런 모세에게 새로운 역사를 위해 준비케 하셨습니다. "네 신을 벗으라" 하십니다. "신을 벗으라"는 말은 네 소유를 하나님께 맡기라는 뜻입니다.

그리고 "네 지팡이를 던지라"고 하십니다. 그러면 권능의 지팡이인 하나님의 지팡이를 주시겠다는 것입니다.

찰스 디킨스의 친구 중에 작가로서 장래성이 있었던 한 친구가 있었습니다. 그러나 그는 나태했기 때문에 불후의 명작을 남기지 못했다고 합니다.

어느 날 그는 찰스 디킨스를 방문하여 자신이 성공하지 못한 것에 대해 심히 탄식하면서, 나에게도 당신과 같은 재능이 주어졌다면 당신과 같이 훌륭한 작품을 써서 작가로 성공하였을 것이라고 했습니다.

묵묵히 친구의 한탄을 듣고 있던 찰스 디킨스는 그에게 "나에게는 열심히 일하는 재능 외에는 아무 재능도 없소"라고 말했다고 합니다.

논란이 있을 수 있지만 이 이야기를 통해 우리는 하나님께서 아무리 좋은 재능을 주셨어도 스스로 노력하여 쓰지 않으면 무용지물이 되고 만다는 교훈을 생각해 볼 수 있습니다.

브살렐과 오홀리압은 성막을 건축하고 가꾸는 일을 부여받았듯 하나님의 자녀들은 각각 독특한 재능을 부여받아 하나님의 일에 쓰임을 받는 자들입니다. 그러므로 우리는 하나님으로부터 부여받은 재능과 기술을 가지고 맡은 바 최선의 노력을 다함으로써 하나님께 영광을 돌려야 할 것입니다.

모세가 이스라엘의 지도자가 될 수 있었던 것은, 그가 애굽의 왕궁에서 교육받은 많은 지식 때문이 아니었습니다. 물론 그 지식도 유용하게 사용되었을 것입니다.

그러나 그가 지도자가 될 수 있었던 가장 큰 이유는 하나님의 영이 그를 주장했기 때문이며 그러한 성령 충만함으로 인하여 그의 지식과 지혜가 더욱 돋보였기 때문입니다.

"마땅히 우리를 그리스도의 일꾼이요 하나님의 비밀을 맡은 자로 여길지어다 그리고 맡은 자들에게 구할 것은 충성이니라"(고전 4:1-2)

이렇듯 맡은 자들에게 구할 것은 충성이라고 했습니다.

가인의 후예들은 문화적인 면에서 셋의 후예들을 앞질렀습니다. 그중에서도 두발 가인은 철골 기술에 뛰어난 솜씨를 가졌으며 오늘날 강철 공업의 선구자로서 공헌하였지만 저들은 하나님 없는 문화를 꿈꾸는 과학만능주의를 대표하는 인물이 되었을 따름입니다.

실로 하나님이 없는 문화란 베드로가 언급한 바 그대로 말라버린 풀의 영광에 불과할 뿐입니다.

반면 브살렐과 오홀리압은 이스라엘 하나님 여호와의 영광을 위하여 성소와 성구 제작에 온갖 정성과 노력을 아낌없이 쏟아부었습니다.

우리는 순교자의 피로 얼룩진 하나님을 무시하는 세상에서 날카로운 무기를 만들어 내는 두발 가인의 후예가 되든지 아니면 브살렐과 오홀리압이 되어 아름다운 성전을 짓든지 양자택일의 용단을 내려야 합니다.

여러분은 받은 바 그것이 무엇이든지 오직 주님의 몸된 교회를 세우는 일에 쓰임 받게 되기를 축원합니다.

하나님의 집에는 항상 할 일이 넘쳐납니다. 성경에는 선택받은 자가 할 일에 대해 구체적으로 언급하고 있습니다.

거친 조각을 다듬듯이 성도들을 교육해야 하며 그 위에 금으로 싸듯이 신앙을 덧입혀야 한다고 했습니다.

기도의 향에 불을 피워야 하고, 제단의 불이 꺼지지 않게 하기 위하여 순금등대에 기름을 공급하여야 하며, 떡상을 설치하여 생명의 떡을 진설해야 합니다.

오늘날 브살렐과 오홀리압은 누구입니까?

여러분도 분발하여 하나님의 집을 위하여 하나님께 쓰임 받는 주님의 참된 일꾼이 되시기 바랍니다.

보이는 신을 택하는 어리석음　출 32:1-10

아론은 모세와 함께 이스라엘 백성을 출애굽시키는 데 기여한 자이면서도 우상을 만들어 이스라엘 백성으로 하여금 하나님의 진노를 받게 한 장본인이 되었습니다.

이스라엘 백성들은 40일간 하나님의 응답도 없고 모세도 보이지 않자 눈에 보이는 신을 만들었습니다.

하나님은 분명히 보이지 않는 분이시며(골 1:15) 어떤 사람도 볼 수 없는 분이십니다.(딤전 6:16) 그러므로 실로 믿음이란 육신의 눈으로 볼 수 없는 것을 보고 바라는 것입니다. 우리를 구원하시는 하나님과 그분의 약속은 눈에 보이는 것이 아닙니다.

"우리가 소망으로 구원을 얻었으매 보이는 소망이 아니니 보는 것을 누가 바라리요"(롬 8:24)

"예수께서 이르시되 너는 나를 본고로 믿느냐 보지 못하고 믿는 자들은 복되도다"(요 20:29)

"우리의 주목하는 것은 보이는 것이 아니요 보이지 않는 것이니 보이는 것은 잠깐이요 보이지 않는 것은 영원함이라"(고후 4:18)

그러나 사람들은 눈에 보이지 않는 것을 쉽게 믿으려 하지 않습니다. 이스라엘 백성들은 창조주 하나님을 변질시키고 방탕과 게으름과 먹고 마시는 육신의 요구를 채워 주는 맘몬 재물의 신을 원했습니다. 육신의 눈에 보이는 피조물로 바꾸어 버렸습니다. 다시 말해 이스라엘 백성들은 하나님의 영광을 썩어질 사람과 새와 짐승과 기어다니는 동물 모양의 우상으로 바꾸었습니다.(롬 1:23)

오늘날의 종교 단체는 근본적인 사함의 진리를 인간의 욕망을 채워 주는 기복주의와 신비주의 신앙으로 변질시키고 있습니다.

이스라엘 백성들이 만들었던 금송아지는 이 시대에 있어 인간의 현실에 맞게 변질된 신앙을 상징하는 것입니다.

"그들의 마침은 멸망이요 그들의 신은 배요 그 영광은 그들의 부끄러움에 있고 땅의 일을 생각하는 자라"(빌 3:19)

"여호와께서 명령하신 대로 우리가 다 행하리이다"(출 19:8)라며 자신만만했던 그들은 하나님 앞에 거짓되고 연약한 존재임을 증명하였습니다. 그러므로 예수님께서는 맹세하지 말라고 하셨습니다.(마 5:33-37) 인간의 맹세와 약속은 절대로 믿을 수 없는 것이기 때문입니다. 이미 그들의 마음은 애굽을 향해 있었습니다.

이스라엘 백성들이 대제사장인 아론에게 금송아지를 만들게 한 것은 하나님의 백성으로 하여금 우상숭배하게 하려는 사탄의 속셈입니다. 사탄은 알곡이 없는 곳에 가라지를 뿌리지 않습니다.

이스라엘 백성들은 애굽의 노예에서 해방시키시고 홍해를 가르시고 반석에서 물을 내시고 하늘에서 만나를 내리신 전능하신 하나님을 망각했습니다.

우리를 세상에서 인도하여 낸 신은 처음부터 오직 하나님 한 분임을 잊지 말아야 합니다. 오늘날 가장 큰 불신앙의 죄는 눈에 보이는 것을 찾는 것이요, 가장 큰 모독죄는 창조주 하나님을 썩어질 피조물 우상으로 만드는 것입니다.

1. 보이지 않는 신

인간은 보이지 않는 것을 좀처럼 믿으려 하지 않습니다. 그래서 사람들은 하나님께서 살아 계시다고 생각하면서도 보이지 않기 때문에 우상을 만들어 그것으로 위안을 얻으려 합니다.

인간은 본성적으로 보이지 않는 대상에 대해 신앙심을 갖기 힘든 존재입니다. 그들은 하나님께서 행하시는 일에 조급한 마음을 떨쳐 버리지 못합니다.

모세는 산 위에서 지체했습니다. 그러자 이스라엘 백성들은 하나님의 말씀을 받는 모세를 기다리지 않고 우상을 만들었습니다. 이러한 행위가 바로 인간의 조바심에서 비롯된 것입니다.

인간은 우상을 만들기 쉬운 존재입니다. 명성을 얻고자 하는 사람은 명성을 얻게 해 줄 우상을 만들지 않고는 못 견딥니다. 예술가, 조각가에게 있어 우상은 곧 그들의 작품입니다. 이스라엘 백성들이 금송아지를 보고 "이는 너희의 신이로다"라고 말했듯이 그들은 자신의 작품을 절대화시키는 어리석음에 빠졌습니다.

이스라엘의 금송아지는 잘못된 안내자를 상징합니다. 광야 길을 가야 하는 불안한 상황에서 장래를 맡길 수 있는 안내자를 바라는 것은 자연스러운 일입니다. 그러나 그들이 알아야 할 사실은 금송아지가 그들의 갈 길을 안내해 줄 수 없다는 것입니다.

우리는 나의 미래를 물질에 맡기며 잘못된 안내자를 구할 때가 많습니다. 그렇지만 황금은 결코 나의 미래를 위탁할 수 있는 안내자가 되지 못한다는 것을 명심해야 합니다.

1912년 4월 14일, 당시 최고의 여객선 타이타닉Titanic 호가 대서양에서 침몰한 참사가 벌어졌습니다.

배가 침몰하기 전 구명 보트를 타기 위해 갑판으로 나온 두 여자가 있었습니다. 그런데 두 여자는 갑자기 각자 자신의 선실로 돌아갔습니다. 한 여자는 성경을, 다른 한 여자는 보석 상자를 가지러 간 것입니다. 결국 보석을 가지러 갔던 여자는 구명 보트에 타지 못했습니다. 자신의 선실에 있던 보석 상자만 가져온다면 탈출할 수 있는 충분한 시간이 있었음에도 다른 선실에 있던 돈과 보석을 가져오기 위해 시간을 허비하여 탈출하지 못하고 타이타닉과 함께 영원히 바닷속에 가라앉아 버리고 만 것입니다.

여러분은 이 이야기를 들으면서 어떤 생각을 하였나요? 아마도 보석을 탐하다가 배와 함께 침몰해 버린 여자를 한심하게 생각하며, 나는 저 정도까지는 물질에 욕심이 없다고 할지 모릅니다.

하지만 정도의 차이는 있을지언정 우리의 몸과 마음을 물질에 의존하며 살아가고 있다는 사실은 아무도 부인할 수 없을 것입니다. 그에 대한 정도는 자신과 하나님께서만 알고 계실 것입니다.

물질은 인간 생활에 있어 필수적인 것이기는 합니다. 그러나 하나님의 위치에 물질을 놓아서는 안 됩니다. 신앙의 대상이나 나의 장래를 맡길 수 있는 대상, 나의 인생관이나 나의 목적이 될 수 있는 대상이 물질이 되어서는 안 된다는 의미입니다.

2. 두 주인

인간은 두 주인을 섬길 수 없습니다. 황금 송아지를 섬길 것인지, 하나님을 섬길 것인지 오직 하나만 선택해야 합니다.

출애굽기에는 두 가지 대조적인 사건이 있었습니다. 두 가지 대조적 사건이란 올라가는 운동과 내려가는 운동을 말합니다.

올라가는 운동은 곧 영적 운동입니다. 심령과 몸이 올라가는 것이니 이러한 운동이 출애굽 전체를 좌우했습니다. 이것은 하나님의 명령에 따라 올라간 순종의 운동이었습니다. 말씀을 받으려고 올라가는 말씀 운동이었고 하나님을 만나 대화하는 기도 운동이었습니다.(출 19:1-25)

내려가는 운동은 세속으로 물드는 운동이요, 마침내 금송아지를 섬기는 운동입니다. 이것은 다시 애굽으로 내려가는 운동이니 가나안을 향해 올라가는 운동과는 대조적인 운동입니다.

이 둘의 근본적인 방향은 가나안 행이지만 때때로 애굽으로 내려가려는 성향을 버리지 못함을 보여주고 있습니다. 지금 우리에게도 위와 같은 운동이 전개되고 있습니다.

그러므로 바울은 고백하기를 "내가 원하는 바 선(가나안으로 향한 성향)은 행하지 아니하고 도리어 원치 아니하는 바 악(애굽으로 향하는 성향)을 행하는도다"(롬 7:19)라고 하였습니다.

올라가는 성향의 클라이막스는 십계명이고 내려가는 운동의 극치는 금송아지입니다.

그런데 문제는 올라가는 운동에 참여하는 자는 적고 내려가는 운동에 참여하는 자는 많다는 사실입니다. 내려가는 운동에 참여한 자는 불신자였습니까? 아닙니다. 금송아지를 섬긴 자들은 불신자가 아니요 홍해를 건넜던 자들이었고 말씀을 받은 자들이었음이 오늘날 성도들에게 더 강한 경각심을 갖게 하는 것입니다.

3. 현대의 금송아지

오늘날 이 땅에 있는 교회는 모세 타입의 교회와 아론 타입의 교회, 두 가지 타입으로 나누어 볼 수 있습니다.

모세 타입의 교회는 산 위에 있는 교회로, 고요히 하나님의 말씀을 기다리는 교회요 예언자적 입장에 서 있는 교회입니다.

반면 아론 타입의 교회는 산 위에는 올라가 보지 못하고 산 아래에 파묻힌 교회요 하나님께서 눈앞에 보이지 않는다고 하여 조급해하는 교회요 샤머니즘에 빠진 기복신앙의 교회입니다.

오늘날, 엄격한 의미에서 본다면 금송아지를 만들지 않은 교회가 거의 없다고 해도 과언이 아닙니다. 화려한 예배당을 보며 만족해하고 신령한 하나님의 음성을 기다리지 않고 행하기도 합니다. 그렇다면 그들은 분명히 하나님을 믿지 않는 불신자들입니다. 그들은 일어나서 먹고 마시고 뛰노는 자들입니다.(출 32:6)

하나님을 위해서 일하지 않는 자는 바로 하나님을 대적하는 자라고 하셨습니다. 평화의 왕이신 하나님의 영광을 위해서 헌신하지 않는 자는 어두움을 왕으로 섬기는 자로서 하나님과 대적하고 있다는 것입니다.

하나님을 섬기느냐 마귀 사탄을 따르느냐에 중립은 없습니다.

이스라엘 백성들은 모세가 그들의 결단을 요구할 때 과감하게 돌아서는 용기를 보여주었습니다.

우리도 하나님께서 원하시는 것과 세상 것 중에 하나를 선택해야 하는 순간이 온다면 과감하게 하나님께서 원하시는 것을 선택할 수 있는 용기 있고 지혜로운 그리스도인이 되어야 합니다.

사탄의 종들은 보이지 아니하는 하나님보다 보이는 하나님을 요구합니다. 그들은 썩어질 것을 위하여 투자합니다. 육의 향연을 즐깁니다. 어리석은 백성들은 자신들이 만들어 놓은 송아지 우상 앞에서 뛰놀았습니다.(출 32:6)

우리가 분명히 알아야 할 것은 썩어질 육체적 욕망과 향연에 심취하는 개인과 집단은 반드시 여호와의 심판을 받게 된다는 사실입니다. 여러분은 보이지 않는 하나님을 선택하여 전능하신 구주의 편에 영원히 속하시기 바랍니다.

단장품을 제하라

성경은 하나님께서 인간을 사랑하신다는 말씀으로 일관되어 있으며, 인간을 사랑하시는 하나님께서 인간과 함께하심을 구체화하고 있습니다. 하나님께서 우리와 함께하신다는 약속으로 가득 차 있는 것입니다.

그런데 출애굽기 33장 3절에는 "너희와 함께 올라가지 아니하리"라고 이스라엘 백성에게 동행 거부를 선언하고 계십니다.

그렇다면 동행을 거부하신 하나님은 이스라엘의 하나님이 아니시라는 것이며, 그들과 함께하시겠다는 약속을 철회하신 것일까요?

본문을 바탕으로 그 의미를 살펴보겠습니다.

첫째, "목이 곧은 까닭이라"고 하십니다

'목이 곧다'는 말은 원래 농부의 말을 잘 듣지 않는 소나 말 등 가축에게 쓰이던 표현으로, 고집이 세고 사악한 인간을 가리키는 관용어입니다. 따라서 이 말은 굽힐 줄 모르는 강퍅함과 교만으로 하나님께 불순종하는 상태를 말합니다. 그러므로 하나님께로부터 동행을 거부당한 사람은 문제가 있는 사람입니다. 하나님께서는 이스라엘 사람들에게 "목이 곧은 너희들, 완악한 짐승과 같은 너희들과 내가 함께 갈 수가 있겠느냐? 그런 너희들과는 동행할 수 없다"라고 하십니다.

왜 하나님은 사랑하는 자기 백성들과의 동행을 거부하셔야만 하셨을까요? 이때 하나님의 마음은 얼마나 아프셨겠습니까?

우리 삶의 전제 조건은 하나님의 인허가입니다. 하나님의 인허가 없이 살아가는 사람은 모두 목이 곧은 자입니다. 하나님께서는 그런 자들과 함께하실 수 없다고 하십니다. 왜냐하면 그들도 사랑하시기 때문에 의로우신 하나님께서 저들과 동행하실 수 없는 것입니다. 하나님께서는 언제나 하나님이 보시기에 순종하는 자와만 함께하실 수 있습니다.

둘째, 진멸치 않으려는 까닭입니다

하나님께서 목이 곧은 이스라엘 백성들과 함께 가지 않으시려는 까닭은 그들과 함께 가다가 그들이 계속 불순종의 완악함을 자행하면 그들을 진멸하실 것 같아 염려되기 때문이라고 하십니다. "내가 중로에서 너희를 진멸할까 염려함이라" 이 말씀을 바꾸어 말하면 "내가 너희를 진멸하지 않기 위하여 너희와 함께 갈 수가 없다"는 것입니다.

'진멸'이라는 히브리어 '아칼'은 '먹어치우다, 태워버린다'는 뜻입니다. 이를 한마디로 표현하면 끝장이라는 것입니다.

끝장은 무엇을 의미합니까? 마지막이요, 최후라는 뜻입니다. 하나님의 당부는 끝장날 사실을 예고하면서 "내가 어찌 너희와 함께 갈 수 있겠느냐? 참혹한 불상사를 미연에 방지하기 위해 같이 갈 수 없다"라는 말씀인 것입니다.

인간은 상대의 행동을 보고 그 사람을 알지만 하나님께서는 우리들의 마음을 보고 판단하시는 분이시며, 인간은 미래를 볼 수 없지만 하나님께서는 미래까지 보시는 분이십니다. 그래서 동행을 거부하겠다고 하신 것입니다.

거부한다고 해서 사랑하지 않는다는 의미는 아닙니다. 거룩하신 하나님은 죄인과는 교제하지 아니하십니다. "공의는 죄와 악을 그대로 놔두실 수 없고, 하나님의 사랑은 죄인이라도 그들의 진멸을 보실 수 없다"라는 것을 가르쳐 주고 계십니다.

하나님께로부터 동행 거부의 선언을 듣게 된 이스라엘 백성들은 이 말씀을 받고 슬퍼하며 몸을 단장하지 않았습니다. "백성이 이 황송한 말씀을 듣고 슬퍼하여 한 사람도 그 몸을 단장하지 아니하니"(출 33:4). 여기서 '황송한 말씀'이란 '불길한 말씀'이라는 의미입니다. '슬퍼하며'란 하나님의 강경한 경고를 들은 이스라엘 백성들이 자신들의 죄를 마음으로부터 회개했다는 뜻입니다. '몸 단장을 하지 아니했다' 함은 내면적인 회개가 외면적으로 나타난 것입니다.

하나님의 동행 거부의 사랑은 우리를 지배하심이 아니라 우리로 하여금 죄를 회개하도록 교화하심인 것입니다.

"이스라엘 자손이 호렙산에서부터 그 단장품을 제하니라"(출 33:6)고 순종의 모습을 보여주고 있습니다.

이는 그들로 하여금 깊은 슬픔을 잊도록 하심과 그들의 화를 달래면서 그들에게 무엇을 어떻게 할 것인가를 생각하게 하신 장면입니다.

또한 금송아지를 만드는 데 귀고리를 내어주었던 자들에 대한 거룩한 보복을 나타내신 것입니다.(출 32:28) 왜냐하면 그들이 죄 짓는 일에 단장품을 기꺼이 부담하여 금송아지를 만들었기 때문에 슬픔과 고난을 당하게 되었으니 남은 자들은 단장품을 제거해야 자유로울 수 있기 때문입니다.

우리는 힘들고 어려울 때는 절약하고 검소하게 살았으나 경제적으로 부해지니 자신을 단장하는 데 열중하지 않았는지 돌아보아야 합니다.

이스라엘 백성들은 하나님의 동행 거부를 동행 허락으로 옮기기 위하여 하나님께 무릎 꿇고 기도했습니다.

삶이 난국에 처했을 때 최상의 대처방법은 무릎 꿇는 것입니다. 모세의 중보기도와 백성들의 회개는 마침내 하나님으로부터 집행유예 판결을 받아냈습니다.

여호와께서 가라사대 "내가 친히 가리라". 모세를 지극히 사랑하시는 하나님께서 모세의 간절한 기도를 외면하실 수 없어 거부의 사랑을 허락의 사랑으로 옮기신 것입니다.

모세는 나와 이스라엘이 주의 목전에서 은총을 입게 해 달라고 부르짖었습니다. 그러자 하나님께서는 이스라엘을 용서하시고 긍휼을 베푸셨습니다.

또한 하나님께서는 장신구를 21가지로 챙긴 것 때문에 전쟁과 재난이 있을 것임을 말씀하셨습니다.(사 3:16-26)

아론은 단장품을 모아 금송아지를 만들어 신으로 섬기는 목이 곧은 백성이 되었고, 모세는 하나님이 허락하신 판을 십계 산 아래로 던져 깨트렸으며 이날 3,000명의 죽음이 발생했습니다. 이때 하나님께서 장신구를 거두고 회개하고 돌이키면 "그 땅에 이르게 하리라"(출 33:1-3)고 약속하십니다. 칼빈은 이에 대하여 격정적인 기도를 하도록 자극된 사건이라고까지 했습니다.

따지고 보면 모세와의 대화에는 격정적인 사건들이 들어 있었습니다.(출 32:10,32) 그 원인은 백성이 방자하기 때문입니다.(출 32:9) 그럼에도 그들을 약속의 땅으로 이르게 하심은 그들의 조상에게 맹세하신 까닭이었습니다. 모세는 십계명을 다시 받으려고 40주야 기도했고 처음 것과 같은 내용을 받게 되었습니다.

이 사건에서 두 가지 교훈을 얻게 됩니다. 곧 모세는 하나님께 순종했기 때문에 십계명을 다시 받을 수 있었고, 목이 곧고 방자한 백성들이 회개하고 지도자를 따랐기 때문에 가나안 약속의 땅에 들어가는 은총을 받은 것입니다.(출 33:12-19) 이때 그들은 신상을 버리고 자신을 정결케 하고 의복을 바꾸었습니다.

하나님께서는 선민들에게 단장을 제거하지 않으면 순간이라도 너희를 진멸하리라고 하셨고, 단장품을 제거하면 "내가 너희에게 어떻게 할 일을 알리겠노라"고 선처와 희망을 약속하셨습니다.

이제 우리 차례입니다. 그리스도를 따라가야 할 우리들이 세속을 따라 우상을 섬겼던 죄와 하나님이 내어주신 자연을 망가트린 잘못을 회개하고 새로운 삶을 다짐해야 할 때입니다. 그리하면 하나님께서 우리 민족과 나라를 사랑하시어 새로운 역사를 전개하시리라 믿습니다.

이스라엘은 출애굽 후 금송아지를 만들어 진멸당할 즈음에 무릎 꿇고 기도하고 순종하여 단장품을 제거함으로써 하나님의 놀라운 은총을 다시 받게 되었습니다.

우리나라도 국민의 소비 행태가 심각한 이때에 거품 경제를 지양하고 야곱처럼 제단을 쌓되 먼저 신상을 버리고 자신을 정결케 하며 의복을 바꾸어야 합니다. 그리고 민족과 구원을 위하여 중보의 기도를 드림으로 환난날에 하나님의 보호와 함께하심을 덧입는 성도 여러분들이 되시기 바랍니다.

하나님의 광채를 체험한 자

하나님께서는 모세에게 시내산에서 받은 처음 것과 같은 두 개의 돌판을 준비하게 하셨습니다.

모세는 시내산에서 사십 주야를 있으면서 우상숭배 금지에 관한 명령과 반드시 지켜야 할 것과 절기 계명들을 하나님께 받게 됩니다. 그리고 돌판에 새겨진 계명을 받았습니다.

첫 번째 돌판이 깨어진 것은 백성들의 죄 때문이었습니다.

그러나 두 번째 돌판은 깨뜨리지 않고 거룩한 법궤 안에 안치하라고 하셨습니다. 이것은 첫사람이었던 아담이 깨뜨린 하나님의 법을 마지막 아담이 되신 예수 그리스도께서 이루신다는 예표입니다.

율법은 "장차 오는 좋은 일의 그림자"라고 하셨습니다. 예수님께서는 사람들이 이루지 못한 율법을 온전히 이루기 위해 오셨습니다.

아담이 율법의 대표라고 한다면 예수님께서는 의의 대표자가 되셨기 때문에 두 번째 율법은 깨어지지 않았던 것입니다.

또한 율법 판을 법궤 안에 넣어둔 것은 예수 그리스도 안에 공의와 사랑이 공존하심을 보여주는 것입니다.

1. 하나님 앞으로 담대히 나아갑시다

'은혜'라는 말은 우리의 심령에 진정한 평안을 줍니다.

비록 법궤 안에 공포의 율법이 들어 있을지라도 속죄소 위에 피가 있으면 우리의 심령은 진정한 평안을 얻을 수 있습니다. 그래서 속죄소를 '시은좌施恩佐'라고 하는데, 말 그대로 은혜를 베푸시는 보좌라는 뜻입니다.

사도 바울이 은혜의 보좌 앞에 담대히 나아가기를 원하는 이유는(히 4:16) 율법의 정죄에서 우리를 해방시켰기 때문입니다.

하나님께서는 가나안 땅의 거민과 언약을 세우지 말고 그들의 단을 헐고 그들의 주상을 깨뜨릴 것을 명령하셨습니다.

그런데 가나안 땅에 들어간 여호수아는 기브온 족속들의 속임수에 속아 그들과 언약을 체결함으로써 두고두고 이스라엘의 올무가 되었던 것을 우리는 기억해야 할 것입니다. 가나안 땅의 거민들은 우리의 본성을 상징하기도 합니다.

하나님께로 나아가기 위해서는 하나님과 인간 사이에 놓인 죄와 허물의 장벽을 제거해야 합니다.

그러나 이 일은 우리 인간이 해결할 수 없기에 예수님께서 인간의 죄와 허물을 제거하기 위하여 이 땅에 오신 것입니다.

2. 광채 난 얼굴

성경은 십계명을 받기 위해 시내산에서 사십 주야를 금식하며 하나님과 함께 있었던 모세의 얼굴에서 광채가 났다고 기록하고 있습니다. 하나님과 교제하는 40일간 하나님의 영광이 모세에게 전달된 것입니다.

모세가 40년 동안 지치지 않고 이스라엘 백성들을 젖과 꿀이 흐르는 가나안 땅으로 인도할 수 있었던 이유는 바로 이 영광의 체험이 있었기 때문입니다.

"모세가 여호와와 함께 사십일 사십야를 거기 있으면서 떡도 먹지 아니하였고 물도 마시지 아니했으며"(출 34:28)라고 하신 말씀이 이와 같은 사실을 증명합니다

모세는 지고하신 분의 은밀한 곳, 전능자의 은밀한 곳에서 거하였습니다.

영광이 무엇인지 알고자 하는 자는 영광을 얻을 수 있는 곳으로 가야 합니다. 하지만 대부분의 사람들은 다른 곳에서 영광을 찾으려고 합니다.

모세는 영광을 얻은 자였습니다. 그는 용사들과 정치가들과 문인들 사이에서 높은 위치를 차지하고 있었습니다. 그러나 그러한 영광은 곧 사라질 것들입니다.

여러분은 어디에서 영광을 구하고 있습니까?

참된 영광을 구하기 원한다면 담대하게 은혜의 보좌 앞으로 나

아가야 합니다. 그리하면 주님께서 주시는 영광을 누리게 될 것입니다.

"내게 주신 영광을 내가 그들에게 주었사오니 이는 우리가 하나가 된 것같이 그들도 하나가 되게 하려 함이니이다"(요 17:22)

사도 바울은 성령의 감동으로 이를 가리켜 "그리스도의 영광의 광채"(고후 4:4)라고 말씀하고 있습니다.

구약시대는 광채가 수건으로 가려져 있었습니다. 그런데 그 수건이 주님이 오심으로 벗겨졌습니다.

"그 수건은 그리스도 안에서 없어질 것이라"(고후 3:14)

"이 비밀은 만세와 만대로부터 감추어졌던 것인데 이제는 그의 성도들에게 나타났고"(골 1:26)

그런데 오늘날까지도 구약을 읽을 때에 유대인들처럼 가려진 수건이 벗겨지지 않아 참 그리스도를 보지 못하는 사람들이 있습니다. 그러므로 우리는 "즉시 사울의 눈에서 비늘 같은 것이 벗어져 다시 보게 된지라"(행 9:18)라는 말씀을 마음에 새기며 "내 눈을 열어서 주의 율법에서 놀라운 것을 보게 하소서"(시 119:18)라고 간구해야 합니다.

3. 영원한 광채를 얻은 자

모세가 산에서 내려올 때 얼굴에 광채가 났으니 그 광채는 곧 하나님의 영광을 나타냅니다.

하나님의 영광은 이 세상 피조물의 빛과는 다릅니다.

성소에는 등대 불빛이 있지만 지성소에는 하나님의 영광이 친히 임재하였기 때문에 빛이 필요 없습니다.

"구름이 회막에 덮이고 여호와의 영광이 성막에 충만하매 모세가 회막에 들어갈 수 없었으니 이는 구름이 회막 위에 덮이고 여호와의 영광이 성막에 충만함이었으며"(출 40:34-35)

백성들은 모세의 얼굴 꺼풀에서 나는 광채를 보고 두려워하여 나중에 수건으로 가렸습니다.

율법의 영광도 영광이었습니다. 왜냐하면 율법도 선하고 거룩하기 때문입니다.

율법이 선하고 거룩한 것은 죄인들이 율법을 통해서 죄를 알고 예수님의 은혜를 깨닫게 해주기 때문입니다.

"율법이 들어온 것은 범죄를 더하게 하려 함이라 그러나 죄가 더한 곳에 은혜가 더욱 넘쳤나니"(롬 5:20)

그러나 불행하게도 오늘날까지 유대인들은 그 가려진 영광에 머물러 있기 때문에 예수 그리스도의 참 영광을 보지 못하고 있습니다.

이스라엘 민족과 마찬가지로 진리가 아닌 다른 교훈이나 인본주의사상이 등이 마음에 덮여 있으면 결코 예수 그리스도의 영광에 이르지 못합니다.

모세의 얼굴에서 발한 광채는 없어질 것이었습니다. 왜냐하면 이는 그림자로 주어진 것이기 때문입니다.

그러나 그리스도의 구속으로 말미암아 하나님의 자녀 된 우리에게 주어진 영광은 영원히 없어지지 아니할 것입니다.

성경은 이에 대하여 다음과 같이 기록하고 있습니다.

"사랑하는 자들아 우리가 지금은 하나님의 자녀라 장래에 어떻게 될지는 아직 나타나지 아니하였으나 그가 나타나시면 우리가 그와 같을 줄을 아는 것은 그의 참모습 그대로 볼 것이기 때문이니"(요일 3:2)

"우리가 다 수건을 벗은 얼굴로 거울을 보는 것같이 주의 영광을 보매 그와 같은 형상으로 변화하여 영광에서 영광에 이르니 곧 주의 영으로 말미암았음이라"(고후 3:18)

성경은 또한 현재의 영광에서 미래의 영광으로 그리스도께서 재림하실 영광의 모습에 대하여 말씀하고 있습니다.

"보라 내가 너희에게 비밀을 말하노니 우리가 다 잠 잘 것이 아니요 마지막 나팔에 순식간에 홀연히 다 변화되리니 나팔 소리가 나매 죽은 자들이 썩지 아니할 것으로 다시 살아나고 우리도 변화되리라"(고전 15:51-52)

약한 본성의 사람은 강한 본성의 사람의 방식이나 사물을 보는 관점, 분위기나 체질, 심지어는 얼굴 모습까지도 마침내 서로 닮아가게 되는 법입니다.

이와 같이 그리스도인들이 성령 안에서 새롭게 되는 것은 이 신비스러운 성령의 역사에 의해서입니다.

해가 지면 황금의 영광은 언덕에서 사라져 버릴 것입니다.

모세는 이스라엘 백성과 함께 므리바 물가에서 하나님께 범죄하였기 때문에 가나안 복지에 들어가지 못하였을 뿐만 아니라 비스가산에서 외로이 죽음을 맞이해야만 했습니다.(신 32:48-52)

하나님의 빛 가운데로 걷는 사람들은 때때로 세속적인 신자들의 눈에는 가려져 보이지 않는 하나님의 심오한 영적인 것들에 대한 경험을 하게 됩니다.

바울은 "그가 낙원으로 이끌려 가서 말로 표현할 수 없는 말을 들었으니(고후 12:4)"라고 영적 체험을 간증하였습니다.

이러한 영광의 체험이 있을 때 우리는 세상의 시험과 환란을 능히 이기고 주님께서 우리에게 주신 사명을 온전히 감당할 수 있게 됩니다.

우리가 이 세상에서 승리하며 살아가느냐 아니면 전전긍긍하며 힘들게 살아가느냐 하는 것은 바로 이 영광의 체험을 얼마나 하였느냐에 달려 있습니다.

여러분 모두가 이 영광의 체험을 하는 주인공들이 되시기 바랍니다.

은혜에 감동받은 자

출 35:4-35

성막을 건축하라는 하나님의 명령을 받은 모세는 백성들을 한 자리에 불러모았습니다. 그러고는 성막을 건축하라 하신 하나님 의 명령을 전하며 성막을 제조하는 데 필요한 재료와 성막의 기구 들에 대해 설명하였습니다.

이에 마음이 감동된 자들이 성막을 짓기 위한 예물을 넉넉히 가 져왔습니다.(출 36:2-7)

성막 건축에 필요한 것은 첫째 설계도, 둘째 건축하는 사람들, 그리고 셋째는 건축 재료입니다.

모세가 하나님의 명령을 선포하자 백성들은 하나님의 명령에 순종하여 금과 은과 놋과 청색·자색·홍색 실과 가는 베실과 염소 털과 붉은 물 들인 숫양의 가죽과 해달의 가죽과 조각목과 등유 및 관유에 드는 향품과 분향할 향을 만드는 향품과 호마노며 에봇 과 흉패에 물릴 보석에 이르기까지 수많은 예물을 드렸습니다.

그것은 처음부터 그들의 것이 아니었습니다. 애굽에서 나올 때 하나님의 은혜로 애굽 사람들로부터 거저 받은 것들이었습니다.(출 12:35-36)

이와 마찬가지로 우리가 가진 건강, 재능, 물질 등은 모두 하나님께로부터 거저 받은 것들입니다. 세상의 그 어떤 것도 우리의 소유물이 될 수 없습니다. 우리는 모두 빈손으로 태어나 하나님의 것을 잠시 빌려 사용하다가 때가 되면 다시 빈손으로 이 세상을 떠나는 것입니다.

우리가 귀하게 여기는 금, 은, 보석은 곧 우리의 마음을 상징합니다. 바로 그러한 마음으로 가진 것을 기꺼이 하나님께 드려야 합니다.

"너희 몸은 너희가 하나님께로부터 받은 바 너희 가운데 계신 성령의 전인 줄을 알지 못하느냐 너희는 너희 자신의 것이 아니라 값으로 산 것이 되었으니 그런즉 너희 몸으로 하나님께 영광을 돌리라"(고전 6:19-20)

1. 자원하는 마음으로

하나님께 이렇게 큰 구원을 거저 받고도(엡 1:6) 복음을 귀하게 여기지 않는 사람들이 있다는 것은 참으로 서글픈 일이 아닐 수 없습니다.

성막 건축을 위해 헌신했던 이스라엘은 모두 마음으로부터 자원하여(출 35:21) 하나님께 성막 재료를 가져왔기에 넉넉하여 남음이 있었습니다.(출 36:7)

그들에게 어떻게 해서 이런 일이 일어났습니까?

이것은 먼저 하나님의 은혜에 감동된 사람만이 하나님의 일을 하게 되는 것을 의미합니다.

사도 바울은 구원받은 성도들이 그의 기쁨이며 교회의 부흥과 평안이 그의 면류관이라고 하였습니다.(살전 2:19)

또한 헌금에 대하여 다음과 같이 권면하였습니다.

"각각 그 마음에 정한 대로 할 것이요 인색함으로나 억지로 하지 말지니 하나님은 즐겨 내는 자를 사랑하시느니라"(고후 9:7)

인색함이나 억지로 하는 것은 참 헌금의 의미를 상실한 것입니다. 하나님께서는 당신의 백성들이 자원하여 드리는 것을 원하시고 또 기뻐하십니다.

성령이 충만하여 주님을 섬겼던 일곱 집사들(행 6:5)처럼 오늘날에도 많은 그리스도인들이 주님을 섬기는 삶을 최고의 영예로 알고 섬기고 있습니다.

"마음에 자원하는 남녀는 누구나 여호와께서 모세의 손을 빌려 명령하신 모든 것을 만들기 위하여 물품을 드렸으니 이것이 이스라엘 자손이 여호와께 자원하여 드린 예물이니라"(출 35:29)

그러자 하나님께서는 이스라엘 백성들에게 감동하셨습니다. 그들은 바로 얼마 전까지만 해도 금송아지를 만들었던 자들이었습니다. 그런 후로 징계를 받고 하나님의 말씀에 감동되어 감사한 마음으로 예물과 헌물을 가져왔던 것입니다.

헌금은 교회 성장을 위해 내는 것도, 또 다른 목적을 위해 내는 것도 아닙니다. 헌금은 온전히 하나님께 제물로 바치는 것입니다.

우리의 받은 바 은혜를 감사하여 하나님의 것으로 성별하여 바치는 것으로 기쁜 마음으로 기꺼이 드려야 합니다.

2. 영광스러운 직분들

하나님께서는 성막을 건축하기 위한 수석 공인들을 지명하셨습니다. 출애굽기 35장 10절부터 19절까지는 이들이 만들어야 할 목록이 세세하게 기록되어 있습니다.

"볼지어다 여호와께서 유다 지파 훌의 손자요 우리의 아들인 브살렐을 지명하여 부르시고 하나님의 영을 그에게 충만하게 하사 지혜와 총명과 지식으로 여러 가지 일을 하게 하시되"(출 35:30-31)

이렇듯 하나님께서는 일을 시키시되 성령으로 충만케 하사 거기에 적당한 자질을 갖춰 주셨습니다.

또 단 지파 아히사막의 아들 오홀리압을 감동시키시사 가르치게 하셨습니다.(출 35:34)

그러나 성경은 이들을 칭찬하거나 높이고 있지 않습니다. 다만 "하나님의 영을 그에게 충만하게 하여"라고 하며 하나님을 높이고 하나님께 모든 영광을 돌리고 있습니다.

오늘날 교회에서 작은 일에도 추켜 주고 칭찬해 주는 일이 많은 것과는 대조적입니다.

"이는 아무 육체도 하나님 앞에서 자랑하지 못하게 하려 하심이라"(고전 1:29)

"행위에서 난 것이 아니니 이는 누구든지 자랑하지 못하게 함이라"(엡 2:9)

바울 사도가 '자랑'이라는 문제를 중요하게 다루는 이유는 무엇입니까?

인류의 시조는 "하나님같이 되리라"는 유혹에 넘어갔습니다. 그리하여 타락한 인간의 첫 번째 특징은 자기중심적인 것이 되었습니다.

하나님 중심에서 인간 중심으로의 전환, 이것이 바로 인간의 타락을 가리킵니다. 그리하여 인간은 칭찬받고 높임받고 드러내고 자랑하기를 좋아하게 되었습니다.

자랑은 곧 교만을 가져옵니다. 그러므로 자랑이 교회 안에 침투하면 분열이 생깁니다.

성막의 재료를 가져오는 일은 자원해서 할 수 있는 것이지만, 성막을 세우는 일꾼들은 하나님의 소명과 성령의 충만함을 받아야 할 수 있는 것입니다.

성막 건축에 필요한 재료들을 자진해서 헌납한 자들이 많이 있음같이 그 일을 감당하기 위하여 자진하여 나서는 자들도 많았습니다. 그러나 그들이 하고 싶다고 하여 할 수 있는 것이 아니었습니다. 오직 하나님께서 택하시고 이룰 수 있는 능력의 은혜를 주께로부터 받아야만 행할 수 있는 것입니다.

"너희가 나를 택한 것이 아니요 내가 너희를 택하여 세웠나니 이는 너희로 가서 열매를 맺게 하고"(요 15:16)

이와 같이 교회의 일꾼들도 받은 은사는 각자 다를지라도 모두 성령님의 부르심으로 인하여 세워진 것입니다.

하나님께서는 이 세상의 지혜 있는 자를 부끄럽게 하시려고 세상의 천한 자들과 약한 자들을 택하사 주의 일을 맡기십니다. 그러므로 주의 일을 하는 자들의 첫째 조건은 성령이 충만한 자여야 합니다.

육에 속한 사람은 성령의 일을 받지 아니하기 때문에(고전 2:14) 하나님의 일을 한다고 하여도 그 행위는 하나님을 대적하는 행위가 될 뿐입니다.

바로 이러한 사람들 때문에 교회가 변질되고 세상이 바벨론 종교로 타락해 가는 것입니다.

"하나님의 영을 그에게 충만하게 하여 지혜와 총명과 지식으로 여러 가지 일을 하게 하시되"(출 35:31)

"오직 성령의 충만함을 받으라"(엡 5:18)

사가랴도 성령의 충만함을 받아 예언하였으며(눅 1:67) 예수님께서도 성령의 충만함으로 40일간 금식하며 기도하셨습니다.

오순절에 그들이 성령의 충만함을 받아 다른 언어들로 말하기 시작하였고(행 2:4) 스데반도 성령이 충만함으로 자신을 돌로 친 자들을 용서하고 순교하였습니다.(행 7:54-60)

성령 충만함 없이 주의 일을 하면 실패와 좌절을 초래할 뿐입니다. 그리스도인들이 주님의 일을 하는 것은 전적으로 하나님께서 일을 하게 하시기 때문입니다.(출 35:31-35)

결국 물 주는 자도, 씨 뿌리는 자도 사람이지만 그 모든 능력은 하나님 안에서 나오는 것입니다. 오직 착한 일을 시작하신 이가 그리스도 예수의 날까지 이루실 것입니다.(빌 1:6)

하나님의 일은 하나님께서 하십니다.

모세는 "여호와의 명령하신 일이 이러하니라"(출 35:4)로 시작하여 "모두 여호와께서 명령하신 대로 할 것이니라"(출 36:1)고 하였습니다.

3. 명령하신 대로 행했습니다

하나님께서는 출애굽한 지 1년도 채 지나지 않아 이스라엘 백성들에게 성막을 짓도록 요구하셨습니다.

왜 그렇게 하셨을까요? 이는 하나님께서 희생을 바라고 계셨기 때문입니다.

인간은 자신의 희생을 통하여 생을 번영케 하고 고상한 성품과 감사와 기쁨을 얻기도 합니다. 이처럼 희생 없이는 하나님과의 화합은 불가능합니다. 예수 그리스도의 십자가의 희생은 온 인류를 하나님과 화합하도록 하셨습니다. 이에 대해 이스라엘 백성들은 넘치는 응답으로 보답했습니다.

그러한 행동은 어디에서 비롯된 걸까요? 거룩한 열정이 그들을 사로잡았기 때문입니다.

하나님께서는 이스라엘 백성들로 하여금 애굽에서 피동적으로

움직이던 노예의식이나 노예정신을 씻어내고 하나님의 참 자유의 백성으로 삼으려 하셨습니다.

우리는 한때 사울에게 하나님의 영이 크게 임하여 새 사람이 되었으나(삼상 10:6) 후에 이를 잃어버린 것같이 하나님의 영이 떠날 수 있음을 알고 항상 성령님이 떠나지 않기를 소원해야 합니다.(시 51:11)

브살렐과 오홀리압은 마지막 때 1,260일 동안 예언할 두 증인을 예표하는 사람들입니다.

전자는 하나님의 영으로 충만함을 힘입고 광야(성막)교회를 건립할 진실한 주의 종들이고, 후자는 마지막 때에 모세와 엘리야의 심령으로 나타나 하나님의 성전과 제단과 그 안에 경배하는 참 성도 된 자들의 모형인 것입니다.

여러분도 은혜를 주신 하나님께 감사하며 언제나 주님께 소유한 것을 기꺼이 바칠 수 있고 주님을 위해 재능을 사용할 수 있도록 준비하여 자발적으로 헌신하는 성도들로서 쓰임 받을 수 있기를 바랍니다.

하나님의 말씀대로

출애굽기 36장 1절을 보면 "브살렐과 오홀리압과 및 마음이 지혜로운 사람 곧 여호와께서 지혜와 총명을 부으사 성소에 쓸 모든 일을 할 줄 알게 하신 자들은 모두 여호와께서 알게 하신 대로 할 것이니라"라고 기록되어, 부름 받은 사람들이 사역을 어떤 자세로 해야 할 것인가를 가르쳐주고 있습니다.

하나님의 말씀대로입니다.

다른 말로 하면 곧이곧대로 하는 것이라고 할 수 있고, 융통성이 없거나 창의성이 없다고 할 수도 있습니다.

그런데 기독교에서 가장 잘 하는 것이 바로 말씀대로입니다. 그것이 가장 좋고 분명하며 유익하기 때문입니다.

광야에 있는 이스라엘 백성들은 애굽의 신전을 보았던 사람들이며, 애굽의 신들을 박살내 버리고 애굽의 신들을 무너트린 사람들입니다.

하나님의 전을 만들고, 그 전에서 사용되는 기물을 만들려는 시점에 그들은 가짜 신도 신상을 가지고 있으니 진짜 신은 얼마나 더 멋진 신상이 있어야 할 것인가를 생각했을 것입니다. 그래서 자기들의 신을 위한다는 생각에, 더 멋있고 더 영광스럽게 해야 한다는 생각에, 여호와의 말씀대로가 아니라 자신들의 의도대로 한다면 하나님께서는 그 생각이 기특하다고 하시지 않을 것입니다. 오늘날 성도들이 오해하는 것이 바로 이 부분입니다. 잘 하려고 한 것이요, 어떻게든 하나님을 위해 했다는 것입니다.

그러나 하나님은 인간에 의하여 더 높아지거나 좋아질 수 있는 분이 아닙니다. 하나님은 인간에 의해 그 무엇을 필요로 하시는 분이 아닙니다. 그러므로 하나님의 말씀대로 하는 것이 가장 잘 하는 것입니다,

본문을 보면, 성막에 쓸 재료가 넘쳤습니다. 그러면 그만 가져오게 하는 것이 옳습니다. 무조건 계속 가져오라 하고 창고에 계속 쌓아 놓을 일이 아닙니다. 이스라엘 백성이 성소의 모든 것을 만들기 위하여 예물을 가져오는데 그 예물이 너무 많아 쓰고도 남을 정도가 되었습니다.

본문이 강조하는 것은 물건이 많다는 데 있지 않습니다. "하나님의 방법대로 했느냐?"입니다. 최선의 방법은 하나님의 법대로입니다.

그렇다면 왜 하나님의 법대로가 좋은지 살펴보겠습니다.

인간이 선발을 할 자격이 있다면 그 수준에서나마 그래도 그중에서 나은 사람을 뽑을 수 있지 않느냐고 생각할 수 있습니다.

하지만 기독교는 하나님이 하신다는 사실을 알아야 합니다. 하나님이 그렇게 하시는 이유는 인간이 힘들지 않게 하기 위해서입

니다.

만약 인간이 하나님께서 선발받아야 하는 자격과 조건을 갖추어야 한다면, 인간이 하나님의 기준에 합당하려면 인간은 많은 수고와 노력을 해야 하고 언제나 신을 의식해야 하며 늘 신과 긴장관계에 놓여야 할 것입니다.

이단의 공통적인 특징은 사람들을 긴장하게 만드는 것입니다. 그 대표적인 것이 날짜를 지정하는 것입니다. 어느 날에 종말이 온다고, 어느 때에 재림이 있다고 하며 사람들을 긴장시키고 불안하게 하는 것입니다. 그런 상태에서는 정상적인 삶을 살 수가 없습니다.

요즘에는 날짜를 지정하는 대신 숫자를 지정하기도 합니다. 천국 가는 사람의 숫자가 정해져 있다는 것입니다. 그 숫자가 거의 채워져 가고 있으니 빨리 서둘러야 한다는 것입니다.

이렇듯 이단은 어떠한 이유로든 사람들을 불안하게 만듭니다. 이것은 하나님의 방식과는 다릅니다.

하나님이 행하시는 또 한 가지 이유는 인간으로 하여금 갈등과 차별이 없는 세상에서 살게 하기 위한 것입니다.

인간의 행함이 있는 곳에는 언제나 논공행상의 시비가 그치지 않습니다. 이렇듯 시비와 갈등이 있으면 인간은 상호간에 행복한 삶을 영위할 수 없습니다.

그러한 시비와 갈등이 없는 곳이 어디겠습니까? 바로 교회여야 합니다. 바로 하나님이 하셨다고 선언하기 때문입니다.

종교개혁이 일어났던 16세기, 개혁운동의 지도자들은 성경이 가르치는 참된 교회의 모습을 회복시키기 위하여 제도화되고 관료화되고, 왜곡된 교회의 본질을 회복하는 일에 분투하였습니다.

그들은, 교회는 사람이 세운 제도가 아니란 점을 강조하였습니다. 교회는 예수 그리스도를 구주로 믿고 고백하는 사람들의 모임이며, 하나님의 백성들이 함께 예배하며 교제하는 믿음의 공동체임을 역설하였습니다.

다시 말하면, 교회의 중심 목적은 성도들이 예수 안에서 하나님과 깊고 친밀한 영적 교제를 누릴 수 있도록 배려하고 돕는 일임을 확실히 강조하였습니다.

특히 칼빈은 교회에 대하여 피력하기를 "하나님의 자녀들에게 하나님은 영적 아버지요, 교회는 영적 어머니"라고 했습니다. 영적 어머니로서의 교회는 신자들의 영적 생명을 잉태하며, 생명이 건강하게 자라도록 영양분을 공급하고 양육하고 돌보며 교육하고 훈련시키는 역할을 감당하는 곳이라 했습니다.

성막이 완성된 후, 성막을 누가 세웠느냐에 대한 갈등은 없었습니다. 누가 더 수고했고 누가 더 애를 썼으며, 누가 더 적극적이었고 누가 더 좋은 것을 바쳤느냐에 대한 갈등이 없습니다.

하나님이 하셨기에 인간 중에는 아무도 자랑할 수가 없는 것입니다. "내가 했고, 내가 더 수고했다"고 주장할 만한 어떤 근거도 없습니다. 이것이 기독교이며 교회의 본질이어야 합니다.

하나님이 행하신 이스라엘 역사에서는 갈등을 유발시킨 사건이 없습니다. 하나님이 행하시는 대로 하나님의 말씀대로 해야 인간은 참된 행복을 누리며 살 수 있습니다. 하나님 때문에 편안하고 즐겁고 신나고 행복한 삶을 사는 것이 하나님의 목적이요 교회여야 합니다.

본문을 보면, 이스라엘 백성이 예물을 가져오는데 그 양이 너무 많아 쓰고 남을 정도가 되었다고 기록하고 있습니다. 생활이 넉넉하지 않았음에도 불구하고 예물이 이와 같이 넘친 것은 하나님을 사모하는 마음이 넘쳐흘렀기 때문입니다.

하나님께 대한 풍요는 곧 축복이라는 사실을 기억하십시오. 하나님의 말씀대로 사는 자가 그리스도인이요, 하나님의 자녀들입니다.

"모든 것이 은혜요 축복입니다. 주님이 하셨습니다"라고 고백하는 여러분이 다 되시기 바랍니다.

법궤 안에 숨겨진 그리스도

성경과 우리 신앙의 중심은 그리스도입니다. 그러므로 성경에서 그리스도를 발견하는 것은 대단히 중요합니다.

많은 사람들은 신약에서 그리스도를 발견하는 것은 쉽지만 구약에서는 어렵다고 생각합니다.

그러나 조금만 주의깊게 살펴보면 구약에도 그리스도에 대한 상징과 예언이 차고 넘친다는 사실을 알 수 있습니다.

하나님 말씀에 따라 지어진 성막에서도 그리스도의 모습을 찾아볼 수 있습니다.

성막에 관하여 말씀하실 때 제일 먼저 법궤로부터 시작한 것을 보아도 알 수 있듯, 그만큼 중요했기 때문에 법궤를 서열상 맨 앞에 둔 것입니다. 그러므로 법궤 없이는 성막에서 섬기는 모든 일들이 무의미하며 또한 무가치합니다.

법궤가 하나님께서 계시는 곳으로 상징되었던 까닭은 하나님의 언약의 축복이 법궤 안에 안치되었기 때문입니다.

모든 기구들은 예수 그리스도의 사역이나 그 결과를 나타내고 있지만 법궤만은 그의 인격을 나타내고 있으므로 모든 성막 기구 중 맨 먼저 설명된 것입니다.

법궤의 이름은 일곱 가지로, 놀랍게도 각기 다양한 권위와 의미를 가지고 있습니다.

첫째는 '증거궤'(출 25:22)라고 불렸는데, 십계명의 두 돌판이 보관되어 있었기 때문입니다.

둘째는 '언약궤'(민 10:33)로, 하나님께서 돌판을 통해 언약을 분명히 하셨기 때문입니다.

셋째는 '여호와의 궤'(수 3:13)인데, 이스라엘이 요단강을 마른 땅으로 건너고 여리고성을 함락시킬 수 있었던 까닭이 법궤를 메고 갔다는 데에 있었기 때문입니다.

이외에도 '하나님의 궤'(삼상 3:3), '거룩한 궤'(대하 35:3), '주의 권능의 궤'(시 132:8) 등으로 소개되고 있습니다.

법궤에 금테를 두른 것은 언약궤의 귀중함을 보여주신 것입니다. 또한 금고리 네 개를 만들어 네 모서리에 달았으니 이 편에 두 고리요 저 편에 두 고리이며 넷은 세상의 수(동, 서, 남, 북)를 뜻합니다.

이것은 하나님 사랑의 우주성을 의미합니다. 실로 하나님의 사랑은 국경을 초월하여 온 우주에 미치는 것입니다.

더하여 조각목으로 채를 만들어 금으로 싸고 그 채를 궤 양쪽 고리에 꿰어 궤를 메게 하였습니다. 이것은 이동하기에 용이하도록 하기 위함입니다. 이스라엘 백성들은 광야를 통과하여 가나안을 정복한 후 성전이 완성될 때까지 불가피하게 언약궤를 메고 이

동해야 했기 때문입니다.

또한 하나님께서는 조각목으로 성막에 세울 여러 개의 널판을 만들어 하나로 묶게 하셨습니다.

"몸이 하나요 성령도 한 분이시니 이와 같이 너희가 부르심의 한 소망 안에서 부르심을 받았느니라"(엡 4:4)

널판을 하나가 되게 묶어주는 띠(출 36:33)는 그리스도인들의 가슴과 가슴이 이어지는 성령의 상징입니다. 형제가 연합하여 동거하고(시 133:1), 합력하여 선을 이룸을 뜻하는 것입니다.(롬 8:28) 한 분 예수님을 통해서 구원을 받고(요 10:9) 주 예수님 안에서 지체가 되는 것입니다.

한 성령으로 세례를 받아 한몸이 되었기에(고전 12:13) 모든 뜻이 하나가 되어 주님의 집이 되는 것입니다.

1. 법궤와 삼위일체 하나님

법궤 안에는 십계명 돌판 두 개와 만나를 담은 금항아리 그리고 아론의 싹 난 지팡이가 들어 있었습니다.(히 9:4)

법궤는 하나님을 상징하며, 이 세 가지 물품은 삼위일체가 되신 하나님을 상징합니다.

십계명 돌판은 이 세상을 창조하신 성부 하나님, 만나는 하늘에서 내려온 살아 있는 떡이라고 하신(요 6:51) 성자 하나님, 싹 난 지팡이는 죽은 생명을 부활시키는 성령 하나님을 상징으로 보여주고 있습니다.

이 세 가지 성물은 인위적으로 만들어진 것이 아니라 하나님께서 직접 만드시고 내려주시고 또 역사하신 것들입니다.

법궤는 지성소에 안치되어 있었으니, 지성소는 하나님께서 임재해 계신 곳으로서 성막 안에 있었고, 이 성막은 이스라엘 백성들의 삶의 중심이었습니다.

하나님께서는 "거기서 내가 너와 만나"(출 25:22)라고 말씀하셨습니다.

하나님과의 만남은 속죄소에 뿌려진 대속의 피로 말미암음입니다. 이것은 전적으로 하나님의 은혜에서 비롯된 것입니다. 이는 하나님께서 고안해 내신 방법이요 전적으로 하나님께서 설계하신 것입니다.

율법 아래 있게 되면 모두가 죄 아래 있게 되고 심판 아래 있게 됩니다. 하지만 은혜 아래 있으면 하나님께 의롭다 함을 얻게 되고 하나님과의 만남이 가능해지는 것입니다.

하나님께서는 그리스도를 보내시기 전에 이와 같은 사실을 모형을 통해 보여주시려고 성소를 짓되 내가 네게 보인 대로 지으라고 명령하셨던 것입니다.

2. 속죄소와 십자가

법궤에서 십자가의 대속을 상징하는 것은 법궤의 뚜껑인 속죄소입니다.

순금으로 그룹 둘을 만들어 각각 속죄소 양끝에 두었으며 그 그룹들의 날개를 높이 펴서 그 날개로 속죄소를 덮었습니다. 그 얼굴은 서로 대하여 속죄소를 향하게 했습니다.

두 그룹의 날개가 속죄소를 덮은 것은 그리스도의 십자가 보혈로 우리들의 모든 죄를 속량함(덮는다)을 뜻합니다.

하나님께서는 이 속죄소에서 대제사장 아론을 만나 피 뿌림을 통하여 죄를 사하여 주셨습니다.

속죄소는 율법과 은혜가 만나는 장소입니다. 하나님의 법에 의하여 정죄된 인간은 이 속죄소에서 은혜를 입어 죄 사함을 받게 됩니다. 이것은 십자가의 의미를 그대로 나타내고 있습니다.

십자가는 하나님의 공의와 사랑의 의미를 반영하고 있습니다.
(히 9:25-26)

3. 예수 그리스도는 인간의 구주이십니다

성막 교회는 주님께서 거하시는 집이기 때문에 육과 영의 분명한 구별이 있습니다.

우리는 진리로 하나가 되므로 진리가 아닌 것은 과감하게 분리해야 합니다. 이것이 바로 교회 안에서 누룩을 조심해야 하는 까닭입니다.

브살렐은 궤를 만들 때 순금으로 안팎을 싸고 위쪽 가장자리에 금테를 둘렀습니다.

금으로 싼 것은 성령의 기름 부음을 상징하고(요일 2:27), 금테를 두른 것은 예수님께서 왕 중의 왕이심(계 19:16)을 보여주는 것입니다.

예수님께서 쓰신 면류관은 생의 고난과 죽기까지 낮아지는 순종을 통해 얻어진 것입니다.

이와 마찬가지로 우리는 율법에 의해 먼저 정죄당하고 죽어야 예수 그리스도 안에서 새 생명을 얻을 수 있습니다.

예수님은 구원자이십니다.(마 1:21) 그러므로 세상 죄를 담당하시고 구원하시려는 하나님의 사랑과 정죄를 상징하는 율법 돌판을 덮는 속죄소를 만든 것입니다.

법궤의 뚜껑인 속죄소는 망치로 쳐서 만들었습니다. "쳐서 만들었다"는 것은 골고다의 고난을 상징합니다. 예수님께서는 우리 대신 골고다에서 고난의 채찍을 맞으시고 피 흘리심으로 율법의 저주에서 우리를 해방시켜 주셨습니다.

"그가 채찍에 맞음으로 우리는 나음을 받았도다"(사 53:5)

사도 바울은 빌립보서 4장 21절에서 그리스도 예수 안에 있는 성도에게 각각 문안하라고 했습니다. 이는 그리스도로 말미암아 가이사 집 사람이 같은 식구가 되었다는 의미입니다.

가이사 집의 사람이라고 말하지만 당시는 네로 치하였습니다. 폭군이 다스리는 폭압정치 시대에도 복음에 관심을 갖는 사람들이 있었습니다. 어둠이 짙을수록 빛을 찾는 무리가 더 많은 법입니다.

그리스도는 알파와 오메가이십니다. 그의 은혜는 처음이며 마지막이십니다. 그분이 시작과 끝이 되어야 하는 이유는 그가 구원자이시기 때문입니다.

주 예수 그리스도는 구원자이십니다. 그렇다면 그 구원자를 맞이할 자는 누구입니까?

우리 삶이 주 예수 그리스도의 은혜여야 하는 이유는 그리스도께서 우리 삶의 주인이 되시며 도움이시기 때문입니다. 뿐만 아니라 그분이 우리의 소망이시기 때문입니다.

"모든 입으로 예수 그리스도를 주라 시인하리라"는 놀라운 소망은 우리에게 있는 가능성이 아니라 그의 은혜로 인할 뿐입니다.

시작도 은혜요 끝맺음도 은혜입니다. 그러므로 하나님의 은혜를 사모해야 합니다.

성막에 숨겨진 그리스도를 발견하고 그분이 주시는 은혜 안에서 복된 삶을 누리는 여러분이 다 되시기 바랍니다.

하나님께서 거하시는 처소

백성들은 성막 본체가 완성된 후 성막에서 가장 큰 비중을 차지하는 지성소 내의 기물들을 제작하기 시작하였습니다.

그들은 먼저 법궤와 속죄소를 만들었고(출 37:1-9) 이어 떡상과(출 37:10-16) 등대(출 37:17-24) 그리고 분향단(출 37:25-29) 등을 만들었습니다.

법궤와 그 속은 화려하고 다양한 재료로 꾸며진 데 반해 성막 내부의 기물들은 조각목과 순금 두 종류의 재료로만 제작되었습니다. 이는 성막 내부에 배치된 각종 성물들이 인류의 대속 하나님과 인간과의 화해를 위해 이 땅에 오신 그리스도를 상징 또는 묘사하고 있기 때문입니다. 조각목은 이스라엘 백성을, 순금은 구원과 그 이후의 삶을 상징하고 있습니다.

우리는 각종 성물을 바라보면서 그것의 재질이나 모양보다는 그것의 의미와 각각의 역할에 주목해야 합니다.

성막(장막)은 구속받은 백성 가운데 거하시는 여호와의 처소입니다. 열두 지파들은 그 주위에 진을 쳤고 또한 구름이 그 위에 머물렀습니다.

성막은 장차 올 선한(그리스도) 것들의 그림자입니다. 성막은 광야교회(행 7:38), 하나님의 교회, 그가 거하실 처소, 또한 그의 왕국을 의미하기도 합니다.

이스라엘 백성들은 성막 안에 하나님의 지시를 따라 법궤와 떡상 그리고 향단을 정성껏 만들어 놓았습니다.

그들이 정성스럽게 거룩한 기구를 만들었듯이 오늘날의 우리들도 그들의 뒤를 따라야 합니다. 그렇게 하기 위해서는 이러한 기구들이 뜻하는 바를 잘 알고 있어야 합니다.

1. 법궤와 말씀의 삶

법궤, 즉 말씀의 궤는 조각목으로 탄탄하게 만들어졌으며 그 안과 밖을 순금으로 쌌습니다. 말씀을 보관하기 위해 할 수 있는 최선을 다한 것입니다.

우리도 하나님의 말씀이 심령에 가득 차 있어야 합니다. 말씀을 방 한구석에 던져 놓고 전시만 하지 말고 우리 마음을 법궤와 같이 잘 준비하여 언제나 말씀으로 가득 차 있게 해야 할 것입니다.

모세가 시내산에서 40일 주야로 하나님과 함께 머물렀을 때 하나님께서는 언약의 말씀, 곧 십계명을 돌판에 기록하셨습니다.(출 34:28)

시내산에서 내려온 모세는 하나님의 말씀을 모두가 들을 수 있도록 선포하였습니다. 그리고 하나님께서 친히 쓰신 두 돌판을 법

궤에 보관하였습니다.(신 10:5)

여호수아도 가나안 정복을 마친 후 세겜에서 이스라엘 백성을 모아 가나안의 이방신들을 다 청산하고 오직 여호와만을 섬기겠노라고 다짐한 후 이 모든 말씀을 하나님의 율법책에 기록하고 큰 돌을 취하여 여호와의 성소 곁에 있는 상수리나무 아래에 세웠다고 하였습니다.(수 24:19-26)

이렇듯 하나님의 말씀은 우선 쓰여진 말씀이 기초되어 있기에 부지런히 말씀을 읽고 배우고 명상하여 하나님의 약속을 발견하고 지혜를 구하며 주의 뜻을 잘 분별할 수 있어야 할 것입니다.

가나안 땅에 들어가기 직전 모세는 아라바 광야에서 백성들에게, 너희는 그 땅에 들어가서 농사는 어떻게 짓고 전쟁에서는 어떤 전술을 펼치고 정치는 어떻게 하고 경제는 어떤 정책대로 하고 문화는 어떻게 발달시키라고 가르치지 않았습니다.

모든 것의 근본되시는 하나님의 기록된 말씀을 기억하고 되새기며 하나님의 규례와 법도와 명령을 듣고 배우며 지켜 행하라고 하였습니다. 왜냐하면 성경에 이 모든 것의 원리가 기록되어 있으며, 이를 바르게 해석하여 잘 이행하면 하나님의 축복을 받게 되기 때문입니다.

"성경은 능히 너로 하여금 그리스도 예수 안에 있는 믿음으로 말미암아 구원에 이르는 지혜가 있게 하느니라"(딤후 3:15)

"이는 하나님의 사람으로 온전하게 하며 모든 선한 일을 행할 능력을 갖추게 하려 함이라"(딤후 3:17)

"여호와께서 너희의 땅에 이른 비, 늦은 비를 적당한 때에 내리시리니 너희가 곡식과 포도주와 기름을 얻을 것이요"(신 11:14)

신명기 6장 5절부터 9절에는 하나님의 말씀을 배우는 태도와 교육 방법에 대해 나와 있습니다.

"너는 마음을 다하고 뜻을 다하고 힘을 다하여 네 하나님 여호와를 사랑하라"(신 6:5)

우리는 이 말씀대로 성경을 읽고 또한 배우는 성도가 되어야 할 것입니다. 그리고 더 중요한 것은 그 말씀을 그대로 지켜 행하는 데 있다는 사실을 잊지 말아야 합니다.

실천 없는 배움은 헛되며 뿌리를 내리지 못합니다. 말씀 듣는 귀가 커져 있고 배워서 아는 지식은 많으나 실천하지 않는 손발을 가지고 있으면 영적인 불구자가 됩니다.

예수님께서는 "그러므로 누구든지 나의 이 말을 듣고 행하는 자는 그 집을 반석 위에 지은 지혜로운 사람 같으리니 비가 내리고 창수가 나고 바람이 불어 그 집에 부딪치되 무너지지 아니하나니"(마 7:24-25)라고 말씀하셨습니다. 말씀대로 행하는 사람도 환난을 겪을 수 있으나 반석 위에 굳게 서 있으므로 넘어지거나 흔들리지 않으며 최후에 풍성한 축복을 받을 수 있다는 의미입니다.

2. 떡상과 영의 변화

하나님께서는 떡상을 만들고 그 위에 이스라엘 열두 지파를 위해 떡 열두 개를 여섯 개씩 두 줄로 하여 바치되 매일 새 것으로 바치라고 지시하셨습니다.

구약성경을 읽어보면 하나님과 동행하는 삶은 인간의 제한된 시간과 공간을 새롭게 변화시킬 수 있다는 사실을 알 수 있습니다.

예를 들면 우상의 소굴에 있던 아브라함을, 인간적인 혈연과 지연의 관계를 끊어버리게 하고 하나님과의 새로운 관계에로 초대하였습니다.

이스라엘 백성들은 약속의 땅을 바라보며 새로운 희망을 품은 채 40년을 광야에서 지냈습니다. '새로운'이라는 단어는 히브리어로 '하다쉬'라고 하는데 이는 '밤에 달의 모양이 늘 다르게 바뀌는 것'을 뜻합니다.

앞으로 올 시대에 하나님께서 새 언약을 당신의 백성들과 맺으시며 그들 속에 새 마음과 새 영을 심어주셔서 새 삶으로 지어진 예수님 중심의 교회가 될 때에 이전 죄악된 것은 다 지나가고 새 교회가 탄생된다는 의미입니다. 그러므로 우리는 오직 심령이 새롭게 되어 하나님을 따라 의와 진리의 거룩함으로 지으심을 받은 새 사람이 되어야 합니다.(엡 4:23-24) 그러면 마침내 새 하늘과 새 땅을 주시겠다고 약속하셨습니다.

하나님과 화합하여 새 사람이 된 성도는 새 노래로 여호와께 찬양드리게 됩니다.(시 96:1) 교회는 그리스도 안에서 새로운 피조물이 됩니다.

3. 분향단과 기도

하나님께서는 단을 만들어 매일 분향하게 하셨습니다. 지시하신 대로 만들어진 향유를 매일 공급하여 조석으로 향을 피우도록 하셨습니다.

성소는 교회를 상징합니다. 제사장들은 성소에서 하나님을 섬겼고 지성소 앞의 금 향단 위에서는 향연이 끊임없이 타올랐습니다.

하나님께서는 향단을 만든 후에 향을 만들게 하셨습니다.(출 37:29) 향단이 만들어진 것은 예수님께서 영원한 속죄를 이루시고 부활 승천하신 것을 의미하고, 그 후에 향이 만들어진 것은 오순절에 성령이 오신 것을 의미합니다. 향이 올라갈 때에 "여호와께 향기로운 냄새"(레 1:17)가 되는 것입니다.

향단에서는 향을 피워서 향연을 올리는데 이것은 오늘날 성도들의 기도를 의미하는 것이라고 볼 수 있습니다. 향연이 올라가듯 우리는 성령 안에서 기도하는 것입니다. 기도는 호흡이기 때문에 쉬지 말고 하되(골 4:2) 주님의 영광을 위해 기도해야 합니다.

"나의 기도가 주의 앞에 분향함과 같이 되며 나의 손 드는 것이 저녁 제사같이 되게 하소서"(시 141:2)

분향단은 성소 중앙에 자리잡고 있으며 성막 기구 가운데 지성소와 가장 가까운 자리에 놓여 있습니다. 이곳에서 분향함으로써 온 성소 안을 향기롭게 하며 거룩하게 구별되게 함으로 하나님께서 기뻐하시는 것입니다. 이것은 우리를 위해 대제사장이 중보하는 것으로 그리스도의 모형을 의미합니다.

"그 두루마리를 취하시매 네 생물과 이십사 장로들이 그 어린양 앞에 엎드려 각각 거문고와 향이 가득한 금 대접을 가졌으니 이 향은 성도의 기도들이라"(계 5:8) 여호와께서는 이 향을 흠향하십니다.

시편 51편 2절부터 7절에서 다윗은 "나의 죄악을 말갛게 씻으시며 나의 죄를 깨끗이 제하소서"라고 하였습니다. 다윗은 범죄하고 나서 침상이 젖도록 간절하게 기도했습니다.

하나님께서는 다윗이 깨끗해서 "내 종 다윗 내 다윗" 하고 70여 회나 부르신 것이 아니라 그가 죄를 회개하는 기도를 드렸기에 용납하시고 그를 들어 쓰신 것입니다. 기도하는 다윗, 회개하는 다윗, 믿음이 있는 다윗에게 하나님께서는 복을 주셨습니다.

"내가 이새의 아들 다윗을 만나니 내 마음에 맞는 사람이라 내 뜻을 이루게 하리라"(행 13:22)

구약의 제사가 오늘날 우리의 예배를 뜻하듯 구약의 향연을 피우는 것은 오늘날 우리의 기도를 뜻합니다.

하나님과 우리의 교통의 시간은 예배드리는 시간이요, 기도하는 시간입니다. 하나님께서는 성도들의 기도와 예배를 기뻐하십니다. 그중에서도 예배의 향을 가장 기쁘게 받으십니다. 우리는 주의 말씀과 성령을 매일같이 공급받아 향기를 발하는 삶을 살아가야 합니다. 우리의 마음을 법궤와 같이 준비하고 주의 몸을 제물로, 또 향기로 드리는 삶을 살아가는 여러분이 되시기 바랍니다.

번제단과 성막 뜰

출애굽기 38장에 나오는, 놋거울로 만든 물두멍은 복음으로 이해할 수 있습니다.

물두멍은 우리의 죄를 거울처럼 밝히 비춰주고 성결하게 씻어주기 때문입니다.

1. 우리의 모습을 있는 그대로 비춰주는 거울, 복음

어떤 거울은 우리를 실제보다 더 나은 모습으로 보이게 합니다. 또 어떤 거울은 실물보다 비뚤어지게 비추어 본래 모습보다 더 나쁘게 보이게도 합니다.

그러나 복음의 거울은 우리의 모습을 있는 그대로 보여줍니다.

제사장들은 성막에 들어갈 때 물두멍의 윤이 나는 장면을 쳐다보며 자신들도 깨끗해져야겠다고 느낍니다.

그와 같이 복음은 우리의 영혼이 성결하게 씻겨야 한다는 것을 보여줍니다. 우리는 복음을 통하여 구세주의 십자가에서 흘리신 피로 씻김을 받아야 합니다.

제사장들이 씻김을 받는 이 물두멍은 매일 아침마다 깨끗한 물로 채워집니다. 매일 아침 새로운 구원의 물로 씻김을 받지 못한다면 그것은 무가치한 일입니다.

이 구원의 물로 씻김을 받으시기 바랍니다. 예수 그리스도의 참 복음을 통하여 의로우신 예수님의 빛나는 옷자락과 그의 손을 잡으시기 바랍니다.

2. 물두멍에서 씻김을 받으라

물두멍의 물은 홈통으로 흘러 들어오기 때문에 물두멍 안에는 어떠한 찌꺼기도 남아 있지 않았습니다. 그래서 제사장들은 항상 새 물로 손과 발을 씻게 됩니다.

우리도 언제나 예수 그리스도의 복음으로 양심의 구석구석 깊은 곳까지 씻김을 받아야 합니다.

물두멍에서 씻어야 된다는 사실은 선택의 여지가 있는 것이 아니라 거역할 수 없는 명령입니다.

제사장이 성막에 들어올 때 하나님께서 그들에게 말씀하시길 "물두멍에서 씻어야 한다. 그렇지 않으면 죽으리라"고 하셨습니다. 전에 어디서 씻었는지는 상관이 없습니다. 이 물두멍에서 씻으라는 것입니다.

그리스도의 복음도 이와 같이 명령하십니다. 우리 그리스도인들은 반드시 이 물두멍에서 씻김을 받아야 합니다.

3. 성막 뜰의 구조

하나님께서 구원에 꼭 필요한 지성소와 성소, 그리고 제단이 있는 곳을 흰 세마포로 구분하신 것은 그곳이 바로 하나님께서 계신 곳이기 때문입니다.

하나님은 거룩하시기 때문에 죄인들을 용납하실 수 없습니다. 그래서 누구든 하나님께서 원하시는 방법으로 그분의 존전에 나아가야 했습니다. 하나님께서 거룩하시다는 것은 생각하시는 것이 언제나 의롭고 정결하시다는 것을 의미합니다.

우리는 어떻습니까? 사람은 언제나 생각하는 것이 악합니다.

만일 우리가 하나님처럼 서로의 생각을 읽을 수 있다면 큰 충격과 실망 때문에 한순간도 견디지 못할 것입니다. 미쳐버리거나 죽을 수도 있습니다. 마치 소돔을 갓 벗어난 롯과 그의 두 딸들처럼 말입니다. 그들은 죄에 대해 심각하게 생각하지 않았습니다. 죄에 감염되어 있었기 때문입니다. 결국 그들은 자기들끼리 높은 산에 올라가서 살았으며, 이는 결국 죄를 짓는 것이었습니다.

하나님은 죄인들과 사귀실 수 없습니다. 우리는 하나님의 거룩한 성소에 그냥 들어가면 죽을 수밖에 없습니다. 그렇기 때문에 하나님께서는 시내산에서 모세를 만나실 때 표시를 하여 하나님이 계신 그 산을 아무도 침범하지 못하도록 하신 것처럼 성막에 흰 세마포를 둘러서 성막 접근을 막으셨습니다.

하나님께서는 오직 하나의 문만 허락하셨습니다. 이것은 우리가 구원받을 수 있는 오직 한 길은 예수 그리스도의 의와 십자가 죽음을 믿는 것밖에 없음을 보여줍니다.

그렇게 하신 이유가 무엇입니까? 오직 그 길만이 하나님의 의로 우심을 온전히 나타내기 때문입니다. 하나님의 의로우심을 회복하기 위해서는 가장 거룩하신 하나님의 아들이 죽음으로써만 가능한 것입니다. 그리고 이 길만이 우리의 겸손을 시험하실 수 있는 길이기도 합니다. 이 세상에서 가장 큰 겸손이 무엇입니까? 길에서 구걸하는 자를 아버지라고 부르는 것입니까? 아닙니다. 십자가에 달린 분을 나의 주님이라고 부르는 것입니다.

예수님을 믿는 우리는 이미 지성소 안에 들어와 있습니다. 하나님께서는 우리의 마음을 지성소로 삼으시며 우리의 모임 가운데 임하기를 기뻐하십니다. 우리의 모든 죄를 용서하시고 그룹의 날개 가운데 임하기를 기뻐하십니다.

오늘날 교회에서 가장 무서운 것은 지성소 안에 있는 사람과 뜰 밖에 있는 사람의 구별을 없애는 것입니다. 우리 안에 다시 세상으로 돌아갈 수 없는 경계선이 있어야 합니다. 그리고 세상에 대하여 죽어야 합니다. 왜냐하면 우리가 세상에 대해서 죽을 때에야 비로소 그리스도 안에서 살 수 있기 때문입니다.

4. 다른 뜰

우리가 본문에서 보는 성막 뜰은 구원에 있어서 가장 기본적인 내용을 포함하고 있습니다.

특히 이방인의 뜰은 매우 중요한 곳이었습니다. 이방인이란 아직 개종하지 않은 사람들을 의미합니다.

그러나 이방인 중에도 하나님을 알기 원하고 하나님의 말씀을 듣기 원하는 사람들이 있었습니다. 그들은 비록 구원의 뜰에는 들어가지 못할지라도 하나님을 경배하기 원하는 자들입니다.

성막 뜰에서 하나님의 말씀을 사모하던 그들은 신약교회의 중요한 구성원들이 되었습니다.

5. 기독교 문화의 의미

기독교의 문화 자체가 구원은 아니지만, 생활 가운데 성막의 뜰을 넓히는 효과를 가져올 수는 있습니다. 그래서 그리스도인들은 나름대로 아름답고 재미있는 문화를 만들어 내기도 합니다. 세상 사람들은 우리에게서 무엇인가 다른 거룩한 느낌을 기대하고 우리의 교제를 지켜볼 것입니다.

그러나 이것이 가져오는 부정적인 영향에 대해서도 생각해야 합니다. 단지 성막에 오는 것만을 목적으로 생각해서 그들이 오는 것 자체가 의가 되고 공로가 되었을 때 하나님으로부터 더 멀어지게 되고 오히려 그것이 걸림돌이 될 수 있습니다.

하나님은 중심을 보시는 분이십니다.

성막의 중심, 여호와의 영광 충만 출 39:1-43

구약의 사사기를 읽어보면 이스라엘 백성들이 하나님 앞에서 끊임없이 시행착오를 저지르는 것을 알 수 있습니다.

이스라엘에는 율법과 제사 제도, 제사장도 있었습니다. 그러나 왕이 없다는 이유로 그들은 끊임없이 죄를 짓고 또 그 죄의 결과로 다른 나라의 압제를 받기도 했습니다.

이스라엘의 왕은 하나님이셨기 때문에 그들에게는 왕이 필요하지 않았습니다. 그럼에도 불구하고 이스라엘 자손들은 왕이 없음을 핑계 삼아 끊임없이 방황했습니다.

그들이 하나님께 부르짖으면 하나님께서는 그들에게 구원자를 보내주셨습니다. 그 구원자가 살아 있는 동안 이스라엘은 평안했지만 그가 죽으면 또다시 방황하고 죄에 빠졌습니다.

이와 같은 사실을 중심으로 성막의 특성에 대해 살펴보겠습니다.

1. 하나님의 명대로 지어짐

성막은 유대교의 신성한 예배 의식에 있어서 중요한 위치를 차지하고 있습니다.

성막은 모세가 시내산에서 하나님께로부터 받은 명령대로 지어졌습니다. 또한 하늘의 양식에 따를 뿐만 아니라 하나님의 영감을 받아 지혜와 총명과 지식과 여러 가지 재주를 가진 장인이 만들었다고 했습니다.

우리가 여기에서 알 수 있는 것은 하나님께 예배드리는 데 있어서 사소한 부분이라 할 수 있는 빛깔, 모양, 재료, 예배와 그 진행에 필요한 모든 것들이 하늘의 특별한 제사와 영감을 드러내 보여주는 데 그 가치가 있다는 사실입니다.

일이 끝났을 때 모세는 하나님께서 명하신 대로 된 것을 알고 하나님이 첫 창조물에게 내리신 축복과(창 1:31) 같이 축복하였습니다.

2. 하나님이 임재하심

성막은 여호와의 집(수 6:24), 여호와의 전(삼상 3:3), 성소(출 25:8), 장막, 성막, 하나님의 집이라고 불립니다.

그중에서 가장 특색 있는 두 가지 이름은 증거의 장막(민 9:15), 회막(출 39:32)으로 나타납니다.

그 후, 모세는 이같이 역사를 기록하였습니다.(출 40:34-35)

1. 구름이 회막에 덮이고
2. 여호와의 영광이 성막에 충만하매

3. 모세가 회막에 들어갈 수 없었으니 구름이 성막 위에 덮이고
   여호와의 영광이 성막에 충만하였기 때문이다.

여호와의 영광이 성막에 얼마나 충만하였는가는 모세가 회막에
들어갈 수 없었다는 것을 통해 알 수 있습니다. "어찌하여 성막을
여호와께서 명하신 대로 세워야만 했는가?" 바로 이를 위해서였
던 것입니다.

성막이 여호와께서 모세에게 명하신 대로 되지 않았다 해도 구
름이 회막 위에 덮이고 여호와의 영광이 충만하였겠습니까? 출애
굽기 25장 8절을 보면 "내가 거할 성소"라고 말씀합니다.

여호와의 영광이 성막에 충만했다는 것은 여호와께서 성막에
임재하심을 통해 나타내고 있습니다. 그리고 이렇게 하심은 "말씀
이 육신이 되어 우리 가운데 거하시매(장막을 치매) 우리가 그 영
광을 보니 아버지의 독생자의 영광이요 은혜와 진리가 충만하더
라"(요 1:14)고 말씀하신 임마누엘의 모형이었던 것입니다.

성경은 옛적에 선지자들을 통해 여러 부분과 여러 모양으로 우
리 조상들에게 말씀하신 하나님이 이 모든 날 마지막에 하나님의
아들로서 우리에게 말씀하신(히 1:1) 것들을 증거하고 있습니다.

즉, 하나님께서 그리스도를 보내시기 전에 예표와 그림자 예언
을 통해서 믿을 만한 계시를 하신 후에 그의 성취로 아들을 보내
주셨다는 것입니다.

하나님께서는 이 계시를 모세를 통해서만 주신 것은 아니었습
니다. 다윗과 솔로몬 당시 성전을 건축하는 과정에서도 보여주셨

습니다.

다윗은 증거하기를 "이 위의 모든 것의 식양을 여호와의 손이 내게 임하여 그려 나로 알게 하셨다"(대상 28:19)고 말씀합니다. 이는 임마누엘에 대한 명백한 모형이었던 것입니다.

성막 계시는 여기서 끝이 아닙니다. 왜냐하면 주님께서 육신의 장막을 열고 이 땅에 오신 것이 구속 사역의 끝이 아니기 때문입니다. 범죄함으로 하나님 존전에서 추방당한 아담의 후예들이 어떻게 여호와의 영광 앞에 나아갈 수 있었는지, 그에 대한 해답이 번제단과 물두멍을 통해 제시되어 있습니다.

그러므로 "여호와의 영광이 성막에 충만했다"는 계시는 도성인신에서 끝나는 것이 아닙니다. 예수 그리스도는 육신을 입고 오시기 전 창세전부터 "아버지와 함께 영화를 가지셨던(요 17:5) 분"이시기 때문입니다.

3. 형제의 몸이 곧 성전이라

지금 하나님의 영광은 성막이나 성전이라는 건물 안에 충만한 게 아니라 성도의 모임인 교회에 충만하다는 영광스러움을 망각해서는 안 될 것입니다.

"보라 하나님의 장막이 사람들과 함께 있으매 하나님이 저희와 함께 거하시리니 사망이 없고 애통하는 것이나 곡하는 것이나 아픈 것이 다시 있지 아니하리니 처음 것들이 다 지나갔음이라"의

완성입니다.

　여기서 강조할 점이 있습니다. 성경의 "모세가 회막에 들어갈 수 없었다"에서 들어갈 수 없었던 것은 여호와의 영광이 성전에 충만했기 때문이라는 사실입니다. 마치 불길이 가득하였기 때문에 소방대원이 들어갈 수 없었다는 것과 같이 이해할 수 있습니다. 바로 여기에 구약과 신약의 차이가 있습니다. 오순절에 임하신 성령은 다락방에 충만하고 120명의 성도들은 밖에 있었던 것입니다.

　성막(그리스도의 몸)에 충만했던 하나님의 영광은 구속함을 얻은 성도들에게 충만하게 임한 것입니다.

　우리는 한 걸음 더 나아가야 합니다. 성경은 "너희 몸은 너희가 하나님께로부터 받은 바 너희 가운데 계신 성령의 전인 줄을 알지 못하느냐?"(고전 6:19)고 말씀합니다. 형제의 몸이 성전이라고 말씀합니다. 형제의 몸에 성령이 거하신다고 말씀합니다. 이처럼 영광스러운 성소는 그들 가운데 있었습니다.

　"보라 하나님의 장막이 사람들과 함께 있으매 하나님이 저희와 함께 거하시리니 저희는 하나님의 백성이 되고 하나님은 친히 저희와 함께 계셔서 모든 눈물을 그 눈에서 씻기시매 다시 사망이 없고 애통하는 것이나 곡하는 것이나 아픈 것이 다시 있지 아니하리니 처음 것들이 다 지나갔음이러라"(계 21:3-4)

　성도의 몸과 그들의 모임인 교회에 "여호와의 영광이 충만했다"는 것이 성경 말씀의 계시이며 절정입니다.

정월 초하루의 현대적 의미 　출 40:1-38

출애굽기 40장의 말씀은 드디어 성막이 세워지고 그곳에 하나님께서 임재하시는 내용입니다.

하나님께서는 성막을 세우는 일을 이스라엘 자손들에게 맡기셨는데, 성막 짓는 일을 아무에게나 맡긴 것은 아닙니다.

사람도 아무에게나 중요한 일을 맡기지 않습니다. 예를 들어 건설 현장을 지나다 보면 "물을 타면 부실공사 된다", "혼을 담은 시공" 등의 문구를 흔히 볼 수 있습니다. 이러한 광고는 건설이라는 중요한 일을 아무나가 아닌, 전문가인 자신들에게 맡겨 달라는 의미를 가지고 있습니다. 사람이 사는 건물도 그러하니 하물며 하나님께서 계시는 성막 세우는 일을 아무에게나 맡길 수 없는 것이 당연합니다.

본문 말씀은 크게 세 부분으로 나눌 수 있습니다.

본문의 중심 부분인 1-33절은 성막을 세우고 여러 기구들을 순서대로 들여놓으라는 하나님의 말씀을 따라 모세가 행하는 내용입니다. 그리하여 완전한 성막이 세워진 것입니다.

두 번째 부분은 민수기와 연결되는 부분으로 하나님께서 이스라엘 백성들과 동행하시는 삶이 시작되고 있습니다. 하나님께서는 자신이 이곳에 계신다는 사실을 깃발 대신 영광의 구름으로 나타내셨습니다. 이스라엘 백성들은 성막 위에 구름이 떠오르면 그들의 장막과 성막을 걷고 길을 떠났습니다. 그러나 하나님의 구름이 떠오르지 않으면 꼼짝하지 않고 그 자리에 머물러 있었습니다.

우리는 하나님께서 성막에 임재하신 부분에 대해 여러 번 강조해서 살펴보았습니다. 모세가 하나님의 말씀에 따라 순종했더니 놀라운 결과가 나타났습니다. 그것은 하나님의 충만한 임재였습니다. 이 사실은 우리에게 강한 메시지를 던져주고 있습니다.

하나님께서는 우리에게 임하기를 원하십니다. 그러나 그것을 막고 있는 것이 있습니다. 그것이 무엇입니까? 우리가 안고 있는 여러 가지 모순들입니다. 여기에는 제도적인 모순도 있지만 오래된 습관이나 하나님을 잘 알지 못하여 생기는 무지의 모순들도 많습니다. 이런 모순들을 제거하고 하나님의 말씀대로 순종했을 때 놀라운 하나님의 영광이 나타났다고 모세는 말하고 있습니다.

실천해야 할 하나님의 말씀

제일 먼저 우리가 살펴볼 내용은 성막을 세우는 날짜입니다.
"정월 초하루에 성막, 곧 회막을 세우고"(출 40:2)
하나님께서는 성막을 정월 초일일에 세우게 하셨습니다. 그날은 이스라엘 백성들이 출애굽한 지 정확하게 일 년이 되는 날입니다. 유대력으로 1월은 니산월 또는 아빕월이라고도 합니다.

성막을 회막이라고 한 것은 만남의 장소라는 사실을 강조한 것입니다.

이스라엘 역사에서 정월 초하루는 많은 의미를 가지고 있습니다.

① 바벨론 포로 생활을 마치고 고국으로 귀환길에 오른 날입니다. (수 12:1-2)

② 새 출발의 시작을 뜻합니다.

구약의 노아는 홍수로 인해 1년 동안 방주 안에 있었습니다. 그런데 새해 첫 날에 지면의 물이 다 빠졌습니다.(창 8:13) 그러므로 홍수 심판 후 새롭게 출발한 날입니다.

③ 성전 청결의 날입니다.

히스기야 왕 때 성전 청결을 위해 새해 첫 날에 성결케 하기 시작하여 16일에 마쳤습니다.(대하 29:17) 예수님도 유월절에 성전을 청결케 하셨습니다.(겔 45:18) 새해 첫 달, 첫 날 또는 하루의 첫 시간, 한 주간의 첫 날, 수입의 첫 것 등의 의미가 있습니다. 그래서 정월 초하루에 성막을 봉헌하라고 하신 것입니다.

이것은 모든 날들을 하나님의 날로 드리라는 고백이기도 하고 모든 날의 일들 중에 성전을 봉헌하는 것이 가장 중요하고 가장 복되다는 의미이기도 합니다. 다시 말해 시작의 중요성을 의미합니다. 시작이 있으면 끝도 있습니다. 시작이 잘못되면 끝도 잘못됩니다.

휘장으로 언약궤를 가리운 것은 아무나 보지 못하게 구별하신 것입니다.

우리들도 구별할 줄 알아야 합니다. 선과 악, 거룩한 것과 속된 것, 앉을 자리와 앉지 말아야 할 자리, 설 곳과 서지 말아야 할 곳을 구별해야 합니다.

교회 또한 구별되어야 합니다. 교회는 교회로의 길이 있는 것이지 시대에 맞추어 가는 것이 아닙니다.

교회는 피난처가 되어야 합니다. 피가 뿌려진 이스라엘 백성의 집에는 죽음의 사자가 엄습하지 못했습니다. 교회는 죄인들이 구원받고 가난한 자, 외로운 자, 병든 자들이 보호받는 곳이어야 합니다.

마귀는 구별을 하지 못합니다. 깨끗한 곳과 더러운 곳을 구별하지 못합니다. 구별하지 못하면 더러워집니다.

우리 영혼과 몸은 모두 여호와의 성막임을 기억해야 합니다. 그리스도인은 성령 안에서 하나님의 거하실 처소입니다.

사도 바울은 고린도교회 교인들에게 "너희가 하나님의 성전인 것과 하나님의 성령이 너희 안에 계신 것을 알지 못하느뇨?"(고전 3:16)라고 말하였습니다.

사도 요한도 "사랑 안에 거하는 자는 하나님 안에 거하고 하나님도 그 안에 거하시느니라"(요일 4:16)고 했습니다. "결국 하나님이 거하시는 자는 하나님 안에 거하고 하나님도 그 안에 거하시느니라"고 했습니다.

하나님의 영이 거하는 그곳만이 유대력의 정월 초하루에 세워진 그 아름다운 성막의 모형이고 원형이며 하나님이 영원히 거하시는 참된 그리스도인인 것입니다.

성막이 상징하는 것

성막은 참으로 사람과 함께 땅에 거하시는 분(대하 6:18), 즉 보이지 않던 하나님을 보이는 하나님으로 분명하게 우리에게 보여주십니다.

그 흰 옷을 입으셨던 제사장은 하나님의 형상으로 거룩하고 흠 없고 순전하신 분으로 그리스도를 나타내며, 제단 위에 놓인 피 흘리는 어린양은 하나님의 어린양이신 예수님의 피와 상통하는 것으로 그 보배로운 피로써 우리를 모든 죄악으로부터 해방시켜 주셨습니다.

떡상과 진설병

진설병, 즉 성소의 상 위에 차려 놓은 떡은 고운 가루로 구워서 만든 12덩이의 빵입니다. 이것을 무교병, 구운 빵이라고 하는데, 고린도전서 5장 8절에 설명하기를 묵은 누룩이나 괴악하고 악독한 누룩으로도 말고 누룩 없는 빵이어야 한다고 했습니다.

빵은 생명의 양식, 그리스도의 몸, 고난 등을 상징합니다. 그러므로 바리새인의 누룩, 사두개인의 누룩을 조심해야 합니다.

등잔대와 불

등잔에는 항상 불이 빛나고 있어야 합니다.

교회나 성도는 항상 성령이 충만하며 등잔의 심지를 잘 다듬고 청소하여야 합니다. 더러운 것이 자리 잡지 못하도록 항상 말씀으로 채워야 합니다.

또한 금향단을 증거궤 앞에 두어야 합니다. 요한계시록 8장 3절에서 4절을 보면, 보좌 앞 금단은 모든 성도들의 기도를 올리는 곳이라고 기록되어 있습니다.

성도의 예배나 예물, 기도드리는 몸은 향기로워야 합니다. 향기롭다는 것은 하나님이 기쁘게 받으셔야 한다는 것입니다.

제사장의 직무를 감당하셔서 인간과 하나님과의 관계를 중재하시고 대속해 주신 그리스도로 인해 구원받은 우리는 끊임없는 예배와 성결한 생활로 영광을 돌려야 합니다.

이와 같이 우리는 구약시대의 성막에 비추어서 복음 그 자체를 좀 더 폭넓은 견해를 가지고 바라보아야 합니다.